# DIRETRIZES PARA ELABORAÇÃO E IMPLEMENTAÇÃO DE POLÍTICA DE DEFESA DA CONCORRÊNCIA

# DIRETRIZES PARA ELABORAÇÃO E IMPLEMENTAÇÃO DE POLÍTICA DE DEFESA DA CONCORRÊNCIA

The World Bank

OECD
OCDE
PARIS

EDITORA SINGULAR

# DIRETRIZES PARA ELABORAÇÃO E IMPLEMENTAÇÃO DE POLÍTICA DE DEFESA DA CONCORRÊNCIA

**Banco Mundial** (WB)
1818 H Street, N.W. Washington, D.C. 20433 USA
www.worldbank.org
e
**Organização para o Desenvolvimento e Cooperação Econômica** (OECD)
2, rue André-Pascal 755775 Paris - France
www.oecd.org

**Autores:** R. Shyam Khemani (diretor do projeto) A equipe do projeto foi formada por Robert Anderson, Peter Bamford, John Clark, Timothy Daniel, David Elliott, Anna Fornalczyk, Alberto Heimler, Gary Hewitt, Thinam Jakob, Eugen Jurzyca, Donald McFetridge, Gerald Meyerman, Mary Jean Moltenbrey, Bernard Phillips, Russell Pittman, Thomas Ross, Margaret Sanderson e Judy Whalley

Tradução: Fabíola Moura, Priscila Akemi Beltrame
Revisão técnica: John Ferençz McNaughton

Publicado com o apoio de:
MARCONDES ADVOGADOS ASSOCIADOS
Av. Paulista 949 6. andar São Paulo - SP (5511) 3253 9199
www.marcondes.com.br

**Editora Singular**
www.editorasingular.com.br

*Originally co-published by the Organisation for Economic Co-operation and Development (OECD), Paris and the World Bank under the title:*
A Framework for the Design and Implementation of Competition Law and Policy

*Published by arrangement with the OECD, Paris.*

*The quality of the Portuguese translation and its coherence with the original text is the responsibility of the Editora Singular.*

CATALOGAÇÃO ORIGINAL
Library of Congress Cataloging-in-Publication Data

A framework for the design and implementation of competition law and policy / World Bank, OECD ; project director, R Shyam Khemani.
312 p. 14 x 21cm.
Includes bibliographical references and index.
ISBN 0-8213-4288-6
1. Restraint of trade. 2. Antitrust law. 3. Competition-Government policy. I. Khemani, R. S. II. World Bank.
III. Organisation for Economic Co-operation and Development.
K3850.F73 1998
343.0721-dc21 98-40938 CIP

**Dados internacionais para catalogação na publicação (CIP)**
**do Departamento Nacional do Livro**

R843 Diretrizes para Elaboração e Implementação de Política de Defesa da Concorrência
*São Paulo: Editora Singular 2003*
Tradução: Fabíola Moura, Priscila Akemi Beltrame
Revisão técnica: John Ferençz McNaughton
308p.; 14X21cm
ISBN 85-86626-08-2
1. Concorrência. 2. Política econômica. CDD 338.522

Publicado com o apoio de:
MARCONDES ADVOGADOS ASSOCIADOS
www.marcondes.com.br

# APRESENTAÇÃO

A iniciativa da Editora Singular de lançar uma edição em Português deste livro contribui para a construção institucional da defesa da concorrência e da regulação no Brasil.

Este trabalho é particularmente útil em três aspectos. Em primeiro lugar, oferece um guia simples e didático, mas sem perda de rigor, para os conceitos fundamentais do antitruste e de sua relação com a regulação. Constitui referência indispensável em cursos de antitruste nas áreas de Direito, Economia e afins.

Em segundo lugar, contém um sumário de melhores práticas em defesa da concorrência pelo mundo, relatado por uma equipe composta por acadêmicos com experiência de investigação e julgamento de casos concretos. Mais importante, não se incorre no erro comum de sugerir uma receita uniforme para todos os países sem a devida atenção para as peculiaridades culturais e históricas de cada país

Em terceiro lugar, o livro permite a elaboração de roteiros úteis para organizar a análise de condutas anticoncorrenciais, fusões e aquisições e verificação de eficiências. Com o devido cuidado para respeitar as peculiaridades e tradição legal de cada jurisdição, tais roteiros podem ajudar na elaboração de guias para os administrados e o público em geral acerca dos critérios utilizados pelas autoridades na apreciação dos processos de conduta ou de concentração.

A elaboração de atos normativos com a finalidade de orientação tem se revelado importante para a transparência da ação estatal e conseqüente segurança jurídica dos agentes do mercado com efeitos positivos sobre o investimento. Isso não é pouco em um país como o Brasil, ainda tão carente de um marco regulatório estável e menos vulnerável à volatilidade da conjuntura política.

Oxalá os próximos passos editoriais sigam na esteira deste trabalho, possivelmente complementando-o com estudos de casos da jurisprudência nacional.

*Gesner Oliveira*
Ex-Presidente do CADE

# PREFÁCIO À EDIÇÃO BRASILEIRA

É um prazer escrever esta apresentação para a versão brasileira do Diretrizes para Elaboração e Implementação de Política de Defesa da Concorrência (cuja versão em inglês foi publicada conjuntamente pelo Banco Mundial e pela OECD em 1999). Desde sua primeira publicação "Diretrizes" foi traduzido em espanhol, em indonésio Basha e tem sido publicado em outras línguas também. Naturalmente, como iniciador do projeto e principal editor do "Diretrizes", estou muito satisfeito com a ampla demanda e popularidade desta publicação. Mais ainda com a atenção que tem recebido no Brasil tanto como um guia de orientação política como instrumento pedagógico

Entre os países em desenvolvimento o Brasil se destaca na administração e aplicação das regras de defesa da concorrência. Deve-se lembrar que uma avaliação da Global Competition Review atribuiu ao CADE uma avaliação muito mais alta do as outras agências latino-americanas, incluindo Argentina. A maior parte desta reputação foi adquirida sob a liderança de Gesner Oliveira. Isto é uma realização relevante – particularmente em um pais em desenvolvimento que tem uma ampla história de intervenção governamental na economia e onde a cultura da concorrência tem sido geralmente fraca tanto na comunidade empresarial como na população em geral. Na medida em que a economia global tem se tornado cada vez mais integrada, o Brasil tem que lidar com diversos casos de fusões internacionais envolvendo empresas multinacionai – no setor de cervejas, aço e saúde para mencionar apenas alguns. Esses casos tem sido tratados de acordo com os princípios da "melhor prática" identificados nesta obra. Além disso o Brasil forjou novas relações e estabeleceu memorandos de entendimento com muitos de seus maiores parceiros comerciais e de investimento como Argentina, Canada e Estados Unidos no campo de defesa da concorrência. Estes são claros sinais do surgimento do Brasil como uma grande jurisdição da concorrência.

Esperamos que o progresso alcançado no Brasil continue, cresça e se fortaleça. A publicação do "Diretrizes" contribuirá para uma melhor compreensão, apoio e avaliação da importância da defesa da concorrência empresas individuais, consumidores e a economia como um todo.

*Rughvir (Shyam) Khemani*
Banco Mundial

# SUMÁRIO

# ÍNDICE GERAL

# PREFÁCIO

Um ambiente dinâmico e competitivo, corroborado por uma política e uma lei de concorrência adequadas, são características fundamentais de uma economia de mercado bem-sucedida. Muitas economias em desenvolvimento e em transição que realizaram reformas significativas orientadas para o mercado, como a liberalização do comércio exterior, a privatização e a desregulamentação, agora também estão reconhecendo a necessidade de implementar regras que protejam a concorrência real. Desde 1990, mais de 35 economias de mercado em desenvolvimento ou em transição sancionaram leis novas ou revisaram profundamente suas leis de concorrência.

Dentre os benefícios que derivam da concorrência podem ser citados o aumento da eficiência econômica, a inovação e o bem-estar do consumidor. A aplicação efetiva da lei e a defesa ativa da concorrência também são catalisadores poderosos de uma reestruturação econômica bem-sucedida. Esta, por sua vez, estimula a flexibilidade e a mobilidade de recursos que, no atual ambiente empresarial global, constituem elementos essenciais para a competitividade de companhias e setores, nos mais diversos países. Embora o campo da política e da lei de concorrência esteja se expandindo rapidamente e inclua muitos pontos de vista diferentes, em relação a questões específicas, aumenta o reconhecimento de que uma lei de concorrência eficaz é importante para a formação de uma cultura empresarial e que sua implementação apropriada precisa levar em consideração a educação de empresários, de autoridades governamentais, do Poder Judiciário e do público interessado.

Para satisfazer a crescente demanda por informação sobre as abordagens e práticas atuais na política e na lei de concorrência, deu-se início ao projeto Roteiro para a Elaboração e Implementação de Política e Lei de Concorrência, pelo Grupo de Ambiente Negocial, do Departamento de Desenvolvimento do Setor Privado, do Banco Mundial, com a posterior participação do Diretório para Assuntos Empresariais, Fiscais e Financeiros da Organização para a Cooperação e Desenvolvimento Econômico, sob o patrocínio de seu Centro para a Cooperação com Não-Membros.

Este livro trata das principais questões que surgem durante a elaboração e implementação da política e da lei de concorrência. Foi elaborado para auxiliar os países a desenvolverem uma abordagem adequada às suas próprias necessidades e condições e ajudá-los a organizar e implementar políticas e leis de concorrência bem-estruturadas e consistentes.

A obra é o resultado do esforço coletivo e da profunda cooperação de especialistas renomados e profissionais do setor, embora alguns membros do projeto tenham se envolvido mais do que outros na redação de partes específicas deste documento. Os primeiros esboços muito circularam entre os membros da equipe, que trocaram ativamente suas idéias e comentários. Em muitos casos, foram feitas mudanças significativas, para incorporar as observações surgidas.

O projeto deve muito do seu sucesso à participação ativa de seus membros, que também são autoridades, em tempo integral, em órgãos de concorrência. Suas contribuições, bem como a generosidade de seus respectivos órgãos de concorrência, ao disporem a seus membros tempo livre de suas responsabilidades cotidianas, são altamente reconhecidas.

Finalmente, cumpre observar que os pontos de vista expressos neste volume são os da equipe e dos membros individuais e não necessariamente representam a posição oficial de qualquer instituição em particular.

*R. Shyam Khemani*
Diretor de Projeto e Coordenador de Grupo
Ambiente Negocial
Departamento de Desenvolvimento do Setor Privado
Banco Mundial – Washington, D.C., Estados Unidos

*André Barsony*
Diretor Interino para Coordenação
Centro de Cooperação com Países Não-Membros
Organização para a Cooperação e Desenvolvimento Econômico

Paris, França

# COLABORADORES

***R. Shyam Khemani foi o diretor do projeto.***

A equipe do projeto foi formada por Robert Anderson, Peter Bamford, John Clark, Timothy Daniel, David Elliott, Anna Fornalczyk, Alberto Heimler, Gary Hewitt, Thinam Jakob, Eugen Jurzyca, Donald McFetridge, Gerald Meyerman, Mary Jean Moltenbrey, Bernard Phillips, Russell Pittman, Thomas Ross, Margaret Sanderson e Judy Whalley. Amy Chan e Mario Cuevas forneceram uma inestimável coordenação administrativa e outros tipos de suporte para o projeto.

***Robert Anderson***

Robert Anderson é conselheiro da Divisão de Investimentos e Propriedade Intelectual da Organização Mundial do Comércio (OMC) em Genebra, onde trabalha principalmente com assuntos relacionados à política da concorrência. Antes de entrar na OMC, fazia parte da equipe do Departamento de Concorrência do Canadá. Formou-se bacharel em Economia pela Universidade de British Columbia e bacharel em Direito pela Faculdade de Direito Osgoode Hall, da Universidade de York. É autor e co-autor de vários artigos e monografias.

***Peter Bamford***

Peter Bamford é o principal economista da Office of Fair Trading (OFT), do Reino Unido. Veio para a OFT do Departamento do Comércio e da Indústria em 1998. Também trabalhou como economista na Comissão de Fusões e Monopólios. Prestou consultoria econômica em várias investigações importantes relacionadas a assuntos de concorrência e esteve envolvido em vários projetos de assistência técnica, principalmente no Leste Europeu.

***John Clark***

John Clark é consultor especializado em política de concorrência internacional. Trabalha principalmente com organizações internacionais e autoridades de concorrência de economias em desenvolvimento e em transição. Passou a maior parte de sua carreira como advogado da Divisão Antitruste do Departamento de Justiça dos EUA, onde atuou como segundo assistente do procurador-geral. Especialista em questões relativas à política da concorrência, também trabalhou na OCDE, em Paris.

### *Timothy Daniel*

Timothy Daniel trabalha no órgão da National Economic Research Associates Inc., no distrito federal de Washington, onde se dedica às questões de concorrência e regulamentos. Entrou para o Departamento de Economia da Comissão Federal de Comércio dos EUA (FTC) em 1984. Como economista da Divisão de Proteção ao Consumidor, trabalhou em várias investigações sobre propaganda enganosa e fraudes. Posteriormente, foi diretor assistente da Divisão de Análise de Política Econômica do Departamento.

### *David Elliott*

David Elliott é especialista em economia de regulamentação e antitruste. Atualmente é consultor da Coopers & Lybrand e professor especial da Universidade de Nottingham, no Reino Unido. Antes de entrar na Coopers & Lybrand, foi principal economista do Office of Fair Trading (OFT), no Reino Unido. Também é consultor da Organização para a Cooperação e Desenvolvimento Econômico (OCDE), onde dá assistência técnica no campo de política da concorrência.

### *Anna Fornalczyk*

Anna Fornalczyk é professora de economia da Universidade Lódz, na Polônia. Participou ativamente na cooperação internacional entre órgãos de concorrência em países ocidentais, bem como na OCDE e na União Européia. Sua consultoria e seus conhecimentos científicos concentram-se nos aspectos econômicos da política e da lei de concorrência.

### *Alberto Heimler*

Alberto Heimler é diretor do Departamento de Pesquisas da Autoridade de Concorrência Italiana, em Roma. É professor convidado de História da Regulamentação da Economia na Universidade Luiss, em Roma, e chairman do Partido Trabalhista sobre Concorrência e Regulamentação na Comissão de Política e Lei de Concorrência da OCDE. Tem uma vasta obra sobre análises de entrada-e-saída, economia aplicada e economia industrial, tendo publicado vários livros.

### *Gary Hewitt*

Gary Hewitt trabalha na Divisão de Política e Lei de Concorrência da Diretoria para Assuntos Financeiros, Fiscais e Empresariais da Organização para a Cooperação e Desenvolvimento Econômico (OCDE). Participou intensamente do trabalho de apoio da OCDE ao desenvolvimento de uma política de concorrência em economias anteriormente centralizadas. Antes de entrar na OCDE, trabalhou no Departamento de Concorrência do Canadá e deu aulas de economia e administração de empresas em várias universidades canadenses.

### *Thinam Jakob*

Thinam Jakob trabalha para a Diretoria Geral de Relações Exteriores da Comissão Européia, com questões antidumping. Anteriormente, trabalhou para a Diretoria Geral de Concorrência, com política geral, questões judiciais e assuntos internacionais, com especial ênfase em assuntos de concorrência nas regiões leste e central da Europa. Sua formação em Direito foi alcançada por intermédio de instituições de ensino em Munique, Bonn, Bruges e Colônia, tendo defendido sua tese de doutorado na Universidade de Bonn.

### *Eugen Jurzyca*

Eugen Jurzyca trabalhou no Departamento Antimonopólio da Eslováquia como especialista, diretor de departamento e vice-chairman. Em 1993, co-fundou o Centro para o Desenvolvimento Econômico, primeiro instituto público de pesquisa de economia e política da Eslováquia. Freqüentemente, profere palestras em seminários nacionais e internacionais sobre concorrência, privatização, comércio exterior e investimentos. Estudou na Universidade de Economia da Bratislava e na Universidade de Georgetown, no distrito federal de Washington.

### *R. Shyam Khemani*

R. Shyam Khemani é diretor do Grupo de Ambiente Negocial do Departamento de Desenvolvimento do Setor Privado do Banco Mundial. Antes de entrar no Banco Mundial, cursou a Faculdade de Comércio e Administração de Empresas da Universidade de British Columbia, em Vancouver, Canadá. Ocupou várias posições seniores no Departamento de Concorrência do Canadá, inclusive as de principal economista e diretor de economia e questões internacionais. Participou dos trabalhos de duas Royal Comissions no Canadá e publicou e editou várias monografias, livros e artigos em jornais acadêmicos, sobre questões relacionadas à política da concorrência.

### *Donald McFetridge*

Donald McFetridge é professor e coordenador do Departamento de Economia da Universidade Carleton em Ottawa, Canadá. Também preside a Comissão de Direito e Economia da Seção Nacional de Direito da Concorrência da Ordem dos Advogados do Canadá. Foi titular da cadeira T.D. MacDonald em Economia Industrial, no Departamento de Concorrência do Canadá e atuou como coordenador de pesquisas de Estrutura Industrial e Econômica na Royal Comission, nas Perspectivas de Desenvolvimento e União Econômica para o Canadá. Seu trabalho foi publicado em periódicos especializados em economia e do setor empresarial.

### *Gerald Meyerman*

Gerald Meyerman é especialista sênior do Departamento de Desenvolvimento do Setor Privado do Banco Mundial. Trabalhou em vários projetos na América Latina, África e Ásia relacionados ao desenvolvimento e implementação de políticas e leis de concorrência. Recentemente, trabalhou na Coréia e na Indonésia em direção corporativa, política e lei de concorrência e reestruturação de dívida corporativa. Antes de entrar no Banco Mundial, foi vice-presidente executivo de uma grande empresa canadense de treinamento técnico, construção e engenharia. Nascido na Holanda, é graduado em Direito e Economia Política.

### *Mary Jean Moltenbrey*

Mary Jean Moltenbrey é chefe da Força Tarefa Civil da Divisão Antitruste do Departamento de Justiça dos EUA. Trabalhou em uma grande variedade de questões civis, criminais e legislativas, com especial ênfase em licenciamento de propriedade intelectual, joint venture, acordos verticais e atividade de entidades de classe. Proferiu inúmeras palestras em seminários de política de concorrência internacional e é conselheira representante dos EUA nos órgãos de concorrência da República Checa e da Eslováquia.

### *Bernard Phillips*

Bernard Phillips é chefe da Divisão de Política e Lei da Concorrência da Organização para a Cooperação e Desenvolvimento Econômico (OCDE). É responsável por vários programas e comissões, inclusive a Comissão de Política e Lei da Concorrência e a Comissão de Política do Consumidor. Graduou-se em Economia e Direito pelas Universidades de Michigan, Ann Arbor e Stanford e é membro da ordem dos advogados da Califórnia e do Distrito de Columbia.

### *Russell Pittman*

Russell Pittman é chefe da Seção de Política da Concorrência da Divisão Antitruste do Departamento de Justiça dos EUA. Em seu cargo, supervisiona o trabalho dos economistas da divisão nas investigações antitruste, sendo um dos coordenadores do programa que o Departamento de Justiça e a Comissão Federal do Comércio (FTC) dos EUA desenvolve em conjunto, promovendo a cooperação técnica com autoridades da concorrência de países em desenvolvimento e economias em transição.

É autor de várias publicações sobre política e lei de concorrência nos Estados Unidos e nas regiões leste e central da Europa.

### *Thomas Ross*

Thomas Ross é professor do Departamento de Análise Política da Faculdade de Comércio e Administração de Empresas da Universidade de British Columbia em Vancouver, Canadá. Economista, estudou na Universidade de Western Ontário e na Universidade da Pennsylvania. Trabalhou na Universidade de Chicago e na Carleton, em Ottawa, Canadá, e foi o primeiro titular dacadeira T.D. MacDonald em Economia Industrial, no Departamento de Concorrência do Canadá. Realizou extensas pesquisas sobre política da concorrência, regulamentação, organização industrial e economia experimental.

### *Margaret Sanderson*

Margaret Sanderson é uma das dirigentes da Charles River Associates Inc., empresa de consultoria privada. É vice-diretora assistente de investigação e pesquisa do Departamento de Concorrência do Canadá e foi responsável pelo fornecimento de consultoria especializada em economia em casos antitruste, intervenções regulatórias e políticas de imposição da lei. Auxiliou na elaboração das Diretrizes Canadenses de Imposição de Fusões. Também publicou uma pesquisa sobre compensação de cisões e análises de eficiência.

### *Judy Whalley*

Judy Whalley é sócia do escritório de advocacia Howrey & Simon. Prestou consultoria a clientes em várias propostas de fusões, aquisições e joint ventures, nos mercados de fornecimento industrial e do consumidor. Realizou auditorias e consultorias em várias propostas de práticas empresariais e tratou de várias investigações de órgãos antitruste federais e estaduais. Foi vice-procuradora-geral assistente de contencioso da Divisão Antitruste do Departamento de Justiça dos EUA. Graduou-se na Faculdade de Direito King Hall, da Universidade da Califórnia, em Davis.

## CAPÍTULO 1

# OBJETIVOS DA POLÍTICA DE CONCORRÊNCIA

Em uma definição ampla, concorrência, nas economias de mercado, refere-se a uma situação em que empresas ou vendedores disputam individualmente a clientela dos compradores, com o propósito de alcançar um objetivo empresarial específico, como lucros, vendas ou participação de mercado. A concorrência, nesse contexto, muitas vezes é equiparada à rivalidade. A rivalidade entre concorrentes pode ocorrer no que concerne ao preço, quantidade, serviço ou à combinação destes e outros fatores levados em consideração pelos clientes

## Tensões na Política e na Lei de Concorrência

A concorrência obriga as empresas a se tornarem eficientes e oferecerem uma maior variedade de produtos e serviços, a preços mais baixos. Em uma economia de mercado competitiva, os sinais de preço (e de lucro) tendem a ser livres de distorções e criar incentivos para as empresas redirecionarem recursos de utilização menos valiosa para a de maior valor agregado. A tomada de decisões de forma descentralizada pelas empresas promove a alocação eficiente dos escassos recursos da sociedade, aumenta o bem-estar do consumidor e estimula a eficiência dinâmica na forma de inovações, a mudança tecnológica e o progresso na economia como um todo.

No entanto, as empresas também têm incentivos para adquirir poder de mercado, ou seja, obter o controle discricionário sobre os preços e outros fatores a ele relacionados, determinantes das transações comerciais. Tal poder de mercado pode ser obtido com a limitação da concorrência, através do levantamento de barreiras ao comércio, da celebração de acordos anti-competitivos para restringir preços ou a produção e outras

---

Este capítulo foi preparado por R. Shyam Khemani, com a colaboração do *Competition Law and Policy Committee* da OECD.

práticas empresariais anticompetitivas. Esses exemplos de concorrência imperfeita são normalmente vistos como falhas de mercado que resultam na alocação ineficiente de recursos e afetam de forma adversa o desempenho do setor e o bem-estar econômico.

Tais falhas de mercado permitem aos vendedores reduzir deliberadamente a produção, para obter preços mais elevados às custas dos consumidores e da sociedade em geral. Além disso, há questões sobre o que constitui uma distribuição eqüitativa dos ganhos do comércio entre vendedores, ou entre produtores e consumidores.

Há um leque de pontos de vista sobre esse assunto. De forma abrangente, podemos destacar a abordagem econômica e não-econômica – ou eficiência e interesse público – para a política de concorrência. De um lado, há a opinião de que o único objetivo da política de concorrência é maximizar a eficiência econômica. Segundo essa visão, não há espaço para critérios sociopolíticos, como a probidade e a eqüidade, na administração da política de concorrência. Tais critérios são considerados maldefinidos e carregam juízos de valor subjetivo, não podendo, portanto, ser aplicados consistentemente. O ponto de vista oposto é que a política de concorrência baseia-se em múltiplos valores que não são facilmente quantificados nem tampouco podem ser reduzidos a um único objetivo econômico. Esses valores refletem os desejos, a cultura, a história e as instituições de uma sociedade, bem como a percepção de si mesma, que não podem nem devem ser ignorados na aplicação da lei de concorrência. Dentro desse leque, há vários pontos de vista quanto à importância que deve ser atribuída aos diferentes fatores.

Além dessas discussões, há uma certa tensão entre lei e economia. Independentemente de quais sejam os propósitos da política de concorrência, ainda há a questão de como eles devem ser alcançados. Há uma tensão inerente entre a necessidade de um conjunto claro de regras jurídicas para tornar certa a aplicação da política de concorrência e a necessidade de avaliar os fatos específicos. Embora a política de concorrência tenha por objetivo corrigir as falhas de mercado resultantes da concorrência deficiente, não podem ser formuladas leis precisas sobre todos os tipos de situações anticompetitivas, reais ou potenciais. Por exemplo, uma proibição absoluta ou uma "abordagem per se" podem ser adotadas em casos de acordos de fixação de preços, enquanto uma "abordagem regra da razão", que avalia os fatos caso a caso, provavelmente é mais adequada em certos tipos de práticas empresariais, como os contratos de exclusividade de comercialização.

Outra fonte de tensão é a prioridade inerente à política de concorrência, em relação à ordem hierárquica atribuída a outras políticas governamentais. Na maioria dos países industrializados, a legislação de concorrência é uma lei geral, que se aplica a todos os setores e atividades econômicas, a menos que sejam dadas isenções especiais. Tendo em vista a ampla interface existente entre a política de concorrência e as outras políticas governamentais, há áreas em que os respectivos objetivos são complementares, como no caso de iniciativas voltadas para a desregulamentação e a privatização das empresas estatais. No entanto, podem muitas vezes surgir conflitos em outros setores, como comércio, investimentos e políticas de desenvolvimento regional. O grau de consistência, ou a falta de consistência em diferentes decisões de política governamental, pode favorecer ou impedir que sejam alcançados os fins da política de concorrência.

## Principais Objetivos da Política de Concorrência

O Canadá e os Estados Unidos promulgaram suas legislações de concorrência no final do século retrasado (em 1889 e 1890, respectivamente). Embora tenham sido atribuídos muitos objetivos à política de concorrência, durante os últimos cem anos, destacaram-se alguns temas principais. O mais comum dos objetivos citados é a manutenção do processo competitivo ou da livre concorrência, ou a proteção ou promoção da concorrência eficaz. Estes são considerados sinônimos da repressão ou da prevenção de restrições inaceitáveis à concorrência. Os propósitos a eles associados são a liberdade de comércio, liberdade de escolha e acesso aos mercados. Em alguns países, como a Alemanha, a liberdade de ação individual é vista como um equivalente econômico do sistema constitucional democrático. Na França, enfatiza-se a política de concorrência como um meio de garantir a liberdade econômica, ou seja, a liberdade de concorrência.

Inicialmente, o objetivo primordial da manutenção e promoção da concorrência eficaz era combater as restrições privadas à competição, razão pela qual as leis de concorrência, na maioria dos países, continuam proibindo os acordos de fixação de preços e o abuso da posição dominante de mercado. No entanto, durante as duas últimas décadas o papel da política de concorrência ampliou-se consideravelmente, para incluir a redução dos efeitos adversos da intervenção do governo no mercado. Por exemplo, na Itália, a lei de concorrência aplica-se tanto às empresas privadas quanto às estatais; as empresas que prestam serviços públicos ou operam em posição de monopólio são isentas da lei de concorrência apenas dentro dos limites da missão a elas atribuída. As disposições da Lei de Concorrência do Canadá são semelhantes.

Ampliar o acesso e abrir os mercados, reduzindo as barreiras de entrada, por meio da desregulamentação, privatização, redução das tarifas alfandegárias ou eliminação de cotas e licenças, e esquemas de *"marketing board"*, são especificamente valorizados como importantes objetivos na administração da política de concorrência em vários países industrializados.

Essas ações não necessariamente pressupõem que as autoridades de concorrência exerçam um mandato direto sobre as políticas comerciais, reguladoras e de privatização nessas jurisdições. No entanto, por meio da participação inter e intragovernamental no desenvolvimento de políticas públicas e da realização de julgamentos e intervenções nos procedimentos reguladores, as autoridades de concorrência podem exercer uma influência que favoreça as soluções determinadas pelo mercado.

Em alguns países, as autoridades de concorrência podem analisar se as medidas reguladoras do setor público afetarão de forma negativa a concorrência e empenhar-se para que qualquer medida que limite injustificadamente a competição seja emendada ou revogada. Na Suécia, o Ombudsman da Concorrência está autorizado a propor mudanças nas leis existentes, que melhorariam o ambiente competitivo. Outros países, no entanto, não acreditam que o estímulo do governo aos monopólios estatais, ou "campeões nacionais", às custas da redução da concorrência nos mercados internos, possa melhorar sua competitividade, desempenho ou bem-estar social. Eles concluíram que tais campeões nacionais e prestadoras de serviços públicos, protegidos dos plenos efeitos da concorrência, respondem de forma insatisfatória aos mercados e que as melhorias na produtividade são lentas. Há um reconhecimento generalizado de que há mais a se fazer no campo da concorrência do que simplesmente aplicar a legislação, já que a liberalização, a desregulamentação e a privatização também agem como estímulos aos mercados.

Outros objetivos da política de concorrência freqüentemente citados são a prevenção do abuso do poder econômico e, por conseguinte, a proteção dos consumidores e produtores que querem liberdade para agir de forma competitiva, e a obtenção da eficiência econômica, definida em termos amplos, como o estímulo à eficiência dinâmica e distributiva, por meio da redução dos custos de produção, de mudanças tecnológicas e inovações.

Durante as duas últimas décadas, o foco manteve-se na busca da eficiência econômica, com o intuito de maximizar o bem-estar do consumidor. Por exemplo, as Diretrizes para Aplicação da Lei Antitruste em Operações Internacionais, do Departamento de Justiça dos EUA (1988), determinam que o propósito das leis antitruste é estabelecer princípios abrangentes de concorrência, formulados para assegurar uma interação irrestrita das forças competitivas, que estimularão a melhor distribuição de recursos, preços mais baixos e maior qualidade de produtos e serviços para os consumidores.

Um importante tema da legislação de concorrência, nos Estados Unidos, foi outrora a preferência explícita ao pluralismo, no sentido de tornar o poder econômico mais difuso na economia. Os legisladores viam a concentração do poder econômico como uma ameaça à tomada de decisões descentralizada, que é a base da sociedade democrática. O raciocínio era que as grandes empresas, com sua concentração de recursos, assemelhavam-se a governos privados, que não se sujeitavam às coerções externas nem eram obrigadas a prestar contas ao povo. Essa preocupação também levou a uma tendência de proteção das pequenas empresas, o que freqüentemente entra em conflito com os objetivos da maximização da eficiência econômica e do bem-estar do consumidor.

Em vários países, esses propósitos se sobrepõem, sem nenhuma classificação particular de prioridades. Persistem os diferentes pontos de vista quanto a quais objetivos deveriam receber maior ênfase, embora o foco acentuado na eficiência seja evidente em várias jurisdições.

Nos Estados Unidos, por exemplo, a Suprema Corte, desde meados da década de 70, decide os processos antitruste, reiteradamente, tendo em vista o aspecto da eficiência. Esta também tem sido a força motriz das políticas de imposição da lei adotadas pelos órgãos de concorrência dos EUA, durante os últimos 25 anos, aproximadamente. A gestão de concorrência da França enfatiza a inovação e a eficiência dinâmica das empresas. No Canadá, o preâmbulo da Lei de Concorrência afirma que sua finalidade é manter e estimular a concorrência, com o intuito de promover a eficiência. No entanto, a importância dada por muitos destes países a esse aspecto não implica a exclusão de outros objetivos da política de concorrência.

## Objetivos complementares da Política de Concorrência

Em resposta a preocupações sociopolíticas, foram identificados vários outros propósitos da política de concorrência, além da eficiência econômica e do maior bem-estar do consumidor. Dentre eles podemos citar a proteção às pequenas empresas, preservação do sistema de livre iniciativa e manutenção da justiça e honestidade. Alguns objetivos, como a moderação ou eliminação da inflação, voltam à baila de tempos em tempos, sob o pretexto de que as medidas de estabilização dos preços têm menos probabilidade de sucesso quando existem tendências monopolistas em uma economia.

Além disso, os economistas defendem que a política de concorrência precisa reconhecer os efeitos que práticas comerciais como as fusões podem causar sobre o emprego, o esfacelamento de comunidades e o desenvolvimento regional, por meio do fechamento de fábricas e da reorganização das fontes de material e das decisões financeiras, de produção e distribuição. A questão do proprietário ausente e da falta de presença local ou de comprometimento do "primeiro escalão administrativo" também tem sido levantada.

A importância e as prioridades atreladas a estes e outros objetivos da política de concorrência continuam sendo extremamente ambíguas e, portanto, sujeitas a intenso debate. Os conflitos inerentes à relação entre alguns desses objetivos aumentam a controvérsia. As únicas áreas de aparente consenso entre as diversas jurisdições são que:

O objetivo da política de concorrência é proteger a concorrência, eliminando ou evitando práticas restritivas de empresas privadas (e, eventualmente, públicas) que interfiram de forma adversa no processo competitivo.

O processo competitivo deve ser protegido não para promover e manter a concorrência pela simples concorrência, mas sim para atingir outros objetivos.

Por conseguinte, não há consenso nem dentro dos países nem entre eles. Embora a concorrência seja reconhecidamente um processo que estimula o uso eficaz e a alocação eficiente dos recursos da sociedade, a supremacia desse propósito não é uniformemente aceita. Além disso, há controvérsia quanto ao que configura uma restrição privada à concorrência. A importância relativa e o equilíbrio entre a eficiência e os vários outros objetivos econômico-sóciopolíticos que a política da concorrência pode favorecer ainda precisam ser identificados.

## Possíveis conflitos entre múltiplos objetivos

Os múltiplos objetivos da política de concorrência não são necessariamente o produto de um rol consistente e bem-definido de princípios. Embora o cerne da legislação de concorrência continue intacto – a manutenção ou proteção da concorrência por meio da prevenção de restrições privadas ao comércio e dos abusos do poder econômico –, a alternância da ênfase sobre os vários propósitos e a pressão para aumentar o número de metas têm sido notáveis. Embora essas alternâncias respaldem a proposição de que a política de concorrência pode se adaptar à mudança das condições políticas, sociais e econômicas, também implicam que a política de concorrência possa ser objeto de compromisso político.

As tentativas de englobar múltiplos objetivos na gestão da política de concorrência podem dar margem a conflitos e resultados inconsistentes. Por exemplo, a proteção às pequenas empresas e a manutenção do emprego podem colidir com a obtenção da eficiência econômica. O propósito das pequenas empresas pode resultar na proteção dos concorrentes, e não da concorrência. Além disso, não há como quantificar facilmente nem definir a contento preocupações como o esfacelamento de comunidades, justiça, eqüidade e pluralismo. As tentativas de incorporá-las podem gerar a interpretação e a aplicação inconsistentes da política de concorrência. Seria improvável o surgimento de padrões claros, levando, dessa forma, a incertezas e distorções no mercado e ao enfraquecimento do processo de concorrência.

No entanto, tem sido defendido que as intenções da política de concorrência devem abarcar mais do que a eficiência na alocação. A política da concorrência, conforme expressa nas leis sancionadas por representantes do governo, tem por objetivo atender ao interesse público em termos amplos, abarcando, dessa forma, os fins sóciopolíticos. Embora a análise econômica forneça *percepções* valiosas da dinâmica empresarial e dos prováveis efeitos de determinada prática comercial no mercado, a economia não é a lei. Além disso, há um intenso debate entre os economistas sobre quais tipos de estrutura de mercado e ambiente negocial têm maior probabilidade de promover maior dinamismo, eficiência e inovação na economia. Nem os economistas concordam quanto à tributação e à distribuição dos ganhos da eficiência econômica. Parte da discussão concentra-se na questão de maximizar o bem-estar do consumidor ou o bem-estar econômico total.

A busca da eficiência econômica pode, em algumas circunstâncias, dar margem ao aumento de superávit do consumidor e do produtor, em conseqüência dos níveis mais elevados de produção em preços iguais ou mais baixos. Essas situações também podem estimular lucros maiores para as empresas. Nesses exemplos, os defensores da eficiência econômica teriam pontos de vista coincidentes. No entanto, podem surgir conflitos se o superávit do produtor aumentar às custas do superávit do consumidor, mesmo se o superávit total (bem-estar econômico) da sociedade, como um todo, também aumentar. Em termos gerais, a política de concorrência dá maior importância ao superávit do consumidor.

Apesar dos desentendimentos entre os economistas, é amplamente reconhecido que o emprego da análise econômica confere um grau mais elevado de precisão e previsibilidade na aplicação da política de concorrência. Ferramentas de economia podem ser usadas com eficácia para analisar questões não-econômicas, como a justiça ou eqüidade resultante da imposição de determinadas decisões, ou a avaliação sistemática dos efeitos de diferentes práticas negociais e estruturas de mercado. A política da concorrência incorpora tanto os princípios jurídicos quanto econômicos, e ambas as disciplinas desempenham papéis de suporte mútuo.

Mas, se a política de concorrência deve atender ao interesse público amplo, então em que consiste esse interesse público? Esse é um conceito indefinido e de difícil compreensão. Em muitos casos, o interesse público foi bastante segmentado, e o que é claramente considerado interesse público em determinado aspecto pode merecer menos importância em outro. A complexidade da abordagem do interesse público na política de concorrência pode, assim, gerar uma tensão significativa entre diferentes participantes de mercado. A implementação da política de concorrência, em si, corre o risco de se tornar escrava do processo político, se tentar atender a diversificados grupos de interesse, que podem não manter nem promover a concorrência eficaz. Em outras palavras, embora o critério do interesse público, na política de concorrência, permita a análise e o equilíbrio dos diferentes objetivos políticos, sociais e econômicos, a independência com que essa política deve ser conduzida pode ser facilmente reprimida.

## Instrumentos da política de concorrência

A política de concorrência abrange classes distintas de instrumentos, convencionalmente denominados estruturais ou comportamentais (de conduta). Os instrumentos estruturais relacionam-se principalmente às fusões e monopólios ou ao domínio exercido pela posição de mercado de certa empresa. Os componentes orientados pela conduta referem-se a práticas_empresariais, tais como a fixação de preços e outros acordos anti-competitivos, restrições verticais e o abuso de uma posição dominante de mercado. Embora os instrumentos de conduta e de estrutura tendam a ser aplicados separadamente, a relação entre a estrutura de mercado e a conduta empresarial é interativa.

Os que defendem diferentes pontos de vista sobre os objetivos da política de concorrência costumam concordar quando o assunto é a formação de cartéis. Tais acordos são amplamente reconhecidos como tentativas espalhafatosas de reproduzir a prática monopolista de elevar os preços acima dos níveis competitivos, reduzindo a produção. Essa conduta resulta na má alocação de recursos e na redução do bem-estar econômico. A maioria dos economistas e dos que trabalham com política de concorrência condena severamente a fixação de preços e formas semelhantes de acordos conspirativos, como a fraude em licitações. Contra esse pano de fundo de consenso geral, no entanto, diversos padrões legais e econômicos foram adotados para atacar os cartéis de fixação de preços em diferentes jurisdições. Na Austrália, União Européia, Alemanha e Estados Unidos, por exemplo, a fixação de preços em si é considerada ilegal e está sujeita a punições do direito penal. No Canadá, embora tais acordos sejam tratados como atos criminosos, eles podem afetar uma parte substancial do mercado. Na Espanha, Suécia e Reino Unido, é utilizado o critério da motivação para julgar a legalidade dos acordos de fixação dos preços.

Em outras áreas da conduta empresarial, como a das restrições verticais (manutenção de preço de revenda, venda vinculada, exclusividade de distribuição e restrições geográficas de mercado), a atenção se concentra primordialmente nos padrões econômicos e legais que devem ser aplicados a essas práticas. Economistas de diferentes crenças provavelmente defenderiam a aplicação do critério da motivação às restrições verticais; os critérios da eficiência e da redução da concorrência podem ser válidos, dependendo das situações específicas. Nesse contexto, talvez seja necessário que as autoridades de concorrência decidam sobre quem deve recair o ônus da prova dos efeitos econômicos adversos das restrições verticais – sobre as autoridades ou sobre as partes envolvidas? Uma política rigorosa deveria impor altos custos de oportunidade, pelas eficiências dinâmicas que deixaram de ser obtidas. Os objetivos básicos da política de concorrência devem, portanto, incluir um equilíbrio entre essas preocupações.

As diferenças de abordagem das restrições verticais devem persistir, não tanto por causa da diversidade dos padrões legais e econômicos, mas principalmente em função das justificativas filosóficas dos propósitos da política de concorrência. Conforme anteriormente observado, jurisdições como a da França e da Alemanha dão uma ênfase especial à liberdade de ação econômica para os participantes individuais de mercado. Na União Européia, as restrições verticais geralmente são consideradas conflituosas com o principal objetivo da política, que é o da integração de mercado.

Em relação às disposições estruturais da política de concorrência, a presença da posição dominante ou de monopólio de um mercado não é, em si, ilegal, nos países industrializados ocidentais. No entanto, reconhecendo que tais características de estrutura de mercado podem dar margem ao abuso do poder econômico, tipos específicos de conduta se sujeitam à investigação e à correção. Dentre estas estariam incluídas práticas como a fixação de preços predatórios, acesso preferencial a canais de distribuição ou matérias-primas escassas e a obtenção de clientes ou fornecedores, com o fim de evitar ou acabar com o acesso de um concorrente. Essas e outras práticas precisam ser examinadas separadamente, já que podem fazer parte de uma estratégia empresarial legítima, projetada para obter vantagem competitiva, e não para restringir a concorrência. Há uma divisão tênue entre o uso e o abuso do poder econômico, e a posição de mercado dominante ou de monopólio de uma empresa pode, na verdade, refletir um desempenho competitivo superior.

As divergências mais significativas quanto aos objetivos e instrumentos da política de concorrência surgem no tratamento das fusões. Vários motivos podem servir de apoio à decisão corporativa de preferir expandir-se por meio da aquisição de uma empresa já existente, e não por meio da expansão interna e de novos investimentos. No caso das fusões horizontais, as autoridades de concorrência interessam-se especialmente por dois motivos possíveis: o aumento do poder de mercado ou da eficiência econômica, ou ambos. A distinção entre os dois é sabidamente uma tarefa complexa.

Basicamente, têm sido utilizados dois tipos de abordagem política para controlar o poder de mercado que pode derivar de fusões horizontais: abordagem estrutural e a abordagem custo-benefício. Embora seja difícil fazer uma distinção bem delineada, dada a interação entre estrutura de mercado e conduta empresarial, a abordagem estrutural enfatiza um teste de concorrência que verifica se os maiores níveis de concentração resultantes de uma fusão podem dar margem a uma redução considerável da concorrência. Com essa abordagem, podem ser evitadas práticas negociais anticompetitivas, pelas grandes empresas, preservando-se um ambiente não-concentrado, por meio do veto a fusões que ultrapassem uma determinada participação de mercado ou uma certa dimensão.

A abordagem custo-benefício é basicamente neutra, no sentido de iniciar sem nenhuma postura definida em relação a fusões entre empresas relativamente grandes. O exercício real ou potencial do poder de mercado pós-fusão é avaliado caso a caso, levando-se em consideração aspectos como as eficiências e outros benefícios que podem resultar das fusões. Isso não significa que os aspectos estruturais sejam irrelevantes nessa abordagem política. No entanto, os dados de participação de mercado e concentração, junto com as informações sobre outros fatores econômicos, como as barreiras à entrada e concorrência estrangeira, podem ser considerados para definir se, depois da fusão, as empresas poderão ficar em posição de reduzir ou impedir a concorrência, significativamente, por meio do controle discricionário sobre os preços de mercado, a produção e fatores relacionados. Ou melhor, essa abordagem concentra-se mais no comportamento real ou potencial das empresas que estão se fundindo do que no domínio de mercado que a fusão pode provocar.

As outras dimensões da política de fusões são a extensão em que as transações específicas devem ser avaliadas quanto à eficiência econômica, interesse público e benefícios, ou alguma combinação destes. Visto dessa maneira, há uma conexão entre a abordagem política e os critérios fundamentais aplicados à avaliação das fusões, que se relaciona diretamente aos objetivos da política de concorrência. Uma abordagem estrutural (concentração – participação de mercado) estimularia o pluralismo e a difusão do poder econômico. No entanto, embora essa abordagem possa proteger a concorrência, talvez o faça às custas da eficiência econômica. A combinação de eficiências econômico-procedimentais pode surtir efeitos opostos.

Entre as economias industriais, o Canadá provavelmente é quem dá a maior ênfase à eficiência econômica e a menor à concentração de participação de mercado pelas empresas. O que é avaliado e considerado primordial é a conduta pós-fusão das empresas e sua capacidade de exercer poder de mercado, elevando e mantendo os preços. As fusões que, apesar de talvez reduzirem consideravelmente a concorrência, possivelmente obtenham ganhos de eficiência que compensem essa redução são explicitamente isentas na legislação de fusões.

Na Austrália, até recentemente, um critério estrutural proibia as fusões que levassem ao domínio de mercado, a menos que fosse obtida autorização com base em uma análise de benefícios-interesse público. Os Estados Unidos aplicam índices de concentração de participação de mercado específicos para avaliar as fusões, mas o processo de revisão dá acentuada ênfase às previsões de exercício pós-fusão de poder de mercado pelas empresas unificadas e suas concorrentes, bem como para o aspecto de melhoria da eficiência resultante da fusão.

Em suma, os vários pontos de vista diferentes sobre os objetivos da política de concorrência tendem a se refletir também nos instrumentos, critérios e padrões legais e econômicos aplicados à gestão da política de concorrência. Esses padrões tiveram um desenvolvimento claramente diverso dentro de cada país. O critério da eficiência econômica tende a ser unidimensional, enquanto o do interesse público é multidimensional, sendo a eficiência um dos muitos fatores a serem levados em consideração. A questão, na implementação da política de concorrência, são os diferentes pesos que devem ser atribuídos a cada um desses fatores.

## Interface entre política de concorrência e outras políticas públicas

A legislação de concorrência normalmente é uma lei de aplicação geral: aplica-se a todos os setores da atividade econômica, a menos que sejam previstas isenções especiais. Tendo em vista essa ampla esfera de ação, há inter-relações complexas entre a política de concorrência e outras políticas públicas de economia. Embora a natureza dessa interface seja em grande parte determinada por fatores específicos de cada país, a lista de políticas públicas que influenciam o estado da política de concorrência prevalecente em uma economia tende a ser bastante longa. Esse fator tem uma influência direta sobre a extensão em que os objetivos da política de concorrência podem ser buscados sem ser constrangidos ou entrar em conflito com outros objetivos de política pública. A questão central é a prioridade inerente aos propósitos da política de concorrência no sistema geral das políticas governamentais.

Uma avaliação do impacto de várias políticas públicas sobre a concorrência está além do alcance deste trabalho. No entanto, dentre as políticas governamentais microindustriais que podem ajudar ou dificultar a aplicação da política de concorrência, incluem-se:

- Política de comércio exterior, inclusive taxas alfandegárias, cotas, subsídios, ações *antidumping*, regulamentação do conteúdo doméstico e restrições às exportações.
- Política industrial.
- Política de desenvolvimento regional.
- Política de propriedade intelectual.
- Privatização e reformas reguladoras.
- Política de ciência e tecnologia.
- Investimentos e políticas fiscais.
- Licenças para associações de classe.

Além destas, várias políticas voltadas para setores específicos em meio ambiente, assistência à saúde, telecomunicações, cultura, mercados financeiros e planos de incentivo agrícola têm uma tendência maior de restringir do que de promover os objetivos da política de concorrência. A formulação e implementação dessas e outras políticas precisam ser ajustadas ao levar em conta os princípios da concorrência Dessa forma, a consistência na tomada de decisões pelo governo pode ser garantida e as distorções de mercado, evitadas. De fato, pode-se defender mesmo que a política de concorrência seja vista como o quarto alicerce do sistema de políticas econômicas de determinado governo, ao lado das políticas monetária, fiscal e de comércio exterior.

## Os objetivos da política de concorrência e o papel das autoridades

A administração da política de concorrência é mais reativa do que pró-ativa. As autoridades de concorrência, na maioria das vezes, respondem aos movimentos do mercado, como as fusões ou os cartéis de fixação de preços, para proteger o processo de concorrência. O público normalmente considera as agências de concorrência como órgãos de aplicação da lei. Mesmo dentro do governo, as colaborações das autoridades de concorrência na formulação de políticas econômicas ou setoriais historicamente têm sido limitadas. Somente em algumas jurisdições as agências de concorrência têm poder de intervir em assuntos reguladores e relacionados ao comércio exterior.

Para atingir os objetivos mais elevados da política de concorrência, as autoridades de concorrência precisam analisar a possibilidade de ampliar e modificar seu papel na economia. Uma postura pró-ativa deveria ser adotada para promover a concorrência, atingindo não apenas as infrações, como também os acordos institucionais e as políticas públicas que interfiram no funcionamento adequado dos mercados. Por meio da análise das condições de mercado que prejudicam o desempenho econômico e a adoção de soluções que violam os princípios do livre mercado, por pouco que seja, a função da concorrência como um instrumento de política governamental geral seria fortalecida.

## Conclusão

Esse panorama dos diferentes objetivos da política de concorrência indica que, na maioria das jurisdições, os propósitos básicos são manter e estimular a concorrência, com o intuito de promover a utilização eficiente dos recursos e, ao mesmo tempo, proteger a liberdade de atividade econômica dos vários participantes de mercado. A política de concorrência costuma ser interpretada como uma maneira de alcançar ou preservar uma série de outras finalidades, como: pluralismo, descentralização na tomada de decisões econômicas, prevenção dos abusos do poder econômico, promoção das pequenas empresas, justiça e eqüidade e outros valores sociopolíticos. Esses objetivos suplementares costumam variar nas diferentes jurisdições e no decorrer do tempo, refletindo a natureza mutante e a capacidade de adaptação da política de concorrência, à medida que busca solucionar as preocupações atuais da sociedade, ao mesmo tempo em que permanece inflexível quanto aos seus intuitos básicos.

A inclusão de múltiplos objetivos, no entanto, aumenta o risco de conflitos e da aplicação inconsistente da política de concorrência. Os interesses de diferentes participantes de mercado podem reduzir a independência das autoridades da política de concorrência, levar à intervenção política e ao comprometimento, destruindo um dos maiores benefícios do processo competitivo, qual seja a eficiência econômica. Na maioria dos casos, os conflitos entre a eficiência econômica e outros objetivos de política ou são insignificantes ou podem ser equacionados. Não obstante, a classificação e a importância atribuídas aos múltiplos propósitos da política de concorrência continuam sendo muito ambíguas e precisam ser definidas. Isso é necessário para garantir tanto a segurança das empresas quanto a responsabilidade da administração pública. Os pontos de vista apresentados neste e nos próximos capítulos deste livro propõem que a elaboração e a imposição da política e da lei de concorrência dêem suma importância ao estímulo da eficiência econômica e do bem-estar do consumidor.

Outra questão é a relação entre a concorrência e o sistema das outras políticas governamentais. Essas últimas tendem a promover distorções de mercado que impedem o processo competitivo. Por conseguinte, as autoridades da política de concorrência precisam se envolver de forma pró-ativa na formulação de políticas governamentais, para assegurar que os mercados continuem abertos, livres, flexíveis e adaptáveis. A política de concorrência deve ser considerada o quarto alicerce do sistema de políticas governamentais, ao lado das políticas monetária, fiscal e comercial.

CAPÍTULO 2

# DEFINIÇÃO DE MERCADO E ATRIBUIÇÃO DE PARTICIPAÇÕES DE MERCADO

A definição de mercado costuma ser a primeira e, muitas vezes, a mais importante tarefa na análise da concorrência. Todos os cálculos, avaliações e juízos sobre as implicações competitivas de qualquer conduta específica dependem do tamanho e da configuração do mercado relevante. Em um caso envolvendo um possível abuso de domínio, por exemplo, se o mercado delimitado é pequeno e a empresa sob investigação tem uma grande participação neste, ela pode ser considerada dominante. De outro modo, se o mercado delimitado é maior e a participação da empresa é pequena, esta não será considerada dominante. Quando se trata de uma fusão, o mercado relevante incluirá ambas as empresas participantes, o que poderá prejudicar a concorrência. Caso esteja envolvida apenas uma empresa, há menos motivos para tanta preocupação.

Este capítulo apresenta uma abordagem teórica para a definição de mercado que, embora não seja de fácil aplicação, fornece uma estrutura de trabalho para as investigações. Definir um mercado relevante é descrever o contexto para o exercício de poder de mercado – a capacidade de uma empresa de elevar de forma lucrativa o preço acima dos níveis da concorrência, durante um período de tempo significativo. (Preço, nesse contexto, inclui todos os atributos de um produto, bem como os serviços subsidiários fornecidos com ele.)

Assim, o processo de definição de um mercado é retroativo, pois começa assumindo provisoriamente a hipótese de uma empresa (ou várias empresas) que exerce poder de mercado. Dando prosseguimento, são estabelecidos, por meio de uma série de questionamentos, os limites do menor mercado em que tal conduta pode ser suportada. Depois de

---

Este capítulo foi preparado por John Clark com a colaboração de R. Shyam Khemani.

definido o mercado, a conduta real em questão é examinada, a fim de verificar se provoca ou pode provocar um efeito anticompetitivo.

Um mercado possui dois componentes: seu produto e seu alcance geográfico. O mercado de produto descreve o bem ou serviço que é comprado e vendido; o mercado geográfico descreve a localização dos produtores ou vendedores do produto. O processo de definição de mercado é bastante semelhante em ambos os casos. O propósito é abranger todos os produtos similares que podem servir como substitutos daqueles, ou como fontes de fornecimento oferecidos pelas partes que estão sob investigação. Um método aceito para tanto é realizar a análise pelo aspecto da demanda, para determinar até que ponto os compradores optariam, sem dificuldades, por produtos ou fontes de fornecimento alternativos. Nessa discussão, as preferências e as ações do vendedor não são analisadas rigorosamente como parte da definição de mercado, mas sim como parte de um processo distinto, que ocorre após essa definição de mercado, qual seja o da avaliação da concorrência. Algumas autoridades gover-namentais de defesa da concorrência levam em consideração tanto as preferências do comprador quanto as do vendedor, na definição do mercado. Essa diferença é, em sua quase totalidade, de abordagem, não de conteúdo, como será discutido adiante.

## Mercados de produto

Uma definição para mercado de produto pode ser:

Um produto ou grupo de produtos e uma área geográfica na qual é vendido, de forma que uma empresa hipotética, maximizadora dos lucros, que seria a única vendedora desses produtos nessa área, pudesse elevar os preços em uma quantia mínima, porém significativa e não-transitória, acima dos níveis predominantes (OCDE, 1993).

Segundo essa definição, a investigação começa com a presunção de que há um monopolista, em um mercado provisório, para um dos produtos da parte (tomando-se cada um dos vários produtos, separadamente, se apropriado). Então, o investigador verifica se, caso o monopolista hipotético elevar o preço do produto em uma "quantia mínima, porém significativa", por um período contínuo "não-transitório", um número suficiente de compradores preferiria outros produtos, de forma a tornar não-lucrativo o aumento de preços para o monopolista hipotético.

Se tais substitutos existirem, eles são incluídos em um novo mercado de produto provisório, e as mesmas indagações são repetidas para o novo mercado. O processo continua até que não possam mais ser identificados substitutos semelhantes. Três elementos desse processo levam à discussão adicional: o aumento de preços, a reação dos compradores e o princípio do "menor mercado".

*Aumento de preços*

O aumento de preços hipotético deve afetar apenas o produto no mercado provisório. Esse preço precisa ser elevado enquanto o preço dos substitutos se mantém estável. Assim, como corolário, o aumento de preços não pode ser inflacionário. Além disso, deve-se considerar o aumento como não-transitório, ou seja, sua duração deve presumivelmente se estender no futuro previsível. Os compradores têm menor probabilidade de ajustar seus hábitos de compras em resposta a uma mudança de preços percebida como de curto prazo, principalmente se os custos puderem ser suportados. Um aumento de preços transitório não prejudica os consumidores significativamente – o que é a principal preocupação em relação à aplicação das leis de concorrência.

O aumento de preços hipotético precisa ser pequeno, porém significativo. É necessário um aumento mínimo, porque os compradores reagirão a tal alteração preferindo apenas os substitutos semelhantes. Um grande aumento de preços pode levar a substitutos muito diferentes, que podem conduzir a uma conclusão equivocada de que esses substitutos exercem fortes pressões competitivas sobre o produto em questão. Um mercado assim definido provar-se-ia grande demais para uma análise de concorrência precisa. Mesmo assim, o aumento de preços deve ser significativo o suficiente para provocar alguma reação nos compradores. Como é difícil descobrir novos insumos alternativos, um aumento de preços muito pequeno pode não causar qualquer reação nos compradores. O quanto representa "pequeno porém significativo"? Alguns países (como os Estados Unidos e o Canadá) aplicam um aumento de 5%, na maioria dos casos. Pode-se empregar uma porcentagem maior, por exemplo, se o valor agregado em um estágio relevante da produção for pequeno, em relação ao valor do produto, ou se a inflação alta dificultar a medição dos preços reais.

*Reação dos compradores*

Nem todos os compradores precisam optar por substitutos semelhantes, apenas uma parcela suficiente deles para obrigar o monopolista hipotético a voltar atrás em relação ao aumento de preços. O quanto é isso? Responder a essa pergunta é teoricamente possível, desde que se tenham informações o bastante sobre a elasticidade da demanda (mudança percentual da quantidade exigida, dividida pela mudança percentual do preço do produto) e as margens de lucros dos vendedores no mercado. Mas tais informações quase nunca estão suficientemente disponíveis. Normalmente, a decisão precisa ser tomada com base em evidências mais gerais e acessíveis sobre a possibilidade de substituição dos produtos.

*Princípio do "menor mercado"*

O processo principia com um "menor mercado" hipotético – um único produto fabricado por uma das partes, por exemplo – e esse mercado é ampliado apenas enquanto substitutos semelhantes puderem ser identificados. Essa prática evita a criação de mercados muito diversificados e de difícil manipulação, cuja estrutura possa ocultar a identificação de uma conduta anticompetitiva.

*Exemplo de processo de definição de mercado*

Um exemplo simples pode ajudar a ilustrar como funciona um processo de definição de mercado. Suponha uma fusão entre duas fabricantes de aparelhos e lâminas de barbear tradicionais, cujo *design* é semelhante, composto de um cabo ou de um aparelho completo e um cartucho de lâminas descartáveis. Cada empresa desenvolveu uma marca reconhecida para seus produtos, vendidos em lojas de varejo em todo o país. Constatou-se também que há alguns outros produtos de marca disponíveis no mercado. As outras fabricantes, no entanto, produzem aparelhos e lâminas parecidos com os das partes envolvidas na fusão, que também são vendidos nas mesmas lojas de varejo. Mas estes trazem a marca própria dos varejistas e são oferecidos a preços inferiores.

Há ainda outras fabricantes de aparelhos de barbear descartáveis

– um aparelho composto de uma única peça, inutilizada depois que a lâmina perde o corte. Outra empresa produz um sistema patenteado de cartucho de lâminas e suporte, com *design* exclusivo, que a fabricante alega ser superior aos outros sistemas de barbear e mais caro do que os produtos das participantes da fusão. Por fim, barbeadores elétricos são bastante vendidos em todo o país. Qual é o mercado relevante?

É possível iniciar esse processo de definição de mercado supondo que este seja formado somente de sistemas de cartuchos de lâminas e aparelhos de barbear iguais aos vendidos pelas partes da fusão. (Em outros casos de fusão, inicia-se com o produto feito ou vendido por apenas uma das partes, se seus produtos se distinguirem de alguma forma significativa.) Admita-se que um monopolista, nesse mercado provisório, elevou seu preço em 5%, durante um período não-transitório. Um número suficiente de consumidores mudaria desses produtos para outros, de forma que o monopolista não pudesse manter, de maneira lucrativa, essa alta nos preços? Presuma que os investigadores concluam que muitos compradores passariam a adquirir as marcas próprias dos varejistas. A mesma questão hipotética é então feita para o novo mercado provisório de lâminas e aparelhos de barbear de marcas tradicionais ou de varejistas. O processo pode ou não resultar na inclusão dos descartáveis, dos produtos de *design* exclusivo, mais caros, e dos barbeadores elétricos.

O exemplo acima ilustra alguns dos aspectos da definição de mercado, contrários ao que se poderia intuitivamente supor:

- Os produtos não precisam ser substitutos perfeitos para estarem no mesmo mercado.
- Os produtos não precisam ter qualidades idênticas para estarem no mesmo mercado.
- Os produtos não precisam ter preços idênticos para estarem no mesmo mercado.
- Partes diversas de um mercado relevante podem estar sujeitas a diferentes gostos ou preferências dos consumidores.

Observe que a questão relevante não é se dois determinados produtos são substitutos semelhantes para todos os compradores, e sim se há um número marginal suficiente de compradores, de forma que a presumida alta de preço anticompetitiva não possa ser mantida de forma lucrativa. Esse ponto pode ser ilustrado com o exemplo dos aparelhos elétricos versus os de lâminas tradicionais. Provavelmente é verdade que a maioria dos homens prefere ou os aparelhos tradicionais ou os elétricos, e não trocaria de um para outro regularmente em resposta mesmo a mudanças moderadas nos preços relativos. Não obstante, homens jovens estão constantemente entrando no mercado. Esses compradores ainda não estabeleceram nenhum hábito de barbear e certamente são bem mais sensíveis aos preços relativos (que incluem não apenas o preço inicial do aparelho, mas também os custos percebidos com a operação e a substituição das lâminas, no decorrer do tempo). Uma questão importante, então, é saber por qual proporção da demanda total por lâminas são responsáveis os que começam a se barbear? Se o número é significativo, e se os fabricantes não conseguem discriminar entre os que se barbeiam pela primeira e os que se barbeiam habitualmente, os aparelhos elétricos e tradicionais podem permanecer em um único mercado.[1]

*Aspectos práticos*

Não é nada fácil aplicar diretamente esse modelo de definição de mercado. Simplesmente perguntar aos participantes de mercado suas opiniões sobre o que aconteceria em caso de um aumento de preços como o hipotético raramente resultaria em respostas confiáveis, por pelo menos duas razões. Primeiro, as pessoas do meio empresarial não estão acostumadas a pensar em termos hipotéticos; sua reação à questão pode não se basear em suas experiências reais. Segundo, as pessoas do meio empresarial que trabalham no mercado relevante podem responder estrategicamente a essa questão. Suas respostas podem ser influenciadas pelas suas percepções de como o resultado da investigação pode afetá-las. Portanto, o investigador normalmente precisa reunir uma boa quantidade de informações práticas sobre o produto em questão e seus possíveis substitutos – e sobre a vontade e a capacidade dos compradores

1. Na verdade, no entanto, quando a Gillette Company e a Wilkinson Sword apresentaram uma proposta de fusão, em 1989, a transação foi analisada pelos órgãos de concorrência de diversos países e todos definiram os mercados relevantes como os que incluem somente os produtos de barbear "molhado", não os barbeadores elétricos (OCDE 1994, 69).

de trocá-los.

Em alguns casos, uma definição de mercado mais correta talvez seja óbvia e não haja divergências sérias entre o órgão de concorrência e as partes investigadas. No entanto, normalmente, a resposta não será clara, e um estudo cuidadoso é necessário.

Um primeiro passo é atingir uma boa compreensão dos atributos do produto e seus possíveis substitutos – suas propriedades e usos, seus preços e como eles são feitos e vendidos. Então, o investigador deve se familiarizar com a maneira pela qual os compradores tomam decisões sobre os substitutos, particularmente sobre os custos da mudança. A melhor prova de que os produtos são substitutos semelhantes se configura quando os compradores mudam de um produto para outro em reação a alterações de preço relativas e quando os vendedores baseiam suas decisões comerciais na perspectiva de tais substituições. Dentre as fontes de evidências pertinentes podem ser citados:

- Documentos internos das partes sob investigação.
- Documentos internos de terceiros.
- Entrevistas com as partes sob investigação e com terceiros.
- Associações de classe ou agências de estatísticas que coletam informações sobre o produto relevante.
- Varejistas e atacadistas que comercializam produtos iguais ou semelhantes.

## Mercados geográficos

Mercado geográfico é definido pela perspectiva dos compradores quanto à possibilidade de substituição de produtos feitos ou vendidos em várias localidades. Se os compradores de um produto vendido em uma localidade passarem a adquirir o produto de uma fonte em outra localidade, em resposta a um aumento de preços pequeno, porém significativo e não-transitório, então essas duas localidades pertencem ao mesmo mercado geográfico. Se for o oposto, essas duas localidades pertencerão a mercados geográficos diferentes.

Na prática, os limites dos mercados geográficos são muitas vezes determinados pelos custos e pelo tempo de transporte, pelos tributos aduaneiros e pelos regulamentos. Por exemplo, os mercados de transporte de areia, cascalho, caixas de papelão, entulho e outros produtos "pesados, porém de baixo valor", costumam ser muito pequenos, pois o custo do transporte em longas distâncias é grande em comparação ao custo do produto em si, podendo também afetar indiretamente os limites dos mercados geográficos. Por exemplo, o fabricante de uma máquina cara e sofisticada, facilmente transportada por longas distâncias, talvez não consiga, mesmo assim, vendê-la para clientes distantes, porque o valor de fornecimento de serviço técnico – transporte de técnicos e manutenção de estoques de peças de reposição em localidades distantes – pode ser muito elevado. O tempo necessário para transportar um produto perecível por longas distâncias também pode limitar a extensão do mercado geográfico.

Os tributos aduaneiros e outras barreiras não-tributárias podem surtir o mesmo efeito. Se os produtores estrangeiros precisam pagar uma taxa, o conseqüente aumento no custo de seus produtos pode dissuadir os consumidores nacionais de comprá-los. Então, o mercado geográfico, sob a perspectiva dos consumidores nacionais, não ultrapassaria as fronteiras do mercado interno. Ao analisar o efeito das tarifas alfandegárias, no entanto, é importante levar em consideração o aspecto dinâmico e voltado para o futuro da definição de mercado. Por exemplo, uma tarifa que efetivamente limite a participação de empresas estrangeiras pode deixar de fazê-lo se os produtores nacionais elevarem os preços em uma quantia mínima, mas significativa.

Regulamentações, como a que protege a saúde e a segurança, ou determina o licenciamento compulsório, podem funcionar como barreiras. Por exemplo, uma empresa de laticínios pode ter licença para atuar em uma região, mas não em outra. Ou um profissional, como da área de saúde, que pode estar habilitado para atuar em uma região e não em outra. É importante reconhecer, no entanto, que, exceto em situações em que tarifas, regulamentos ou outras barreiras externas são determinantes, os mercados geográficos relevantes não necessariamente correspondem aos limites administrativos ou políticos.

Os indícios pertinentes na determinação de mercados geográficos são parecidos com aqueles relevantes à definição dos mercados de produtos, embora haja algumas diferenças, como os custos de transporte e as barreiras tarifárias e não-tarifárias. Os indícios de compradores mudando de localidade em resposta a alterações de preço relativas e vendedores tomando decisões com base na possibilidade de tais mudanças são muito persuasivos. As fontes de informações relevantes, na definição de mercados geográficos, são semelhantes às que se relacionam à definição de mercado de produtos.

## Diferenciação de preços

Pode haver alguma diversidade entre os compradores de certo produto, o qual pode possuir mais de uma utilidade, com alguns compradores empregando-o para determinado fim e outros com um objetivo diverso. A oferta de possíveis substitutos pode ser bastante distinta, conforme o uso. Por exemplo, um produto químico em particular pode ser empregado como insumo em dois ou mais processos de manufatura diferentes. Os compradores que o utilizam em determinado processo conseguem substituí-lo com relativa facilidade, enquanto os compradores que o empregam com um segundo objetivo talvez possam não fazê-lo.

Nosso monopolista hipotético maximizaria os lucros cobrando dos dois grupos preços diferentes, uma vez que o grupo sem nenhum substituto semelhante teria de pagar mais caro. Se o monopolista conseguir manter lucrativamente tal diferenciação de preços, o uso no qual o preço mais elevado pode ser mantido constitui um mercado de produto distinto. A mesma análise se aplica aos mercados geográficos. Se um monopolista, em dada localidade, pode discriminar de forma lucrativa um certo grupo de compradores de uma região, cobrando um preço maior (preço final, incluindo-se os custos de transporte), essa área seria considerada um mercado distinto.

Duas condições são primordiais para possibilitar a diferenciação de preços. O vendedor deve ser capaz de identificar os compradores que pagariam um preço maior e a possibilidade de arbitragem entre os diferentes grupos de compradores deve ser difícil. Dentre os obstáculos à arbitragem bem-sucedida incluem-se os custos adicionais associados à revenda e as medidas tomadas pelo vendedor primário para distinguir e impedir ou punir tal atividade.

O exemplo das lâminas de barbear ilustra uma situação de potencial discriminação de preços. Os que fazem a barba há muito tempo têm menos probabilidade do que os que se barbeiam há pouco tempo de trocar os aparelhos de barbear tradicionais pelos elétricos. Um monopolista de sistemas de barbear cobraria, se pudesse, preços mais altos dos que se barbeiam há mais tempo, estabelecendo um mercado de aparelhos tradicionais para os mais velhos e um mercado de todos os tipos de aparelhos para os mais novos. Mas, como na prática não é fácil para o fabricante vender seu produto separadamente para esses dois grupos, é improvável que venha a ocorrer diferenciação de preços.

## Definição de mercado nos casos de abuso de posição dominante

O paradigma do monopolista hipotético para a definição de mercado pode não ser totalmente aplicável nos casos de abuso de posição dominante, pois o monopolista pode ser real, e não hipotético. Os preços talvez já estejam acima dos níveis competitivos. Portanto, perguntar se um aumento de preços adicional pode ser mantido seria irrelevante. Na verdade, a mesma questão pode surgir em qualquer tipo de caso, inclusive em fusões.

Não há maneira fácil de resolver esse dilema. Seria um erro supor que os preços atuais não estão em um nível competitivo, mesmo nos casos de abuso de posição dominante. Onde houver suspeita de conduta anticompetitiva, no entanto, esta será relevante para a definição de mercado, a qual pode ser feita simultaneamente com a análise dos efeitos sobre a concorrência. Em qualquer hipótese, um estudo cuidadoso da possibilidade de substituição de fontes de fornecimento em diferentes níveis de preço também é necessário.

## Mercados agregados e vinculados

Um determinado produto pode ter várias formas, tamanhos ou utilidades. Os sapatos são um exemplo clássico. Um consumidor que calça sapatos de número 38 não consideraria substitutos os tamanhos 39 ou 37. Visto estritamente sob o aspecto da demanda, o mercado relevante desse produto seriam os sapatos de tamanho 38. Mas tal mercado não faz sentido, pois os fabricantes de calçados produzem todos os tamanhos-padrão. Esse é um tipo de "substituição de produção" (discutida logo abaixo, em relação à identificação de empresas no mercado), e, quando ela é quase-universal entre as empresas que fornecem um grupo de produtos, os bens podem ser agregados em um único mercado, por exemplo, o de sapatos executivos masculinos dos tamanhos 37 a 43.

Os mercados vinculados são fenômenos relacionados. Podem ser fabricados muitos tipos diferentes de um determinado produto, entre os quais não haja nenhuma substituição universal. Os carros de passeio, por exemplo, que são fabricados em variados tamanhos e formatos e com características bastante distintas. Os preços dos carros novos podem diferir em um coeficiente de até cinco. É improvável que todos os automóveis sejam substitutos aceitáveis para um dado comprador, mas muitos compradores analisariam um subgrupo de produtos, dentro de conjunto, como substitutos aceitáveis.

O mercado de produto provisório começaria com apenas um ou alguns dos produtos do conjunto, por exemplo, de carros populares, mas se expandiria sucessivamente para incluir mais produtos, segundo a metodologia discutida anteriormente. Essa metodologia pode produzir um mercado de produto formado por itens de uma grande parcela do conjunto, embora nenhum comprador em particular consideraria todos esses produtos como substitutos semelhantes. Da mesma forma, várias regiões poderiam estar ligadas, formando um único mercado geográfico. Se há compradores suficientes à margem de duas regiões quaisquer, onde haja fontes alternativas de fornecimento, várias regiões desse tipo constituiriam um único mercado, embora os compradores em uma ponta do mercado não levariam em consideração as fontes de fornecimento do lado oposto como opções práticas.

A teoria talvez precise dar lugar à prática quando se trata de mercados ligados. Pode não ser possível traçar divisões precisas no conjunto geográfico ou de produto. Seria apropriado buscar rupturas ou falhas óbvias, onde há relativamente poucos compradores à margem.

## Mercados monopsônicos

O poder de mercado também pode ser exercido por quem compra – é o chamado poder de monopsônio. Quando a questão for esta, é aplicada a mesma metodologia para definir mercados, mas as questões são colocadas de maneira diversa, como imagens espelhadas daquelas feitas ao investigar o poder de monopólio.

O exercício do poder de monopsônio resulta em preços abaixo dos níveis competitivos. Portanto, ao estabelecer os mercados de produto, deve-se supor que um monopsonista hipotético diminui seus preços em uma quantia pequena, porém significativa, durante um período de tempo não-transitório, e então se pergunta se um número significativo de vendedores, por sua vez, produziria produtos alternativos, de forma que a redução de preços se tornasse não-lucrativa para o monopsonista. Se a resposta for afirmativa, o mercado precisaria ser expandido para englobar esses produtos substitutos. Ao definir um mercado geográfico, é preciso saber se, depois de uma redução de preços por um monopsonista hipotético, um número relevante de vendedores passaria a negociar seus produtos em outras localidades. Se a resposta for positiva, o mercado geográfico é expandido para incluir essas localidades substitutas.

Um exemplo bastante comum de poder de monopsônio em economias em desenvolvimento e em transição ocorre no processamento de produtos agrícolas. Suponha haver um único processador de carne bovina em uma área com muitas fazendas de gado. Se o processador reduzisse o preço que paga pelo gado, em uma quantia pequena, porém significativa, durante um período de tempo não-transitório, um número suficiente de criadores de gado passaria a produzir suínos, a ponto de tornar a redução de preços não-lucrativa para o processador (supostamente causando uma diminuição inaceitável nas vendas de carne bovina pelo processador)? Em caso afirmativo, os suínos devem ser incluídos no mercado de produto relevante. Questão semelhante deve ser formulada no que se refere ao mercado geográfico: um número significativo de fazendeiros venderia seus víveres para processadores de outras regiões?

## Identificação de empresas em um mercado

A análise de um mercado só pode ser feita depois de sua estrutura ser totalmente descrita. Além de se caracterizar o aspecto da demanda, produtores e vendedores precisam ser identificados e suas participações de mercado, definidas. Quem faz essa análise deve ter os olhos voltados para o futuro. Evidentemente, as empresas que atualmente abastecem o mercado estão incluídas. Além disso, aquelas que podem rapidamente ou facilmente entrar ou sair do mercado, normalmente convertendo seus atuais ativos produtivos a usos alternativos, também devem ser consideradas atuais participantes do mercado. Os vendedores levam essas empresas em conta quando tomam suas próprias decisões sobre produção e preços. Assim, essas empresas exercem influência sobre o mercado.

Tomemos por exemplo o caso de dois processadores de frangos. Um produz frangos inteiros e em pedaços, para venda no varejo, o outro processa carne de frango para ser usada como ingrediente em outros alimentos, como sopas. Os dois processadores usam equipamentos semelhantes e podem converter suas instalações para as atividades um do outro, rapidamente e com baixos custos. Embora os dois tipos de frango processado provavelmente não sejam substitutos semelhantes para a maioria dos compradores e, portanto, estejam em mercados de produto separados, os dois processadores devem ser considerados participantes de ambos os mercados, levando-se em conta os fatos anteriormente apontados. Realmente, se esse tipo de substituição de produção fosse universal entre os processadores de frangos, o mercado de produto poderia ser adequadamente definido como o de "processamento de frango". Mas outras características do mercado podem dificultar a substituição de produção. Os processadores de frangos inteiros e em pedaços podem ter desenvolvido uma identidade de marca, por exemplo, o que demandaria tempo e dinheiro para que processadores de outros tipos pudessem desenvolvê-la.

Mais duas observações devem ser feitas acerca deste assunto. Em primeiro lugar, é preciso distinguir a reação à substituição no aspecto do fornecimento do que normalmente é chamado de reação à entrada. A reação à substituição no campo do fornecimento comumente envolve um comprometimento de tempo e novos recursos, e uma parcela significativa desta não deve ser levada em consideração (veja o Anexo 1 sobre Barreiras à Entrada, para uma discussão completa sobre este importante tópico). Evidentemente, ambas as reações são formas de entrada e a distinção entre elas pode não ser clara em um caso prático. Mas, se a totalidade de ambas as reações for tomada em conta, o resultado da análise será o mesmo.

Em segundo lugar, embora o método de análise exposto neste capítulo trate da definição de mercado e da identificação de vendedores como fases separadas, com o foco apenas no aspecto da demanda como a base da definição de mercado, os órgãos de defesa da concorrência de alguns países consideram tanto o aspecto da demanda quanto o do fornecimento, na definição dos mercados. No entanto, essas diferenças de abordagem não levam a resultados diversos.

## Participações de mercado

É preciso definir a participação das empresas incluídas em determinado mercado, participação essa que indicará a importância que elas representarão nesse mesmo mercado. Como a análise da concorrência normalmente se volta para o futuro, as participações de mercado também devem refletir o provável alcance futuro das companhias, podendo ser medidas de várias formas – em dinheiro, em vendas unitárias, em unidades produzidas, em capacidade de produção ou em tamanho das reservas.

Se os produtos dentro de um mercado são suficientemente homogêneos, como os metais refinados ou os produtos agrícolas, então podem-se usar as vendas unitárias para estimar as participações de mercado. Já as participações de mercado de produtos heterogêneos, como muitos tipos de bens de consumo, são melhores mensuradas pelo valor das vendas. Essas participações podem ser avaliadas no que se refere à capacidade, em particular, nos setores manufatureiros, podendo induzir a erro se a qualidade for variável. Por exemplo, uma dada capacidade pode não ser economicamente apropriada para manufaturar um produto relevante dentro de um nível de qualidade exigido. Nesse caso, a capacidade deve ser abatida ou eliminada nos cálculos de participação de mercado.

Pode haver certa dificuldade nessas medições, se as empresas forem verticalmente integradas, ou seja, se elas manufaturarem um produto intermediário, usado internamente na fabricação de um produto final. Até que ponto tais empresas devem ser consideradas vendedoras no mercado para o produto intermediário? Se uma companhia verticalmente integrada vende parte de seu produto intermediário no mercado comercial, essas vendas devem ser incluídas no mercado. Empresas verticalmente integradas que utilizam todos os seus produtos intermediários internamente apresentam maiores problemas, não sendo provavelmente consideradas no mercado. Além disso, é preciso questionar: até que ponto e com qual rapidez elas começariam a vender no mercado intermediário, no caso de um aumento de preços pequeno, porém significativo e não-transitório? Para responder a essa pergunta, deve-se atentar para quanto uma empresa precisa fazer investimentos adicionais em sua capacidade de venda ou de distribuição, para começar a vender o produto intermediário no mercado, e até onde o desvio da capacidade para o mercado comercial diminuiria os lucros com as vendas de seu produto final.

Outros casos especiais podem despertar interesse:

- Alguns mercados são caracterizados por transações grandes e esporádicas – por exemplo, o de empresas especializadas na construção de grandes usinas geradoras de energia. As vendas feitas em um determinado ano podem não caracterizar adequadamente a importância dessas empresas no mercado, por haver muito poucas transações nesse período. Nesses casos, a participação nas vendas durante um período de tempo maior resultaria em um quadro mais preciso.
- Em alguns mercados, as vendas são feitas por meio de processos licitatórios. Várias empresas podem concorrer regularmente por contratos e, se estas são basicamente equivalentes como proponentes, pode-se considerar que elas têm participações de mercado iguais. A participação de cada empresa é de 1/N, em que N é o número de proponentes.
- Se uma empresa estrangeira exporta o produto para o mercado relevante, ela deve ser incluída na lista de participantes de mercado. Suas vendas atuais no mercado relevante seriam a melhor medida de sua importância (grande parte de sua capacidade localizada no exterior pode não ser usada na produção de exportações para o mercado relevante). Mas, se as vendas do país em que se situa a empresa estão sujeitas a uma cota de importação, então sua importância competitiva futura pode ser menor do que indicaria sua participação atual. Seria aconselhável subtrair essa participação, de alguma forma.

Em todos os casos, as participações de mercado, depois de calculadas, devem ser atentamente examinadas quanto à sua eficiência na descrição da importância das empresas no mercado. Quando apropriados, esses cálculos devem ser subtraídos ou adicionados a outras informações relevantes. Por exemplo, a participação de mercado de uma empresa que atualmente vende uma grande quantidade de matéria-prima, mas com reservas em rápido declínio, deve ser reduzida (ou as participações de mercado podem ser calculadas com base nas reservas). Da mesma forma, uma empresa com ativos de capital obsoletos ou deteriorados deve ser considerada menos importante do que aquela com o mesmo nível de vendas, mas com ativos de capital tecnologicamente avançados. Igualmente, uma empresa nova com tecnologia avançada ou equipamentos de ponta, mas com vendas atuais relativamente pequenas, deve receber uma importância maior na análise concorrencial, do que lhe atribuem suas vendas atuais.

## Referências bibliográficas

OCDE (Organização para a Cooperação e Desenvolvimento Econômico). 1993. The Glossary of Industrial Organisation Economics and Competition Laws. Paris.

______. 1994. Merger Cases in the Real World: A Study of Merger Control Procedures. Paris.

CAPÍTULO 3

# ACORDOS

Os acordos entre os concorrentes, normalmente chamados acordos "horizontais", são acordos implícitos ou explícitos que limitam a capacidade dos concorrentes de agir independentemente. O termo abrange uma ampla gama de condutas, desde joint ventures, publicidade ou comercialização conjunta ou atividades de associações comerciais, até cartéis de fixação de preços e fraude licitatória. Existem também acordos entre empresas a montante *e* a jusante (*upstream* e *downstream* – no inicio ou no fim da cadeia) na mesma cadeia produtiva, comumente designados "acordos verticais", que devem entrar no escopo da política de concorrência. A parte I deste capítulo discute os acordos horizontais e a parte II dá uma breve introdução aos acordos verticais, sob a perspectiva da política e da lei de concorrência.

## Parte I – Acordos horizontais

Nem todos os acordos entre concorrentes prejudicam a concorrência. Muitas atividades conjuntas são benéficas à concorrência – podem incrementar eficiências, reduzir riscos, criar produtos ou métodos de distribuição novos ou aperfeiçoados ou melhorar o fluxo de informação e, por conseguinte, o bom funcionamento da concorrência em um mercado. Por exemplo, os concorrentes podem construir em conjunto uma nova unidade de produção que nenhum dos dois o faria individualmente, realizar pesquisa e desenvolvimento com os quais nenhum dos dois conseguiria arcar separadamente, comprar em conjunto provisões e insumos, reduzindo, assim, seus custos, constituindo uma rede de fornecedores para apresentar um novo produto ou reduzir custos (como as empresas de mudanças locais que se unem para oferecer um serviço de alcance nacio-

---

Este capítulo foi redigido por Gerald Meyerman, Mary Jean Moltenbrey e Judy Whalley, com colaboração de Eugen Jurzyca.

nal, ou os contadores que formam uma empresa de contabilidade), ou criar uma associação comercial para reunir informações estatísticas e operacionais que cada um possa usar para tornar mais eficientes suas operações.

Não obstante, os acordos horizontais entre concorrentes podem simplesmente eliminar a concorrência, restringindo a produção e elevando os preços. Ou podem atender a alguns objetivos pró-competitivos, mas, ao mesmo tempo, restringir indevidamente a concorrência. Um órgão de fiscalização da concorrência precisa saber distinguir entre os acordos que em última instância reduzem a concorrência dos que a promovem ou, pelo menos, daqueles que sejam neutros em termos de concorrência. Uma política muito restritiva inviabilizará condutas benéficas à concorrência; uma política muito indulgente permitirá aos concorrentes suprimir sua rivalidade natural, elevar preços e reduzir a produção, prejudicando, dessa forma, os consumidores e a economia.

## Distinguindo os acordos pró-competitivos dos anticompetitivos

Certos acordos horizontais são anticompetitivos. Sem dúvida, eles têm por único objetivo eliminar a concorrência entre as empresas. Tais acordos não envolvem integração de operações, criação de um novo produto ou método de distribuição ou qualquer outro esforço conjunto para estimular a concorrência. Eles são comumente chamados de restrições "flagrantes" ao comércio, comportamento de cartel, ou conluio. Exemplos destes são os cartéis de fixação de preços, as fraudes licitatórias e a alocação de territórios ou de clientes – e boicotes ou recusas em participar de transações, em apoio a essas práticas. Esses acordos são inequivocamente perniciosos, não surtem nenhum benefício econômico ou social compensador. A maioria dos países considera os acordos de cartéis como as mais graves ofensas à concorrência e, em alguns deles, tal comportamento é processado criminalmente.

Na verdade, alguns países consideram os acordos de cartel ilegais, independentemente de as restrições à produção ou a fixação de preços serem aceitáveis ou não. Sob tal perspectiva – chamada, nos Estados Unidos, de abordagem "per se" –, o autor do processo ou vítima precisa apenas provar que o acordo foi feito e que poderia gerar efeitos contrários à concorrência. Não pode ser alegado como defesa que o acordo não fora realizado ou que não produziu efeitos anticompetitivos. Tampouco o querelante precisa provar que os acusados têm participação de mercado suficiente para elevar preços ou reduzir a produção. O uso de tal regra elimina a necessidade de o autor ou vítima provar que os preços estão mais altos do que estariam sem o acordo, ou que são impraticáveis. A aplicação dessa regra também evita que os conspiradores aleguem em sua defesa que a concorrência não deveria ser a regra em determinado setor.

Outros países não adotam uma regra "per se", mas, em qualquer lugar, os cartéis recebem um tratamento rigoroso. Na União Européia, os cartéis são processados pelas violações ao artigo 85 do Tratado de Roma, sendo passíveis de se sujeitarem a multas vultosas. No Reino Unido, os acordos restritivos precisam ser registrados junto aos órgãos competentes e, na prática, os acordos de cartel são posteriormente rejeitados pelas autoridades.

O uso de regras precisas, como a proibição "per se", simplifica o processo judicial e fornece diretrizes claras para as empresas. Mas é importante que tais regras não sejam demasiadamente abrangentes, para que não reprimam condutas que poderiam estimular a concorrência. Assim, nos últimos anos, os tribunais norte-americanos, por exemplo, têm restringido a aplicação da regra "per se" aos acordos que não permitem a integração potencialmente pró-competitiva das atividades econômicas das empresas, nem criam um novo produto ou método de distribuição.

Os acordos que podem estimular a concorrência devem ser avaliados para determinar se, no final das contas, são anticompetitivos ou pró-competitivos. Uma avaliação em cinco etapas pode ser feita:

- A restrição tem potencial inerente de limitar a produção ou elevar os preços?
- A restrição é flagrante ou está claramente relacionada a alguma integração pró-competitiva de recursos econômicos?
- A restrição limitará a produção ou elevará preços ou, sob outros aspectos, viabilizará ou facilitará o exercício de poder de mercado?
- A restrição é necessária para se atingirem os objetivos pró-competitivos declarados?
- Os benefícios pró-competitivos da restrição superam seus riscos

anticompetitivos?

Responder a essas cinco questões exige uma análise complexa, mas existem muitos atalhos. Se o acordo envolve uma restrição flagrante, com potencial inerente de limitar a produção e elevar preços, como a fraude licitatória ou os cartéis de fixação de preços, pode-se concluir a análise, pois a restrição é claramente ilegal. Em outros casos, a restrição precisa ser avaliada mais detalhadamente, à luz dos mercados envolvidos, os efeitos ou potenciais efeitos do acordo, a posição de mercado das partes do acordo e a relação entre a restrição e a alegada justificativa pró-competitiva. Se essa relação for frágil, talvez não seja necessária uma análise completa de mercado para concluir que a restrição é, em última instância, anticompetitiva. Da mesma forma, se as partes do acordo juntas não controlam uma participação significativa de mercado, é possível concluir, sem uma análise de mercado completa, que o acordo não tem efeitos competitivos. Deduz-se, por conseguinte, que quanto maior for a participação conjunta das partes no mercado, mais precisa deverá ser a análise das justificativas alegadas.

Pode-se definir diretamente se o acordo permitirá o exercício de poder de mercado, se a restrição tiver sido exercida durante um período de tempo significativo. Os preços aumentaram ou a produção diminuiu? Se a restrição não foi exercida durante tempo suficiente ou seus efeitos foram ambíguos, pode ser usada uma abordagem estrutural. Esta exige a definição dos mercados relevantes de produto e geográfico, a medição das participações de mercado das partes envolvidas no acordo e da facilidade com que outras empresas podem entrar no mercado e o exame de como a restrição provavelmente operará dentro do mercado relevante.

O foco então é transferido para a avaliação a fim de verificar se a restrição é razoavelmente necessária para se atingir um propósito pró-competitivo legítimo. Em primeiro lugar, a relação da restrição com o objetivo pró-competitivo precisa ser avaliada – essa relação deve ser evidente. Caso seja, então é necessário determinar se há um meio alternativo para alcançar o objetivo, que represente uma ameaça menor à concorrência. As partes não precisam escolher os meios menos restritivos, apenas os mais razoáveis, dentre as alternativas.

Na maioria dos casos, essa análise decidirá se há probabilidade de um acordo ter efeitos anticompetitivos. Apenas excepcionalmente, o órgão de fiscalização antitruste ou o Poder Judiciário precisarão comparar explicitamente os benefícios pró-competitivos perante o risco de dano à concorrência.

## Acordos de cartel

A sedução exercida pelos cartéis sobre os empresários há muito tempo é reconhecida. Adam Smith, freqüentemente considerado o pai da economia moderna, escreveu, em 1776, no livro A Riqueza das Nações, que "Pessoas no mesmo ramo comercial raramente se encontram, sem que a conversa termine em uma conspiração contra o povo, ou em algum tipo de tramóia para elevar os preços, ainda que o encontro tenha sido motivado por diversão ou distração".

### *Acordos de cartel específicos*

Há muitos tipos possíveis de cartéis, mas todos reduzem a produção e elevam os preços, eliminando a concorrência entre as partes do acordo. Os tipos mais comuns de acordos de cartel entre vendedores são os de fixação de preços, fraudes licitatórias, acordos de alocação de clientes ou de territórios e acordos de restrição de produção. Os mais comuns entre os compradores são os cartéis de fixação de preços, acordos de alocação e fraudes licitatórias.

Os cartéis algumas vezes não eliminam totalmente a concorrência. Os concorrentes podem concordar em suprimi-la apenas para certos clientes ou em determinadas regiões do país. Ou os membros do cartel podem chegar a um consenso em relação aos preços, mas continuar concorrendo em serviços ou em qualidade. O total ou parte do lucro de seu monopólio pode ser "destituído de competição", nessas formas restritas de concorrência. No entanto, os cartéis limitados também são prejudiciais: o preço é maior e a produção menor do que seria em outras circunstâncias. Os cartéis podem ser imperfeitos de outros modos – alguns membros podem trapacear, por exemplo, vendendo abaixo do preço acordado ou fora do território que lhe foi designado. Um cartel precisa fazer um grande esforço para manter, ou trazer de volta aos eixos, os seus membros. Embora esse tipo de trapaça ou a manutenção da concorrência em aspectos que são diversos da precificação possa limitar os prejuízos provocados pelo cartel, não os elimina.

Freqüentemente, as empresas buscam a proteção dos acordos de colusão como um escudo contra os desafios do mercado. As empresas, em muitos países, principalmente naqueles com economias planejadas centralmente, podem ver a colusão como uma maneira de trazer ordem para o mercado, garantindo uma indústria saudável ou eliminando a concorrência perniciosa. Mas a atuação das forças competitivas é, hoje em dia, reconhecida praticamente no mundo todo como a melhor forma de alocar recursos na economia e maximizar o bem-estar econômico.

A colusão compromete seriamente este processo, suprimindo a rivalidade natural entre as empresas e fazendo com que elas atuem mais como um monopólio. Essa conduta tem um efeito negativo imediato sobre os consumidores. Eles passam a consumir menos produtos e a pagar mais por estes. A colusão pode afetar negativamente todas as etapas do ciclo produtivo, pois pode provocar altas de preços ou restrições na disponibilidade de bens intermediários ou outros insumos necessários. Essa situação tem um impacto direto sobre a lucratividade das empresas e sobre sua capacidade de concorrer. O custo maior de matérias-primas, devido à colusão entre os fornecedores de insumos, pode resultar em sérias desvantagens para os produtores de bens intermediários, bem como maiores custos para os consumidores finais.

Uma política de concorrência eficaz e bem implementada, que impeça a colusão, ajudará no alcance de objetivos econômicos mais amplos, por estimular a eficiência e o crescimento econômico. Mercados competitivos podem melhorar seu desempenho internacional, gerar mais empregos e construir os alicerces para elevar os padrões de vida. A colusão também é nociva à medida que arruína a confiança pública no sistema de mercado competitivo.

### Fixação de preços

Fixação de preços é um termo genérico, aplicado a uma grande variedade de atitudes, tomadas pelos concorrentes, que exerçam um efeito direto sobre os preços (veja o quadro 3.1). Sua forma mais simples é um acordo sobre o preço ou os preços a serem cobrados de alguns ou de todos os clientes. Se os clientes não têm alternativas ao produto cartelizado e não conseguem reduzir facilmente o consumo, o aumento de preços pode ser bastante grande. No mínimo, os cartéis estipularão, genericamente, preços acima dos praticados pelo produtor menos eficiente do mercado.

Além dos acordos simples sobre qual preço cobrar, as hipóteses abaixo também são consideradas como fixação de preços:

- Acordos sobre aumentos de preços.
- Acordos sobre uma fórmula-padrão para a formação dos preços
- Acordos para manter uma diferença fixa entre os preços de produtos concorrentes, mas não idênticos.
- Acordos para eliminar descontos de preços ou estabelecer descontos uniformes.
- Acordos sobre os termos do crédito que será estendido aos clientes.
- Acordos para eliminar do mercado produtos vendidos a preços baixos, de forma a limitar a oferta e manter os preços altos.
- Acordos para não reduzir preços sem notificar os outros membros do cartel.
- Acordos para manter-se fiel aos preços anunciados.
- Acordos para não vender, a menos que sejam alcançados os termos ajustados quanto ao preço.
- Acordos para estabelecer um preço uniforme como ponto inicial das negociações.

Normalmente, os esquemas de fixação de preços incluem mecanismos para detectar e punir os infratores (isso será discutido mais adiante).

**Quadro 3.1** - Fixação de preços no setor açucareiro

> Durante muitos anos, as três principais empresas produtoras de açúcar conspiraram para limitar a produção e inflar os preços. Elas também combinaram uma estratégia para controlar o fornecimento de açúcar em áreas específicas. O açúcar, independentemente de ser produzido da cana ou da beterraba, é um produto homogêneo. Na época da conspiração, os substitutos do açúcar não estavam prontamente disponíveis e os clientes não tinham nenhuma alternativa. Os conspiradores dominavam as três únicas refinarias de açúcar no mercado, responsáveis por aproximadamente 90% das vendas.
>
> Os produtores controlavam parcialmente as vendas diretas para grandes clientes, como as vinícolas, as fabricantes de doces e as pequenas importadoras independentes de açúcar, pagando um ágio sobre o preço mundial para os produtores estrangeiros. Essas compras eram feitas por intermédio de empresas de paraísos fiscais e refaturadas, em um preço bem mais alto, para as refinarias.
>
> Quando uma nova refinaria, concorrente, tentou entrar no mercado, o cartel notificou os produtores estrangeiros que seus membros parariam de comprar açúcar de quem vendesse para ela. A principal produtora estipulou uma maneira diferente de fixar o preço do açúcar, imediatamente adotada pelas outras. O novo participante ficou com exatos 10% do mercado, mas os 90% restantes continuaram sendo divididos exatamente como eram antes da chegada do novo concorrente.

Fraude licitatória

Fraude licitatória é um acordo entre as partes, a respeito de qual concorrente ganhará uma licitação – normalmente promovida por um órgão governamental (ver quadro 3.2). Esse acordo pode ser feito por um ou mais proponentes, que concordem que um deles faça uma proposta menor, para depois apresentarem propostas acima do preço oferecido (e inflacionado) por aquele. O processo de licitação foi elaborado para promover a eqüidade e garantir que sejam oferecidos os preços mais baixos possíveis. A fraude licitatória subverte esse processo competitivo.

Os mecanismos da fraude licitatória são muitos e variados, mas, geralmente, enquadram-se nas seguintes categorias:

- ***Supressão de propostas*** – Uma ou mais concorrentes concordam em não apresentar propostas ou retirar as propostas anteriormente apresentadas, para que outra empresa possa ganhar a concorrência. Os participantes do acordo podem questionar judicial ou administrativamente as propostas de empresas que não participarem do acordo ou, de outra maneira, tentar impedi-las de apresentar suas propostas, por exemplo, recusando-se a fornecer materiais ou cotas em subcontratos.
- ***Apresentação de propostas complementares*** – As empresas concorrentes decidem entre si quem deve ganhar a licitação e, então, concordam que as outras apresentarão propostas artificialmente altas para dar a impressão de uma concorrência vigorosa. Ou as empresas perdedoras podem oferecer preços competitivos, porém junto a outros termos inaceitáveis.
- ***Rotatividade de propostas vencedoras*** – As concorrentes se revezam na apresentação de propostas vencedoras, enquanto as demais apresentam apenas propostas com valores elevados. As empresas participantes normalmente tentarão igualar as licitações que cada uma delas ganha, no decorrer do tempo. Um padrão rígido de rotatividade é muitas vezes um indício da presença de colusão.

**Quadro 3.2** - Fraude em licitações para fornecimento de formulários impressos

Formulários contínuos multiuso, usados como papel de impressão computadorizada, formulários de preenchimento instantâneo e produtos semelhantes eram fornecidos para certo governo por quatro principais gráficas. Historicamente, o governo licitou as primeiras encomendas, mas renovou automaticamente os pedidos, para as vencedoras das primeiras licitações. Depois de concluir que obteria melhores preços licitando cada nova encomenda, o governo começou a fazê-lo, a partir de uma lista de gráficas qualificadas, entre elas as quatro principais. As quedas de preços resultantes se tornaram uma preocupação para as principais empresas e seus gerentes de vendas. Não apenas as margens de lucros haviam encolhido, como também os executivos sentiram na pele a redução das comissões de vendas e dos bônus de administração.

Os gerentes de vendas das quatro empresas se reuniram e combinaram uma estratégia de apresentação de propostas. A listagem de preços da líder de mercado, à qual todas tinham acesso, era usada para estabelecer o preço referencial de cada produto, para todas as empresas. Ficou combinado que, quando fosse convocada uma licitação, o fornecedor anterior de determinado formulário apresentaria uma proposta igual ou inferior ao preço referencial, enquanto os outros fariam ofertas superiores. Depois de um certo tempo, as empresas concluíram que esse método era muito complicado e concordaram que o fornecedor anterior simplesmente diria aos concorrentes o quanto estava propondo e estes apresentariam ofertas maiores, ou simplesmente não participariam da licitação.

Durante a conspiração, cerca de 300 licitações foram convocadas pelo governo, e os padrões para a apresentação das propostas mantiveram-se consistentes com o acordo. Este começou a ruir depois da entrada de um novo concorrente, que passou a ganhar as licitações. Tentaram convencer a nova empresa a entrar no acordo preexistente. Esta apresentou queixa às autoridades e forneceu as informações iniciais que levaram à abertura das investigações.

## Alocação de territórios e de clientes

Os preços podem ser controlados por meio de acordos entre empresas, para a alocação de mercados ou clientes entre si, eliminando, dessa forma, a concorrência (ver quadro 3.3). Os acordos de divisão de mercados podem ter um impacto maior sobre a concorrência do que os de fixação de preços. A única empresa restante no mercado estará livre da concorrência em relação a preços, serviços, qualidade e inovações. Os acordos de alocação de mercados eliminam a necessidade de vigília sobre as práticas de preços das empresas que participam do acordo e a necessidade de os produtores com diferentes custos concordarem quanto aos preços apropriados. Assim, a alocação de mercados não se sujeita à parte das pressões que freqüentemente provocam a ruptura dos acordos de fixação de preços.

As empresas podem decidir alocar mercados geograficamente ou conforme a clientela, ou classes de clientes. Quando as empresas em conluio se deparam com a concorrência de outras companhias, estas podem permitir-se competir livremente entre si, enquanto continuam a alocar aquelas áreas ou clientes nos quais não enfrentam concorrência externa.

**Quadro 3.3** - Divisão territorial nas vendas de tubos

As seis maiores fornecedoras de tubos de ferro fundido dividiram as vendas entre si. Primeiro, elas designaram "cidades reservadas", nas quais um fornecedor tinha garantido o direito de realizar todas as vendas de tubos. As outras empresas concordavam em apresentar propostas mais elevadas em todas as ofertas de compras e em não buscar vendas negociadas nessas cidades. Em outras, o direito de ser o vencedor era, ele próprio, posto em licitação entre as conspiradoras. Quem fizesse a proposta mais elevada, no leilão secreto entre as empresas, ganhava o direito a todas as vendas, naquela cidade, durante um período de tempo predefinido, e as cinco outras dividiam entre si o preço pago por esse direito. Outras vezes, o direito de vencer um contrato em particular era leiloado entre as conspiradoras.

As cidades restantes na área, abastecidas pelas seis empresas, eram declaradas "livres" e todas as seis tinham direito de lá concorrer pelas vendas. Esse acordo durou muitos anos antes de ser detectado e as empresas, processadas. De tempos em tempos, eram feitos ajustes entre as cidades alocadas, para refletir as variações de pontos fracos e fortes das empresas, mas os compradores de tubos de ferro fundido continuamente pagaram preços inflacionados.

*Combate judicial aos cartéis*

Em praticamente todas as jurisdições os cartéis são ilegais. Em muitos países os acordos de cartel recebem duras sanções, geralmente na forma de pesadas multas. Nos Estados Unidos e no Canadá, os cartéis são processados criminalmente. As corporações podem ser multadas em muitos milhões de dólares – em 1996 uma corporação americana foi multada em US$ 100 milhões devido a um acordo de fixação de preços da lisina, aditivo usado na alimentação animal. Em alguns países, as pessoas físicas culpáveis também podem ser multadas. Nos Estados Unidos, pessoas condenadas por participar de cartéis podem ser punidas com até três anos de prisão por violação praticada.

É importante que as multas e outras penalidades sejam severas o suficiente para causar intimidação. É difícil detectar um cartel, e, se as penas não fossem muito rigorosas, os conspiradores poderiam concluir que os benefícios da conduta ilegal excederiam os riscos de punição. Portanto, as multas devem superar substancialmente as vantagens esperadas pelos cartéis. Nesse sentido, processar judicialmente os indivíduos envolvidos em atividades de cartel é uma maneira particularmente eficaz de coibir sua prática.

*Tentativas de justificar cartéis*

Algumas vezes, as empresas que participam de acordos de cartel tentam justificar suas atividades como apropriadas e benéficas. Esses argumentos são na verdade desafios ao valor da concorrência em si, em setores em particular ou sob circunstâncias singulares. Tais argumentos normalmente são rejeitados pelos órgãos de fiscalização da concorrência e pelas autoridades judiciais, pois na maioria das vezes a concorrência gerará um resultado melhor para os consumidores e para a economia em geral.

### O setor não consegue funcionar com concorrência

Determinado setor alega que a concorrência indiscriminada destruirá pequenas empresas e a companhia que sobreviver terá um monopólio. Esse é o argumento mais comumente adotado em defesa dos cartéis. Mas, em muito poucos casos – como em monopólios naturais –, a concorrência elimina todas as empresas, menos uma. A maioria dos setores tem espaço para várias empresas, que podem ser lucrativas no longo prazo, uma vez que uma empresa grande o suficiente para ser eficiente ainda assim é muito menor do que o mercado como um todo.

Então, por que esse raciocínio é tão usado? Provavelmente, porque muitas vezes ele se apresenta como verdade para os concorrentes, principalmente em épocas de mudanças ou de intensa competição. Se um mercado encolheu, se novos competidores entraram, se alguns concorrentes tornaram-se mais eficientes ou se foi introduzida uma nova tecnologia, todas as empresas se sentirão pressionadas e a concorrência eliminará as empresas menos eficientes. Por um certo período de tempo todas as firmas poderão apresentar perdas. Depois disso, entretanto, restarão várias empresas eficientes, lucrativas e competitivas. É verdade que a concorrência pode eliminar os competidores menos eficientes do mercado, mas isso faz parte do processo dinâmico da competição. Os concorrentes menos eficientes serão compelidos a reduzir os custos ou a sair do mercado e os consumidores obterão os melhores produtos, aos preços mais baixos possíveis.

### O setor concorre em serviços e qualidade

Os participantes de determinado setor afirmam que os consumidores serão beneficiados se todas as empresas concordarem com um preço único, concorrendo depois para prestar um serviço mais eficaz ou fornecer um produto de qualidade superior. Se um cartel é bem-sucedido ao elevar os preços, as empresas podem ainda competir oferecendo serviços ou qualidade melhores. Mas não é isso que os consumidores querem. Se assim fosse, a qualidade ou serviço melhorados seriam fornecidos sem um acordo para aumentar os preços. Algumas empresas apresentariam um produto ou um serviço melhor por um preço mais alto e os consumidores optariam por comprar delas. O cartel tira essa escolha dos clientes.

A segurança e a qualidade vão decair

Em alguns mercados, estabelecer a qualidade dos produtos pode ser problemático – mas o cartel não é a solução. Normalmente, o melhor juízo sobre a qualidade do produto é feito pelo consumidor. Mas, em alguns casos, o consumidor não pode fazê-lo. Um exemplo são os medicamentos e os serviços médicos. O consumidor não está apto a avaliar a qualidade dessa espécie de produto e serviços, e as conseqüências de uma opção errada podem ser prejudiciais. Nessa categoria de mercado, alguma forma de regulamentação do governo às vezes é necessária. Em certas circunstâncias, organizações não-governamentais deverão ser criadas a fim de fornecer a informação indispensável de segurança. Em outros casos, as preocupações com a segurança e a qualidade podem ser abordadas diretamente. Um cartel não é necessário.

As companhias também podem argumentar que, se enfrentarem uma concorrência significativa de preços, gastarão menos com segurança. De fato, as empresas podem se sentir pressionadas a reduzir seus investimentos em itens relacionados à segurança, mas um cartel não resolveria esse problema. Mesmo dentro de um cartel, algumas companhias são mais eficientes do que outras. Algum tipo de regulamentação pode-se fazer necessária para evitar que as empresas realizem cortes na área da segurança, mas um cartel não solucionará a questão.

O cartel é necessário para deter a concorrência desleal e antiética

Ao fazerem essa reivindicação, as companhias querem ter condições de supervisionar com facilidade a submissão ao preço do cartel. Descontos, abatimentos, melhores termos de vendas e arranjos similares são formas comuns de concorrência, especialmente em setores oligopolistas, com listas de preços públicas. O conceito do setor sobre o que deva ser uma transação comercial "justa" costuma ser o seguinte: ninguém deve desrespeitar o preço do cartel.

*Detectando e comprovando a existência de cartéis*

Casos de cartéis são de difícil investigação, devido aos obstáculos inerentes à detecção de acordos sigilosos e à extensão e complexidade de muitos cartéis. O promotor público deve descobrir e provar que foi cometido um crime, bem como quem foram os criminosos. Os cartéis possuem várias facetas, desde acordos escritos explícitos até arranjos informais, que a lei deve prever. As leis da concorrência normalmente permitem a prova tanto direta quanto indireta da conspiração. A maioria dessas conspirações precisa ser comprovada por intermédio de pessoas que delas participaram e de evidências circunstanciais. Normalmente, as únicas pessoas que sabem se e como um cartel está operando são as que dele fazem parte.

Os indícios da existência de um cartel podem vir dos clientes, dos concorrentes, de membros desleais da própria conspiração ou ainda do próprio desempenho do mercado. O órgão que cuida da concorrência deve ter uma presença pública visível, para que os interessados possam apresentar queixas com segurança. Ele também deve monitorar a mídia, as publicações comerciais, estatísticas e documentos públicos, em busca de indicações de falta de competitividade em determinado mercado. Uma forma de reconhecer colusão, que se mostrou eficaz nos Estados Unidos e que foi recentemente adotada no Canadá e na União Européia, é a de oferecer imunidade criminal ou leniência a empresas (ou indivíduos) que fornecem provas que possam ser usadas na instauração do processo contra outras partes culpáveis.

## Como operam os cartéis

Para desmascarar um cartel, primeiro é preciso saber como eles operam. É especialmente importante entender os problemas que os cartéis enfrentam e como lidam com eles. Um cartel deve convencer a maioria dos concorrentes significativos de um mercado a aumentar os preços acima dos níveis da concorrência e mantê-los assim por um prazo longo o suficiente para receber os lucros do monopólio. Os membros do cartel devem concordar em qual preço cobrar, qual o tamanho da produção e como alocar mercados ou clientes e ainda buscar formas de evitar a deslealdade de um dos integrantes. Um cartel provavelmente se revelará como tal ao lidar com cada um desses fatores complicadores.

Se os concorrentes mais proeminentes não são membros do cartel, este não funcionará bem por muito tempo. Esses concorrentes externos podem vender por um preço mais baixo do que o do cartel e aumentar a produção, pressionando os participantes do cartel a reduzirem seus preços, para não perderem vendas. Se uma empresa não-associada ao cartel concorre mais diretamente com um membro desse mesmo cartel do que com outro, pode criar conflitos internos.

As tentativas de atrair a participação de todos podem criar evidências da formação do cartel. Podem vir à tona documentos internos reclamando da omissão de um concorrente externo. Ou então cartas ou outros documentos que se referem ao cartel podem ser enviados ao concorrente externo. Este, recebendo uma proposta para entrar no cartel, pode comunicar a tentativa às autoridades. Para obter maiores detalhes das atividades do cartel, é útil falar com as companhias que foram convidadas mas não aderiram ao cartel , assim como com aquelas que entraram, pois elas podem ter recebido uma explicação sobre o funcionamento do cartel. Com o propósito de garantir a cooperação entre as partes com informações internas, a autoridade pode conceder imunidade total ou parcial, na instauração de um processo judicial criminal, às empresas ou aos seus executivos.

É importante mencionar que algumas vezes um cartel pode operar sem incluir todas as empresas. Um círculo competitivo de pequenas empresas pode operar fora de um cartel. Se as empresas nesse círculo não puderem expandir com facilidade sua produção, o cartel pode funcionar sem sua inclusão. Do mesmo modo, alguns clientes podem não serem capazes de optar por empresas fora do cartel, por exemplo, em razão da localização ou da preferência particular de cada cliente. As empresas podem cartelizar essas vendas para aqueles clientes, mesmo se elas concorrerem internamente em vendas para outros clientes.

Os membros devem concordar quanto a aspectos fundamentais do cartel, como o preço. Mas a cooperação pode não ser fácil, pois empresas distintas podem preferir preços diferentes: uma companhia com custos mais altos pode se decidir por um preço maior para o cartel, enquanto uma empresa com custos menores pode optar por um preço menor – desde que ainda gere um lucro de monopólio. Caso vários produtos estejam envolvidos, talvez seja necessário que os membros do cartel entrem num acordo quanto a uma tabela de preços. Se o produto de uma empresa não é idêntico ao de outra, os participantes terão de concertar com uma ponderação entre os dois preços. Eles também terão de deliberar se certos extras estão inclusos, como a entrega.

Da mesma forma, um cartel que aloca clientes, territórios geográficos ou propostas de licitações precisa concordar sobre como dividi-los. Os membros do cartel, por exemplo, podem ter de barganhar entre si. Em geral, há probabilidade de que o processo de se chegar a um acordo crie evidências da existência de um cartel, e, quanto mais complicado esse processo, maior é a chance de criação desses indícios.

Os cartéis são intrinsecamente instáveis. Normalmente, cada membro é capaz de produzir e vender mais do que a quantidade permitida, pois um cartel opera elevando o preço e restringindo a produção. Qualquer membro pode aumentar seus lucros significativamente produzindo mais e vendendo por menos do que o preço combinado. Mas, se todos os membros deixarem de cumprir o acordo, o cartel se desmantelará.

Assim, o interesse coletivo do cartel é garantir que nenhum membro trapaceie, reduzindo seus preços. Os membros também podem ludibriar de várias outras formas: oferecendo descontos velados, aumentando a qualidade de seus produtos ou pagando custos de entrega ou semelhantes. Os cartéis que normalmente enfrentam esse tipo de fraude tomam medidas para impedi-la, detectá-la e puni-la. Algumas das melhores evidências da existência de um cartel podem ser deslindadas nesse tipo de vigilância. Por exemplo, os membros do cartel podem comunicar-se entre si sobre suspeitas de fraude, podem reduzir seletivamente os preços na área do fraudador ou ameaçá-lo.

## Mercados que tendem a ter cartéis

Considerando os problemas dos cartéis descritos acima, é possível identificar as características dos mercados mais propensos a formarem cartéis. Esses aspectos auxiliarão na realização de uma investigação bem-sucedida.

Os mercados terão maior propensão a apresentarem cartéis se muitas das características seguintes lhes forem subsumíveis:

- Existência de poucas empresas, ou somente poucas empresas grandes importantes (é mais fácil para poucos concorrentes acordarem do que para muitos).
- As empresas são parecidas quanto à estrutura de custos, processos,

objetivos, nível de integração vertical ou de número de produtos fabricados (empresas semelhantes podem firmar acordos entre si mais facilmente).

- O produto relevante é homogêneo, tal como farinha, açúcar ou cimento. Nesse mercado, um acordo sobre o preço pode ser relativamente simples.
- O produto não tem substitutos semelhantes. Caso ele possua, um aumento de preço poderia levar os consumidores a mudarem para o substituto.
- Os clientes não reduzirão ou não poderão reduzir significativamente a quantidade de produto comprada, mesmo se o preço aumentar. Quer dizer, a demanda é inelástica a preços competitivos (e o cartel pode elevar o preço com relativa facilidade).
- As informações sobre as transações de venda, ou seja, quem vendeu quanto, para quem, por que preço, são amplamente disponíveis. A facilidade para vigiar um cartel é diretamente proporcional à disponibilidade desse tipo de informação.
- Há o envolvimento de um processo licitatório. Nos mercados onde há licitações, freqüentemente há cartéis de fraudadores, talvez porque um processo licitatório geralmente abrange poucas empresas semelhantes com dados acessíveis sobre suas vendas.

Breve relação de quesitos do cartel

Sempre é útil iniciar uma investigação de um cartel fazendo essas três perguntas:

- Qual é a suspeita? Teorize sobre um acordo de cartel que possa existir. A teoria faz sentido?
- Como o cartel teria trabalhado? Considere os passos necessários para elaboração de um acordo. Como o cartel teria sido formado? Como ele teria incluído todos os fornecedores importantes? Como os membros teriam chegado aos termos do acordo? Como eles teriam fiscalizado o cumprimento do acordo?
- Quais as provas que podem existir? Quais as provas que teriam sido criadas a cada etapa do processo?

Provas geralmente encontradas em casos de cartel

As provas diretas são as mais claras e melhores. Exemplos incluem os acordos escritos entre as empresas, uma declaração de um participante, um memorando interno escrito para relatar uma reunião com concorrentes, na qual se chegou a um acordo, anotações de conversas telefônicas com concorrentes, ou uma declaração de uma pessoa que foi abordada por um cartel para fazer parte dele.

É raro, mas não inédito, encontrar acordos definindo todos os termos, condições e detalhes de um pacto colusivo. Nesses casos, a indústria pode não ter se considerado sujeita às leis da concorrência, e os acordos entre os concorrentes foram, então, divulgados publicamente. Esse fenômeno é mais comum em países nos quais a lei concorrencial é relativamente nova. Entretanto, se esses acordos escritos existirem, os participantes estão conscientes dos riscos envolvidos e tomam providências para esconder a documentação. As cópias dos acordos têm sido encontradas sob tapetes, sobre tetos falsos e em casas de executivos. Esses documentos são geralmente criados porque é imprudente acreditar nos próprios co-conspiradores.

Mesmo se nenhum acordo escrito for descoberto, a maioria dos participantes tende a guardar anotações de eventos importantes. Agendas, memorandos internos relatando reuniões, mensagens por telex, fax, cartas, arquivos computadorizados e e-mails são fontes valiosas de informação. Um executivo pode destruir dados incriminadores, mas sua secretária ou secretário pode conservar uma cópia. A chave para o investigador é pensar nos mais prováveis esconderijos ou em fontes esquecidas para encontrar informações.

Em algumas jurisdições, os mandados de busca e apreensão podem ser emitidos contra empresas ou indivíduos que possivelmente tenham provas relevantes. Em outras jurisdições, os pedidos de apresentação de documentos e intimações para o comparecimento de testemunhas podem ser usados. Buscas simultâneas ou serviços de requisição de documentos para todos os suspeitos de participação no cartel podem minimizar a destruição de provas. As declarações ou depoimentos sob juramento também são utilizados para fornecer provas essenciais e preencher as lacunas entre as provas documentais e circunstanciais já obtidas.

As provas circunstanciais podem ser empregadas para reforçar as provas diretas e, em alguns casos, elas podem constituir a maior parte das provas. Deve-se ter cuidado ao interpretar as provas indiretas, entretanto. Os investigadores devem procurar os comportamentos que tenham sentido somente com a existência de um cartel. Por exemplo, deve-se levantar suspeitas se todos os concorrentes em um mercado anunciam no mesmo dia que os seus preços irão aumentar exatamente na mesma proporção. Investigações seguintes podem eliminar outras possíveis explicações, como a inesperada elevação de custos, a mudança brusca na demanda pelos seus produtos, ou uma alteração súbita no preço de um produto substituto.

Similarmente, se uma série de projetos são decididos por concorrência pública e dois concorrentes sempre se alternam como vencedor da licitação, deve-se suspeitar de fraude à licitação. Uma outra área fértil para se buscarem as provas circunstanciais é a maneira como é executada a vigilância.

É importante, entretanto, distinguir entre as provas indiretas, apontando a existência de um cartel, e as provas de conduta paralela consciente em uma indústria concentrada. Em teoria econômica, paralelismo consciente refere-se à uniformidade de comportamento, seja na precificação ou em outras condutas competitivas, comumente exibidas por empresas em uma indústria oligopolista que vende um produto homogêneo. A uniformidade se revela não com acordos, mas com cada empresa levando em conta a reação mais provável do seu rival na determinação de suas estratégias comerciais; por exemplo, reconhecendo que a redução de preços será adotada por todos os concorrentes, daí produzindo somente uma vantagem competitiva de curta duração. Essa uniformidade em si não é uma prova de que um cartel esteja operando. Os investigadores antimonopólio geralmente encontram indícios de práticas similares ou idênticas que podem ser informativos, mas quase sempre são ambíguos.

Os investigadores devem ver além dessa uniformidade. Aspectos potencialmente proveitosos para perquirir são como os preços têm sido estabelecidos e como eles tendem a mudar. Por exemplo, suponha que historicamente os preços se alterem freqüentemente e variem pouco entre as empresas. Se os preços de repente se tornam idênticos e estáveis, uma investigação deverá focar a partir de quando isso acontece. Similarmente, se os preços forem estáveis por longos períodos, mas ocasionalmente tornarem-se voláteis por períodos curtos, pode ser que um cartel esteja operando. Os episódios de volatilidade podem indicar uma fraude. O policiamento esteve atento para quando a primeira empresa reduziu os preços? Como os preços se tornaram estáveis novamente? As respostas a essas questões podem ajudar a determinar se havia ou não um cartel.

Outras indicações de que a conduta é colusiva mais do que propositalmente paralela incluem as oportunidades para conspirar, como as reuniões ou telefonemas entre membros da indústria. Talvez o indicativo mais contundente seja a evidência de que uma conduta específica seria no melhor interesse de uma empresa individual apenas se esta soubesse que as outras empresas adotariam a mesma conduta.

*Acordos não-cartelizantes entre concorrentes*

E se um acordo não for uma restrição óbvia ao comércio? E se o acordo envolver uma integração de algumas ou todas as pesquisas, fabricação, operações de distribuição de uma empresa, ou implicar na criação de um produto ou método de distribuição novo e melhorado? Se a cooperação entre empresas aumentar a eficiência, essa conduta pode não ser condenada imediatamente, da mesma forma que os cartéis que não oferecem eficiências potenciais. Uma vez que se demonstrou que uma restrição potencialmente reforça a eficiência, o investigador deve determinar se a restrição é necessária para alcançar os objetivos pró-competitivos afirmados e se o acordo também puder criar ou facilitar o exercício do poder de mercado.

Se o acordo tem eficácia potencial pró-competitiva juntamente com eficácia potencial anti-concorrêncial, a autoridade de defesa da concorrência enfrenta o difícil problema de procurar equilibrar os riscos de prejudicar o potencial de benefícios. Felizmente, o efeito competitivo resultante na maioria das restrições horizontais tornar-se-á claro antes que a agência concorrencial seja obrigada a desempenhar essa tarefa. Muitas restrições não terão grande poder de lesar a concorrência, particularmente aquelas nas quais as partes juntas têm uma pequena participação do mercado ou aquelas cujas restrições em ações no mercado independente são bastante limitadas. Outras restrições não irão criar benefícios pró-competitivos, ou esses benefícios poderiam ser obtidos com restrições muito menores.

Geralmente o primeiro passo para avaliar os efeitos competitivos de uma restrição é definir os mercados relevantes. As restrições em mercados sem concentração não tendem a obstruir a concorrência o suficiente para justificar maior preocupação. Similarmente, mesmo em um mercado concentrado, se as partes envolvidas na restrição têm uma participação pequena deste mercado, é improvável que elas sejam capazes de influenciar o preço ou a produção. Assim, definir e avaliar as participações de mercado das partes ativas pode constituir uma forma ágil de determinar os efeitos competitivos potenciais. Mas, em muitas instâncias, a definição de mercado pode mostrar-se difícil. Nesses casos, pode ser possível chegar a uma conclusão mais rapidamente pela avaliação da relação existente entre a restrição e o benefício afirmado. Se esse benefício não for claro ou a restrição não estiver razoavelmente relacionada ao benefício, esta pode ser considerada injustificável sem a análise completa do mercado relevante e as posições das partes.

*Tratamento dos acordos horizontais não cartelizantes em diferentes jurisdições*

A maioria das leis de concorrência adota uma visão liberal dos acordos horizontais excetuando cartéis – esses acordos são permitidos, a menos que haja boas razões para proibi-los. Nos Estados Unidos, por exemplo, somente acordos que restrinjam "sem razão" a concorrência são proibidos. Em cada caso o propósito e os efeitos do acordo são avaliados, e este é vetado somente se ele for, proporcionalmente, prejudicial à concorrência.

Na União Européia esses acordos são abrangidos pelo artigo 85 do Tratado de Roma. Eles são proibidos se "possuírem como seu objetivo ou efeito a prevenção, restrição ou distorção da concorrência". Mas mesmo acordos que restrinjam a concorrência podem ser permitidos se eles "contribuírem para melhorar a produção ou distribuição de bens ou para a promoção do progresso técnico ou econômico, enquanto permitam aos consumidores uma porção justa dos resultados dos benefícios", desde que o acordo não imponha restrições desnecessárias às empresas envolvidas ou permita que elas eliminem a concorrência com relação à parte substancial do produto afetado.

No Canadá, um juiz, declarou, num de precedente jurisprudencial, (*leading case*) que:

> Como geralmente tem sido dito, todo contrato é um contrato de restrição de comércio: a liberdade de comércio das partes contratantes é limitada pelas suas obrigações de realizar o contrato. Considerando a existência de quaisquer critérios gerais, estes necessitam de avaliação da natureza e propósitos dos atos que normalmente são considerados anticompetitivos e dos efeitos que eles têm ou possam ter no mercado relevante. Demanda-se uma análise que leve em conta o interesse comercial de ambas as partes acusadas beneficiadas pela conduta em questão e do grau de restrição ou distorção da concorrência resultante

O artigo 6.º da Lei Antimonopólio da Polônia justifica o acordo horizontal se ele for "objetivamente necessário de um ponto de vista técnico ou econômico para conduzir uma atividade econômica e não resultar em uma restrição significativa à concorrência". O aspecto comum de todas essas leis antimonopolistas é que os acordos horizontais podem ser proibidos se eles restringirem significativamente a concorrência; mas mesmo um acordo que exerça essa função será avaliado para determinar se ele causa benefícios que equilibrem os prejuízos.

### *Joint ventures e acordos para trabalho em conjunto*

Os concorrentes às vezes cooperam para serem melhores na concorrência no mercado. Esses acordos incluem joint ventures e pactos de especialização. As empresas podem ter pontos fortes distintos, mas, pela cooperação, elas podem se tornar mais eficientes ou mais capazes de criar um novo produto ou serviço, que, separadamente, elas não conseguiriam. Esses acordos podem adotar formas diversificadas. Por exemplo, empresas que operam em diferentes regiões podem constituir uma equipe que cobriria uma área muito maior. Uma empresa que tenha um produto de boa qualidade, mas uma rede de distribuição de vendas fraca, pode aliar-se com uma empresa que possui um produto medíocre, mas com uma rede de vendas grande e eficiente. Tais acordos são geralmente chamados de *joint ventures*, mas seu aspecto legal em particular não é importante.

Uma outra forma de cooperação é o acordo de especialização. Suponha que duas empresas estão realizando uma linha completa de produtos, mas elas decidem que conseguiriam economizar dinheiro se uma delas manufaturar somente produtos grandes e a outra somente os pequenos, de forma que cada uma possa aproveitar da economia de escala na produção. As empresas podem firmar acordos de especialização ou *joint ventures*. Cada uma se especializaria na fabricação dos produtos que elas fizessem melhor, mas venderiam ambos os produtos sob o seu próprio nome.

A característica diferenciadora desses acordos horizontais é o objetivo almejado: tornar os participantes melhores concorrentes. Um rápido teste desse objetivo é verificar se parte significativa da concorrência permanecerá no mercado. Se não, então o propósito e os efeitos reais da *joint venture* devem ser examinados mais detidamente.

Um exemplo do tratamento desses acordos é encontrado no regulamento da União Européia sobre acordos de especialização (Regulamento 417/85 sobre Exceção de Bloqueio em Acordos de Especialização). Essa regulação permite que empresas que detenham menos do que 20% do mercado possam firmar os acordos de especialização. Certamente, essa análise requer que o mercado relevante seja definido e que a participação de mercado e de concentração sejam medidas.

Uma regra genérica para avaliar essas *joint ventures* é perguntar se a concorrência seria prejudicada se as empresas em cooperação fusionarem-se (veja o Capítulo 4, sobre fusões). Se a lei de concorrência não for violada por uma fusão completa, então quaisquer acordos de cooperação, que representam muito menos do que uma fusão, não violarão a lei de concorrência.

As joint ventures geralmente conterão acordos que restringem a concorrência entre as empresas participantes. Essas restrições podem ser necessárias para tornar a cooperação viável. Por exemplo, se as empresas desenvolverem e venderem um produto em conjunto, elas precisam ter certeza da lealdade recíproca. Se uma empresa puder, a qualquer tempo, deixar a joint venture e levar consigo todo o conhecimento e capacidade desenvolvida em conjunto, a cooperação não será bem-sucedida. O medo dessas conseqüências pode impedir as empresas de entrarem em uma joint venture em primeiro lugar. Assim, as cláusulas não-competitivas em acordos de *joint ventures* podem ser necessárias.

Esses acordos secundários são, às vezes, chamados de acordos "ancilares", devendo-se verificar se eles implementam propósitos pró-competitivos das parcerias e se são razoavelmente necessários para o seu sucesso. Além disso, os investigadores devem perguntar se os objetivos de trazer benefícios de um acordo de parceria podem ser cumpridos com uma restrição mais limitada da capacidade de competição do membro.

*Facilitação dos acordos sobre práticas*

Um acordo de facilitação sobre práticas requer a adoção do compartilhamento de informações sobre as práticas, de um padrão de produto e de práticas de contratação ou de definição de preço – que facilitem a operação de um cartel ou a evasão de concorrência recíproca por empresas em um mercado oligopolista, mesmo sem qualquer acordo explícito de cartel. Essas práticas de facilitação podem assumir muitas formas, incluindo intercâmbio de informações, padronização de produtos, nação mais favorecida ou cláusulas de proteção de preço e sistemas de padronização de preço. Essas ações não restringem diretamente a concorrência, mas facultam a indústria no sentido de obter um acordo tácito (ou explícito) sobre definição de preço ou produção. Assim, um acordo de facilitação prática pode reduzir a concorrência, embora um acordo explícito sobre o preço ou a produção não possa ser provado.

Esses acordos são geralmente avaliados pela definição da probabilidade de eles facilitarem o estabelecimento de preços de forma oligopolista. Os passos no processo analítico são: a definição do mercado relevante, com a determinação de suas condições estruturais e competitivas, e de como as práticas irão aumentar os preços. Se o potencial para a definição tácita ou explícita dos preços de cartel aumentar significativamente, então a adoção das práticas é anticompetitiva. Quatro fatores caracterizam a maioria dos acordos de facilitação:

- Ocorrem em mercados cujas características conduzem à formação de cartéis.
- Incluem a maioria dos concorrentes significativos do mercado.
- Tornam mais fácil alcançar ou manter um cartel de preços ou de produção, tácita ou explicitamente.
- Não têm benefícios pró-competitivos, ou quaisquer benefícios existentes poderiam ser obtidos com menor risco à concorrência.

As práticas de facilitação dividem-se em duas categorias funcionais: práticas que facilitam a obtenção de um acordo e práticas que reduzam os incentivos a fraudes.

Práticas que facilitam chegar a um acordo

O compartilhamento de informações facilita a obtenção de um acordo sobre o aumento de preços ou restrições à produção. Informações incompletas ou atrasadas sobre os preços rivais, transações e custos dos rivais podem complicar a obtenção de um acordo sobre os preços oligopolistas. Os acordos para compartilhamento de informações, que podem eliminar ou reduzir esse problema, possuem diversas formas: verificação de preço após a transação, informações sobre custos e clientes compiladas por uma associação comercial ou pelas empresas em si, ou anúncios públicos ou privados sobre preços futuros. O intercâmbio de informações pode envolver tanto aquelas privadas quanto as que estão disponíveis ao público, mas que são informações difíceis ou caras para serem compiladas.

O intercâmbio de informações, como a maioria das outras práticas de facilitação, pode aprimorar as funções competitivas. Como regra geral, os mercados têm desempenho mais eficiente quando as empresas têm boas informações sobre a oferta e a procura. Mas, se os mercados forem muito concentrados, aumentando assim a possibilidade de colusão tácita, o compartilhamento de informações específicas relativas ao fornecimento, particularmente sobre preços atuais e futuros, ou o compartilhamento dos planos sobre a produção e a capacidade futura pode eliminar a barreira contra a o comportamento anticoncorrêncial.

Outras práticas, como os acordos em que todos os fornecedores fixarão preços para os seus produtos com base no preço de entrega (quer dizer, absorvendo o custo de frete), em que um diferencial acordado será mantido entre os produtos e serviços, ou que os produtos serão vendidos em tamanhos e formatos padronizados, podem também facilitar a chegada a um consenso com relação às conseqüências anticompetitivas. É importante lembrar, entretanto, que essas práticas não são sempre anticompetitivas. Elas são suspeitas somente quando outras condições no setor sustentam condutas explícitas ou tácitas de cartel.

Práticas que reduzem o estímulo às trapaças

Essas práticas tanto tornam mais fáceis a vigilância sobre os modos de atribuição de preço ou de produção na indústria e, portanto, a detecção de fraudadores, ou mesmo reduzem ou eliminam os ganhos provenientes de uma trapaça. O intercâmbio de informações facilita a detecção de uma trapaça, particularmente se informações detalhadas sobre transações forem trocadas regularmente.

Outras práticas que podem diminuir os ganhos de uma fraude são proteção dos preços e as cláusulas da nação mais favorecida. As cláusulas de proteção de preço vinculam o vendedor ao fornecimento a qualquer preço que o comprador seja capaz de obter de outro fornecedor, ou libera o comprador para adquirir do outro fornecedor. Cláusulas da nação mais favorecida estabelecem que o vendedor deverá ofertar ao comprador o melhor preço oferecido para qualquer cliente. De novo, essas práticas não são sempre anticompetitivas. Na verdade, elas beneficiam os clientes em muitas ocasiões. Quando adotadas pela maioria ou todos os participantes em setores industriais com alta concentração, entretanto, e quando outras condições conduzem à formação de um cartel tácito ou explícito, essas práticas podem servir como um mecanismo de aplicação de auto-vigilância.

As empresas podem efetivamente deter a trapaça de seus parceiros somente se elas mantiverem um arsenal de ameaças críveis de punição. Essa é uma outra área na qual as práticas de facilitação podem causar um impacto anticompetitivo. Os corretivos mais convincentes são aqueles que visam um rival em particular cuja trapaça tenha sido descoberta. Mas os corretivos almejados nem sempre são possíveis, e, portanto, manter ameaças genéricas pode ser importante. O cumprimento cláusulas de alinhamento com a concorrência (*meeting-competition clauses*)pode servir como uma ameaça, assim como a manutenção de grande estoque ou excesso de capacidade produtiva.

### Avaliação das práticas de facilitação

Para avaliar a probabilidade de uma prática de facilitação prejudicar a concorrência, deve-se determinar se as práticas propostas reduzirão os impedimentos para a criação ou manutenção de um cartel. Se a prática apresentar esse efeito em um setor industrial, que seja, de outra forma, suscetível à formação de cartel e no qual a entrada ou a expansão dos limites seja difícil, essa conduta tende a ser ofensiva à concorrência. Mas em setores econômicos que já possuam vários fatores complicadores, a eliminação de um desses fatores provavelmente não prejudicaria a concorrência.

*Acordos de cooperação que podem restringir a concorrência*

Exemplos de cooperação entre os concorrentes que podem prejudicar a concorrência incluem a troca de informações, restrição de propaganda e definição de padrões.

Troca de informações

A troca de informações sobre preços deve ser avaliada considerando-se diversos fatores: a probabilidade de a prática permitir a coordenação de preços (quão detalhada, corrente e específica em relação aos cliente fornecedores são estas informações); se a informação está disponível ao público ou disponível somente aos concorrentes; se as condições estruturais no setor econômico tornam a coordenação da precificação um risco verossímil; como as informações são utilizadas e as justificativas pró-competitivas para a troca. Os relatórios estatísticos sobre o histórico dos preços (por exemplo, retroativos a seis meses ou mais) ou produção circulada por um terceiro, como uma associação comercial, na qual os dados são agregados e não identificam clientes, fornecedores ou transações, não tendem a ter um efeito anticompetitivo e podem trazer um grande benefício. No outro lado da balança, as comunicações diretas entre os concorrentes sobre os preços atuais, produção, utilização da capacidade e expansão levantam muito mais questões sobre o motivo e impacto competitivo.

Acordos que restringem a propaganda

Os concorrentes podem concordar em restringir as propagandas recusando-se a anunciarem, não divulgarem os preços, não anunciarem em certas mídias, não usarem a propaganda comparativa (propaganda que compara o produto de uma empresa com o de outra), ou acordando com relação ao conteúdo dos anúncios. Os acordos que restringem a propaganda podem ser feitos em conexão com os acordos de cartel, quando a restrição deve ser tratada como parte de um pacto de cartel.

Os concorrentes que restringem a propaganda podem justificar seu comportamento dizendo que ela é imprópria ou inadequada, especialmente dentro de uma profissão ou outro serviço de indústria (onde essas restrições são geralmente encontradas). Eles podem argumentar que os consumidores não serão capazes de compreender fatos importantes sobre o produto ou serviço e que a propaganda irá enganá-los. Ou eles podem sustentar que o preço para anunciar levará alguns concorrentes a abaixarem os preços e conseqüentemente a reduzirem a qualidade.

A propaganda tem uma função primordial no mercado competitivo: ela disponibiliza a informação aos consumidores. Por exemplo, ela pode identificar os vendedores ou fornecedores, explicar novos produtos ou fornecer informações sobre a qualidade e preços de produtos. A propaganda pode ser uma forma importante para uma nova empresa entrar num mercado ou para uma empresa expandir sua participação no mercado. Assim, a eliminação ou limitação da propaganda pode reduzir a efetividade da concorrência e aumentar as barreiras à entrada. Estudos demonstram que, dentro de um dado setor econômico, os preços tendem a ser menores se o anúncio dos preços for permitido. Esses estudos não sustentaram o argumento de que a propaganda, se verdadeira, confunde os clientes ou leva a uma baixa de qualidade. Embora a falsa propaganda possa enganar os consumidores, é melhor deixar sua regulamentação para instituições públicas do que para um grupo de concorrentes com fortes incentivos a se protegerem, em vez dos consumidores.

### Acordos de padronização

A definição dos padrões para produtos e serviços geralmente beneficia os consumidores e pode fazer o mercado operar com mais eficiência. Os padrões informam os consumidores das características importantes de um produto, facilitam a compatibilidade dos produtos que são complementares, podendo ser usados para estabelecer um nível mínimo de qualidade necessária para garantir a segurança e proteger a saúde do consumidor. Embora a adoção de padrões excluirá do mercado os produtos e serviços em desacordo, o efeito em si não representa uma base suficiente para a prática ser condenada por ser anticompetitiva. Os benefícios de uma padronização podem superar perfeitamente a perda de concorrência. A lei da concorrência deve focar-se na concorrência, não na proteção de concorrentes individuais.

Os padrões podem servir à sociedade de diversas maneiras. Eles podem dar aos consumidores maiores informações, capacitando-os para tomar melhores decisões sobre os produtos que querem comprar; podem equilibrar rapidamente as forças de oferta e procura; e fazer com que os benefícios das novas tecnologias sejam difundidos de forma mais eficiente. Os padrões que se relacionam à saúde e à segurança protegem os consumidores que não têm informações suficientes para fazer seus próprios julgamentos ou que estão comprando produtos que não podem ser facilmente avaliados.

Os padrões ainda podem ter conseqüências anticompetitivas. Por exemplo, sua definição pode proteger os preços supracompetitivos, aumentando os custos dos rivais, excluindo-os da possibilidade de competirem com eficiência, ou aumentando as barreiras injustificadas à entrada. Por exemplo, os membros de um setor econômico podem usar padrões para resguardar uma conspiração de fixação de preço por excluir deliberadamente os produtos inovadores ou com preços reduzidos por meio da adoção de padrões restritivos.

Um fator deve quase invariavelmente estar presente antes que a definição de padrão possa ser prejudicial à concorrência: controle sobre o acesso ao mercado. Antes que qualquer definição de padrão seja considerada exclusivista, ela deve demonstrar que sua imposição poderia restringir o comércio ou a concorrência. Se a conformidade com o padrão não for crítica para a aceitação do produto no mercado ou se há alternativas viáveis para o cumprimento, então é improvável que o padrão possa restringir a concorrência.

A exclusão pode ocorrer por meio do abuso do processo de certificação, quer dizer, a negativa à aprovação de produtos que satisfariam requisitos razoáveis de desempenho, saúde ou segurança. Ou a definição dos padrões anticompetitivos pode envolver a adoção de padrões de coordenação ou interconexão (por exemplo, relativo à interação de diferentes tipos de aparelhos de telecomunicação), que são indevidamente restritivos. Esses padrões podem definir requerimentos de desempenho mínimos e máximos, ou impor requisitos detalhados, mas indevidos de *design*. Esses padrões são mais restritivos do que necessários para assegurar uma interconexão ou coordenação efetiva, e podem impedir a inovação e melhora do *design*.

Os fatores mais importantes a serem considerados na avaliação de um padrão são a lisura do processo de definição daquele padrão e dos procedimentos de certificação, e a natureza dos critérios utilizados nos padrões. Se o definidor dos padrões aceita contribuições de partes interessadas, mantém arquivos adequados dos processos e das razões de suas decisões, e há uma justificação legítima para o padrão e a forma com que ele é aplicado, os benefícios pró-competitivos tendem a superar todos os riscos de prejuízo à concorrência.

Os padrões baseados em critério de desempenho em vez de critério de *design* são melhores. Os critérios de desempenho medem a capacidade de um produto cumprir sua tarefa, mais do que como ele faz para cumpri-lo. Isso tende muito menos a impedir a inovação e melhora do produto. Similarmente, a definição de padrões por critérios de desempenho mínimo é superior em relação àqueles baseados em critérios de desempenho máximo.

### *Boicotes e recusa conjuntas à negociação*

Um acordo horizontal entre concorrentes que proíbe a realização de negócios com outros concorrentes, fornecedores ou clientes caracteriza uma recusa conjunta à negociação ou um boicote. Esses acordos podem representar uma conduta de cartel ou parte de um acordo não cartelizado associado com uma joint venture potencialmente pró-competitiva ou um acordo de cooperação.

Recusas conjuntas de negociar com clientes, a menos que eles concordem em relação ao preço e outros termos definidos pelas empresas participantes, são simplesmente meios de impor esses termos. Esse procedimento é tratado como um ilícito "per se" em jurisdições que distinguem entre a análise "per se" e a baseada na regra da razão. Não há aprimoramento de eficiência argüível associado a esse tipo de conduta. Similarmente, se os concorrentes se juntarem a fim de pressionar os fornecedores ou clientes para absterem-se de negociar com outro concorrente, eles também estarão adotando uma conduta de cartel. Empresas que têm um acordo de cartel irão querer punir empresas independentes que rompam com o cartel ou qualquer outra empresa-membro que trapaceie. Um meio efetivo de fazer isso é recusar em conjunto a negociação com qualquer fornecedor que venda a um concorrente não-alinhado com a política do cartel, ou recusar conjuntamente a venda a qualquer cliente que compre daquele concorrente.

Mas mesmo que as empresas não tenham formado um cartel explícito, elas podem ter interesse em excluir ou impor uma desvantagem a um concorrente – especialmente se o concorrente escolhido constitui-se em uma força perturbadora. Por exemplo, suponha que as empresas em um mercado tenham em geral custos similares. Elas podem ter chegado a uma acomodação tácita de preços, embora sem um acordo explícito, sobre preços e produção. Se uma nova empresa começa a concorrer com elas, ela pode ameaçá-los, especialmente se esse concorrente é relativamente mais eficiente e tem menores custos. Mesmo se empresas existentes não tenham formado um cartel, é do interesse coletivo delas a exclusão da empresa exular que tenha menores custos ou pelo menos lhe aumentar os custos.

Em geral, os boicotes que devem ser tratados como anticompetitivos são caracterizados por envidar esforços para impor desvantagens aos concorrentes, impedindo os fornecedores ou clientes de negociar com os competidores, seja negando diretamente essa possibilidade, seja por meio de coação. O boicote geralmente fecha o acesso aos insumos necessários (produto, instalações ou mercado). Freqüentemente, a empresa que boicota possui uma posição dominante no mercado. Ainda, não há geralmente nenhuma eficiência associada a essa conduta. A probabilidade da verificação de efeitos anticompetitivos é clara, ao passo que a possibilidade da existência de efeitos pró-competitivos é remota.

Entretanto, algumas recusas conjuntas à negociação podem criar benefícios de eficiência, deixando os mercados mais competitivos. Algumas recusas à negociação "servem à eficiência econômica ou aprimoram o interesse econômico geral e próprio do grupo, sem buscar a diminuição dos lucros de qualquer outro grupo. Outras podem mesmo aprimorar os objetivos sociais e morais largamente impertinentes aos interesses empresariais e econômicos do grupo... Pareceria necessário, ao menos inicialmente, avaliar o seu impacto econômico além das vantagens que eles criam para o grupo envolvido com o boicote" (Gellhorn e Kovaric 1994, p. 213-214).

Um exemplo de acordo potencialmente competitivo é aquele sobre uma compra em conjunto feita entre um grupo de pequenos concorrentes. Esse acordo pode utilizar as economias de escala na compra e estocagem, e, portanto, capacitar o grupo a concorrer com mais eficiência com grandes rivais. Essa organização de compra pode restringir a filiação para evitar que outros concorrentes obtenham a mesma redução de custos que os membros recebam. Os concorrentes excluídos podem, certamente, estabelecer suas próprias organizações de compra. De fato, é provavelmente melhor para a concorrência que diversas organizações de compra sejam formadas em vez de uma única, que seja imensa.

O funcionário da agência de defesa da concorrência deve distinguir recusas de negociar, que são em última análise prejudiciais, daquelas que são benéficas. As questões seguintes devem ajudar nesse processo:

- Qual a proporção de empresas no mercado que são parte de um acordo? Um acordo entre todas ou quase todas as empresas em um mercado tende a ser mais prejudicial do que um acordo que represente somente uma pequena proporção de um mercado.
- Até que ponto um concorrente é excluído ou prejudicado? A menos que um concorrente seja seriamente prejudicado ou deixado de tal forma incapaz de concorrer, é improvável que a concorrência tenha sido lesada. Se o concorrente tem formas alternativas de obter o mesmo ou similar benefício, a exclusão não tende a ser nociva.
- Qual o propósito do acordo? O acordo cria eficiências, por exemplo, pela integração de operações de participantes, pela criação de um novo e melhor produto ou método de distribuição, ou pela geração, de outra forma, de economia de custos? Ou o único objetivo aparente do acordo é excluir ou retirar as vantagens dos concorrentes? Quais são os benefícios reivindicados pelo acordo? Eles foram materializados?
- Os benefícios podem ser alcançados sem a exclusão ou desvantagem do concorrente? A restrição está razoavelmente relacionada com os benefícios do acordo? Como as restrições promoverão os propósitos pró-competitivos da iniciativa? Há meios menos restritivos para alcançar os mesmos benefícios? Se sim, e se essas alternativas não são mais custosas ou menos efetivas, em comparação, a restrição exclusiva pode ser prejudicial.

### *Associações comerciais e lobbies*

As associações comerciais desempenham muitas funções legítimas e positivas, como a educação dos membros sobre avanços tecnológicos e outros avanços na indústria, na identificação dos problemas potenciais com os produtos, facilitação de treinamento em assuntos legais ou administrativos, e agindo como patrono de interesses ou *lobby* ante os órgãos governamentais. Mas as reuniões das associações comerciais podem também servir como um fórum para as ações dos cartéis, e as próprias associações podem ocasionalmente se envolver em atividades anticompetitivas. O compartilhamento de informações relevantes à concorrência pode estimular ou apoiar uma colusão tácita ou explícita, e as associações comerciais estão geralmente situadas de forma ideal para facilitar esses intercâmbios anticompetitivos. As reuniões das associações comerciais também podem criar um fórum para a discussão das condições da indústria que podem ir além das fronteiras legítimas e resultar em acordos para limitar a produção ou obstruir a redução de preços. Finalmente, uma vez que as reuniões das associações comerciais agrupam os concorrentes, acordos desleais podem ser realizados em encontros informais ou reuniões sociais, longe das atividades oficiais.

Uma atividade comum das associações comerciais é a comunicação com o governo a favor dos seus membros. Em uma sociedade democrática, todos os cidadãos e suas organizações devem ser encorajados a agirem assim. Mas as associações comerciais podem tentar persuadir o governo à tomada de atitudes anticompetitivas. A associação pode pedir a criação de uma autoridade de controle de monopólios, legalização de cartéis, limitações à importação, definição de preços de cartel ou restrição à entrada ou restrições especiais ou proibições aos concorrentes. Essas atividades devem ser sujeitas à lei de concorrência?

Esses assuntos ultrapassam os limites da política de concorrência, incluindo liberdade de expressão e o direito de petição ao governo. Essa atividade ocorre na área política, e não no mercado. O resultado de tal conduta pode ser altamente anticompetitiva e prejudicial aos consumidores, mas a condenação dessa conduta sob a legislação de proteção à concorrência pode, ao final, ser ainda mais prejudicial às instituições democráticas de um país. Contudo, há um papel claro e importante para a agência de proteção à concorrência neste contexto – o da promoção da cultura da concorrência (veja o Capítulo 6).

Os Estados Unidos criaram uma exceção à proteção do lobby conjunto e permitem a oposição judicial, fundamentada na lei da concorrência, contra as condutas conjuntas que constituem abuso do processo governamental, como a propositura de ações judiciais sem base legal, simplesmente para prejudicar um concorrente, ou o depósito de um pedido de patente lastreado em informações falsas, com o intuito de excluir indevidamente concorrentes. Certamente, a conduta de cartel adotada por fornecedores governamentais não se qualifica como lobby, nem as tentativas dos fornecedores de forçarem o governo a aumentar os preços que eles recebem.

### *Cartéis de exportação*

Os cartéis de exportação dizem respeito somente às transações de exportação, sendo legais em muitos países que especificamente isentam essas condutas de uma incidência da lei da concorrência. A lógica dessas isenções é a de que os cartéis de exportação prejudicam somente os consumidores estrangeiros, que não são objeto de preocupações de governos nacionais. Mesmo onde esses cartéis são legais, entretanto, as suas atividades podem ter efeitos colaterais em mercados domésticos. Durante as negociações para a realização de um acordo sobre preços de exportação ou prazos de venda, por exemplo, os participantes podem trocar informações sobre a produção ou preços internos que lhes permita chegar a um acordo explícito ou tácito, afetando o mercado nacional.

Mesmo sendo os cartéis de exportação legais no país exportador, eles podem ser processados criminalmente nos países importadores, dependendo das disposições de extraterritorialidade das suas leis de concorrência. Em todo caso, a cooperação crescente entre as autoridades de defesa da concorrências e as pressões para harmonizar a política de concorrência em todo o mundo tendem a eliminar as isenções aos cartéis de exportação, ou ao menos torná-las impraticáveis.

## Parte II - Acordos verticais

Alguns acordos entre uma empresa localizada no início da cadeia produtiva (a montante – upstream), por exemplo, um fabricante ou um atacadista, e uma posicionada em setor posterior da mesma cadeia (a jusante – downstream), como um varejista, podem incidir no escopo da política de concorrência. Esses acordos podem ser explícitos ou implícitos. As empresas podem escolher assinar um contrato escrito, detalhado, ou elas podem simplesmente confiar nos acordos verbais ou práticas estabelecidas, coletivamente conhecidas pelos participantes.

A despeito da forma específica adotada por um acordo vertical, o tratamento das empresas localizadas a montante e a jusante como uma única estrutura vertical é central para a análise econômica do acordo. As decisões sobre a estrutura vertical, algumas delas feitas a jusante, outras a montante e outras ainda em conjunto, determinam os custos de produção, a natureza e qualidade do produto ou serviço à venda, o preço a que esse produto é vendido, a qualidade oferecida, o mercado geográfico ou os clientes que são ou não atendidos. Essas decisões também determinam os lucros totais coletivamente recebidos pelas empresas participantes, sujeitos às limitações externas. A distribuição de lucros entre as empresas em uma estrutura vertical será estabelecida em grande parte pelos termos do acordo.

Os termos do acordo também afetam as decisões das empresas participantes, tanto pela imposição de obrigações diretas quanto pela mudança de incentivos para a realização de certas escolhas. Os termos específicos do acordo, portanto, afetam a eficiência econômica.

Do ponto de vista da análise econômica, se não da análise legal, os acordos verticais podem ser encarados como uma forma intermediária de integração vertical. Embora as empresas não sejam necessariamente integradas no que se refere à propriedade, os acordos verticais podem resultar em graus variantes de uma integração e coordenação de fato das decisões tomadas entre empresas a montante e a jusante. Contudo, é importante notar que relações entre uma empresa controladora e uma subsidiária não deve ser considerado como acordos verticais. Uma subsidiária é parte de uma controladora, quer dizer, essa empresa já é parcial ou totalmente integrada por meio de ligações societárias.

Os acordos verticais podem, em princípio, ocorrer em qualquer estágio dos processos de fornecimento ou distribuição de produto ou serviço. Na prática, concentra-se atenção nos acordos restritivos da distribuição de varejo. Exemplos de acordos verticais restritivos incluem:

- Acordos de manutenção de preço de revenda, nos quais o preço de varejo é fixado pelo produtor, ou há a imposição de piso mínimo ou teto máximo aos preços.
- Acordos de distribuição exclusiva, nos quais é concedida exclusividade aos distribuidores dentro de uma área geográfica, ou a tipos particulares de clientes, ou em relação a um produto específico.
- Acordos de exclusividade nas negociações, nos quais as empresas localizadas a jusante são proibidas de negociar com um produtor ou distribuidor concorrente.
- Acordos de venda casada, nos quais as empresas localizadas a jusante são obrigadas a comprar uma gama inteira de produtos, para que possam adquirir um produto específico. Um exemplo extremo desse tipo de acordo é a obrigação imposta às empresas no final da cadeia produtiva de adquirir a "linha inteira de produtos".
- Obrigações de quantidade, nas quais as empresas localizadas a jusante são impelidas a comprar uma quantidade mínima de um produto.

Essa lista não é, de maneira alguma, exaustiva. Os acordos entre empresas localizadas a montante e a jusante podem ser muito complexos, incorporando muitas obrigações e compromissos mútuos. Contratos de franquia, por exemplo, podem ser bem complexos e muitas vezes incorporar uma ou mais disposições restritivas listadas acima.

Essas disposições podem ter efeitos desejáveis. Elas podem baixar os preços por causa do aumento de produção das empresas existentes em virtude da expansão da demanda e das economias de escala; os preços também podem cair assim que as novas empresas forem encorajadas a entrar no mercado. As restrições verticais geralmente asseguram que os vendedores ganhem uma margem mínima de lucro, permitindo a promoção de um produto com maiores esforços. A concorrência entre diferentes marcas, por exemplo, pode também ser elevada se empresas concorrentes fornecerem incentivos para promover suas respectivas marcas por meio de restrições verticais. Quer dizer, embora a concorrência sobre o preço entre negociantes do produto de mesma marca possa ser restringida por meio de acordos verticais, a concorrência entre marcas diferentes pode ser estimulada por causa dos incentivos para o aumento dos esforços de venda dados pelas margens de lucros, que por sua vez são viabilizadas pelos acordos verticais. As restrições verticais podem também facilitar a entrada de novas empresas. Em algumas situações, para que novos produtos (ou empresas) penetrem no mercado, tem que confiar mais em grandes promoções de venda do que em concorrência de preço.

As restrições verticais podem também ter efeitos ambíguos. Por exemplo, as restrições verticais que obrigam o fornecimento de serviços, como o fornecimento de instruções detalhadas de como usar um produto, podem beneficiar muitos consumidores, embora não necessariamente todos eles. O custo de serviços adicionais é acrescentado ao preço do produto, embora alguns grupos de consumidores podem não querer pagar preços maiores em troca desses serviços. De forma geral, os consumidores que compraram pela primeira vez beneficiam-se mais de explicações pormenorizadas de como utilizar um produto do que aqueles que já o usam.

Os acordos verticais têm também efeitos indesejados. Eles podem ser empregados para ajudar a cartelizar uma indústria ou a evitar a entrada no mercado. Por exemplo, uma rede de acordos de manutenção de preço de revenda pode ser utilizada por um grupo de fabricantes em colusão para implementar um acordo de fixação de preço, tornando mais difícil trapacear o cartel, visto que os acordos verticais facilitam o monitoramento do preço de varejo de um produto (veja também a discussão desse assunto no Capítulo 4, Fusões). Uma empresa que detém posição dominante pode também tornar mais difícil ou até mesmo impossível para os rivais ingressarem em um mercado vinculando os escassos canais de distribuição por meio de um acordo de distribuição exclusiva.

Sob o ponto de vista da política e da legislação de defesa da concorrência, os acordos verticais tendem a ser mais prejudiciais quando ao menos uma das partes negociantes for dominante tanto nos mercados a montante ou a jusante. Por essa razão, os efeitos competitivos de certos acordos verticais ou práticas de negócio são discutidos no Capítulo 5, Abuso de posição dominante.

Nesse contexto, uma abordagem em três etapas pode ser conduzida em relação à análise dos acordos restritivos verticais. Primeiro, a análise deve focar em indícios de exercício coletivo do poder de mercado ou na presença de posição dominante do mercado a montante ou a jusante. Se nenhum dos participantes do acordo for dominante nos mercados respectivos e as estruturas de mercado forem tais, fazendo com que o acordo certamente não facilite a colusão, é improvável que o acordo será prejudicial. Segundo, se essas preocupações estruturais existirem, o efeito do acordo na concorrência deve ser examinado de perto. Finalmente, se as preocupações sobre a concorrência persistirem, o analista deve determinar se há ganhos de eficiência significantes decorrentes do acordo que superem o dano à concorrência.

Deve ser observado que mesmo os acordos restritivos verticais que envolvam empresas dominantes podem resultar em ganhos de eficiência. Lidar com esses casos merece cautela, de forma que os desenvolvimentos da eficiência do mercado não sejam impedidos. Os tipos de eficiências que são relevantes nessa análise serão discutidos no Anexo 2, Defesas de Eficiência.

## Referências bibliográficas

GELLHORN, Ernest, e KOVÁCIC ,William E... Antitrust Law and Economics in a Nutshell. St. Paul, West Publishing Company. 1994.

# Apêndice 3.1

## Estudo de caso: Processo contra um cartel de cimento na República Eslovaca

Esse caso fornece um exemplo de um processo criminal bem-sucedido contra um acordo de cartel de envergadura nacional em uma economia de transição. Com início em 1992, o Órgão Antimonopólio da República Eslovaca começou a receber uma série de reclamações de compradores de cimento alegando acordos ilegais entre os produtores de cimento. Os clientes relataram que eles eram incapazes de negociar com mais de um produtor ou que eles eram forçados a comprar um cimento mais caro de um produtor distante. Inicialmente, depois de revisar alguns documentos e realizar audiências de depoimentos, o Órgão Antimonopólio não conseguiu confirmar essas alegações. Algumas das condutas dos produtores podiam ser explicadas, por exemplo, pela deficitária situação financeira de alguns dos clientes. O Órgão Antimonopólio, não obstante, continuou a monitorar a indústria de cimento e a visitar regularmente os produtores e a associação de produtores de cimento.

Em 1993, uma importante revelação ocorreu durante uma visita rotineira feita por um investigador de uma repartição local do Órgão Antimonopólio. O investigador encontrou uma carta de um funcionário da Associação de Cimento da República Eslovaca sugerindo uma divisão nacional dos mercados. A carta, endereçada aos diretores de todos os produtores de cimento eslovacos, discutia o "pedido" de uma empresa para estabelecer uma nova fábrica de cimento em uma determinada cidade. Isso instou o Órgão Antimonopólio à realização de uma análise estatística dos dados sobre os preços, produção, exportação e estoque dos produtores domésticos de cimento. O padrão de mudança de preço não pôde ser explicado objetivamente, o que deu causa ao surgimento de suspeitas sobre o estabelecimento artificial dos preços. Contudo, ainda havia provas insuficientes de um acordo entre os produtores de cimento. As investigações focaram-se, então, em indivíduos que pudessem ter um conhecimento direto de um acordo.

Primeiro, as autoridades contataram ex-empregados dos membros do suposto cartel, particularmente aqueles que foram demitidos ou, de outra forma, forçados a saírem. Os ex-empregados foram identificados por meio dos arquivos das empresas, obtidos pelo Órgão Antimonopólio. Uma das pessoas contatadas forneceu detalhes significativos de um acordo de divisão de mercado firmado entre os produtores de cimento.

O próximo passo foi entrevistar as testemunhas dos escritórios da associação de cimento. Visto que o Órgão Antimonopólio conhecia a identidade das pessoas envolvidas na implementação do acordo, os investigadores conseguiram preparar-se para as entrevistas com antecedência. Durante essas entrevistas, algumas das respostas foram claramente contraditórias. As testemunhas suspeitas de mentir foram advertidas das conseqüências legais. Algumas testemunhas descreveram, assim, a implementação do acordo em detalhes em troca de uma promessa de não serem processadas por contarem originalmente uma versão incorreta do ocorrido. Nesse momento, os especialistas do Órgão Antimonopólio decidiram visitar alguns dos produtores de cimento sem prévia notificação. Equipes de dois ou três investigadores examinaram materiais escritos relacionados ao caso antes de realizarem as entrevistas. Em face das provas escritas e minutas de audiências legais, altos funcionários das empresas não puderam negar os fatos básicos do acordo.

A prova revelou que os produtores de cimento assinaram acordos restringindo a concorrência por pelo menos dois anos. Em 1991, as partes acordaram sobre um intercâmbio regular de dados econômicos básicos sobre suas empresas (produção, custos, exportação, estoque, lucros, números de empregados e média de salários e remunerações). Eles relatavam essas informações mensalmente a uma empresa de consultoria, que ao seu passo as compilava e distribuía aos produtores. A empresa de consultoria também preparou documentos com uma definição geográfica dos mercados entre os produtores, sugerindo quotas de produção para cada produtor. Os documentos preparados pelos consultores continham declarações como: "A região específica deve ser suprida exclusivamente pelo produtor nela localizado. Se não houver um produtor na região, um fornecedor principal deve ser designado". Esses planos foram inicialmente discutidos pelos diretores comerciais dos produtores e depois aceitos pelos diretores-gerentes.

Em 1994, o Órgão Antimonopólio expediu uma ordem proibindo todos os produtores de cimento de realizarem divisões de mercado, definir quotas de vendas ou trocar informações que pudessem facilitar a coordenação desses acordos ilegais. O órgão também impôs multas totais de Sk 19.96 milhões (US$ 0,7 milhão) aos empresários que tivessem participado dos acordos – a multa mais alta que já havia sido imposta pelo Órgão Antimonopólio. As partes apelaram da decisão à Corte Suprema da República Eslovaca, que manteve a decisão inicial.

CAPÍTULO 4

# FUSÕES

Empresas podem se unir de diversas maneiras. Uma empresa pode comprar da outra a totalidade ou uma parcela significativa de suas ações (valores mobiliários), ou todos ou alguns de seus ativos operacionais.[1] Alternativamente, duas empresas podem permutar títulos para criar uma empresa. Tais transações podem ser o resultado de um acordo entre as duas empresas, ou a aquisição pode ser não desejada, inesperada, ou mesmo "hostil" – isto é, com resistência da empresa-alvo. A prática estabelecida tem sido a de rotular qualquer transação na qual dois atores independentes combinam-se em uma fusão, resultando no fortalecimento de um ator e na eliminação do outro.

## Por que somos preocupados com fusões?

A análise teórica padrão de concorrência descreve uma gama de estruturas de mercado – de um mercado de concorrência perfeita, com muitos concorrentes, nenhum dos quais com poder de influenciar o preço de mercado individualmente, a um oligopólio, no qual o mercado consiste de poucas firmas, cada qual tendo algum poder sobre o preço de mercado, mas limitada pela rivalidade dos outros, a um monopólio, no qual uma única firma estabelece unilateralmente o preço. Algumas vezes as estruturas de mercado tornam-se mais concentradas com o passar do tempo,

---

Este capítulo foi preparado pelos membros da equipe Peter Bamford, Dacid Elliott, Russel Pittman e Margaret Sanderson

1. A compra feita por uma empresa da maioria das ações da outra pode ser considerada uma fusão se isso permitir a essa empresa compradora influenciar de forma significativa ou controlar a firma adquirida. Se as ações da empresa adquirida são controladas por muitos acionistas, proprietários de uma pequena parcela de suas ações – entre 10% ou 20% – ela pode influenciar significativamente ou mesmo controlar o destino da empresa. A extensão do controle deve ser determinada para cada transação.

na medida em que poucas firmas conseguem crescer, enquanto outras falham. Algumas empresas crescem não por causa de seus próprios esforços competitivos, mas em função das fusões.

O exercício do poder de mercado de uma firma pode causar danos aos consumidores (e a outros produtores), por meio de preços mais altos (em vez de competitivos), redução de produção e da qualidade do produto. As autoridades da concorrência devem identificar e controlar o abuso do poder de mercado. A razão para o controle de fusões é simples: é muito melhor impedir as empresas de obterem poder de mercado do que tentar controlar o poder de mercado, uma vez que ele já exista. Uma política de fusões eficaz requer uma avaliação de seu impacto sobre a concorrência antes que ocorram.

A maioria das fusões traz pouco ou nenhuma ameaça à concorrência em qualquer mercado. Muitas são simplesmente investimentos de firmas com disponibilidade de caixa. Outras buscam o uso mais completo de recursos da empresa subutilizados (por exemplo, uma empresa que tenha adquirido experiência na comercialização de um produto de consumo pode acreditar que poderia usar essa mesma experiência para comercializar seus produtos, ou uma empresa que tenha desenvolvido uma nova tecnologia pode buscar novas aplicações para ela). Outras fusões podem ainda reduzir a concorrência, mas de forma tão atenuada que os consumidores não são afetados.

Entretanto, algumas fusões podem causar sérios danos à concorrência, aumentando significativamente a probabilidade de exercício do poder de mercado. Essas são as transações que a autoridade da concorrência busca identificar e impedir. Para entender o porquê, é necessário dividir as fusões em três categorias baseadas no provável impacto no processo competitivo: horizontal, vertical, e conglomerado. Fusões horizontais ocorrem entre duas firmas que são concorrentes reais ou potenciais, isto é, elas vendem os mesmos produtos ou substitutos semelhantes. O termo horizontal significa que as duas empresas estão em nível idêntico na cadeia de produção – por exemplo, dois fabricantes de metais, dois distribuidores de cerveja ou dois atacadistas de equipamentos eletrônicos competindo por clientes dentro de uma dada área geográfica.

Fusões verticais ocorrem entre empresas em níveis diferentes da cadeia produtiva – firmas que têm uma relação de compra e venda real ou potencial. Exemplos incluem uma fusão entre uma cervejaria e um distribuidor de cerveja (esteja a cervejaria usando ou não o distribuidor no momento), e uma fusão entre uma mina de carvão e uma geradora de eletricidade. Finalmente, fusões de conglomerados não são nem horizontais nem verticais, isto é, as firmas nem produzem produtos concorrentes nem mantêm uma relação de compra e venda real ou potencial.

É claro que fusões entre duas firmas multiproduto podem ser simultaneamente horizontais, verticais e conglomeradas, e cada aspecto da fusão deve ser analisado separadamente para entender o provável efeito sobre a concorrência. Além disso, mesmo quando uma fusão suscita problemas de concorrência em um grupo de produtos, ela pode não o fazer em outro. Nessas situações, pode ser possível resolver problemas competitivos sem ter que impedir a consumação da fusão inteira. Essa solução será discutida posteriormente.

### *As fusões horizontais afetam a concorrência?*

Quase todas as legislações de concorrência identificam e proíbem duas formas de condutas anticompetitivas, além das fusões: abuso de posição dominante por uma única firma e certos acordos restritivos entre duas ou mais firmas. Fusões anticompetitivas são aquelas que aumentam de forma significativa a probabilidade de tais condutas. Nesse aspecto as fusões horizontais são as mais suspeitas, uma vez que, por definição, elas reduzem o número de concorrentes independentes em um dado mercado. Os efeitos anticompetitivos das fusões horizontais podem ser classificados em duas amplas categorias: efeitos unilaterais e efeitos coordenados.

#### Efeitos unilaterais

Uma fusão que tenha efeitos anticompetitivos unilaterais cria uma única firma com substancial poder de mercado ou aumenta significativamente o poder de mercado já desfrutado por uma única firma. Na pior situação, uma fusão pode criar um monopólio. Mesmo que não haja um monopólio, uma fusão poderia criar uma firma com alto poder de mercado – ou fortalecer a posição de uma firma que já detém esse poder de mercado –, de forma que ela possa elevar seus preços acima do nível competitivo, causando um dano prolongado aos consumidores.

Em qualquer dos casos, o verdadeiro poder de mercado requer não apenas uma grande participação de mercado, mas também barreiras à entrada, de modo que novas firmas, ou firmas existentes operando em outros mercados, não possam entrar facilmente no mercado, em resposta aos altos preços e lucros. Na maioria dos países, as fusões que tenham esse efeito anticompetitivo são aquelas freqüentemente questionadas pelas autoridades da concorrência.

Outro tipo de efeito anticompetitivo unilateral pode ocorrer em mercados com produtos heterogêneos. Produtos heterogêneos têm características distintas, por exemplo, especificações técnicas ou imagem de marca (*brand image*) que atraiam mais uma classe de consumidor do que outras. Portanto, mesmo em um mercado no qual muitos produtos competem e são substitutos semelhantes entre si, alguns podem ser mais semelhantes que outros.

Em tais circunstâncias, diferentes concorrentes operam com maior ou menor intensidade como limitadores na formação de preço de um vendedor qualquer para o qual o preço é um indicador para todo o comportamento competitivo. Se aquele vendedor fosse aumentar seu preço unilateralmente, sua expectativa poderia ser a perda de algumas vendas para todas as empresas. Mas ele perderia a maioria das vendas para concorrentes que produzem os substitutos mais semelhantes.

Portanto, uma fusão entre dois concorrentes vendendo produtos que são substitutos semelhantes é bastante atrativa para as firmas envolvidas e muito perigosa para a concorrência. Na seqüência da fusão, se a firma elevar seu preço, uma grande porcentagem das vendas que teriam sido perdidas é agora mantida na mesma empresa. Quanto mais semelhante for o produto adquirido como substituto, mais a restrição na formação do preço é suavizada pela fusão, e mais provável que o resultado da fusão seja um aumento unilateral de preço, ao menos naquele produto (bem como no da empresa adquirida).[2] Nessas circunstâncias, uma fusão horizontal pode ser questionada perante o órgão de defesa da concorrência e judiciário mesmo que haja várias empresas operando no mercado.

2. Por outro lado, quanto mais fácil for para outras firmas no mercado reposicionarem seus próprios produtos para substituírem a concorrência próxima que havia sido oferecida pelo produto adquirido, menos provável será que a fusão permitirá à empresa resultante elevar preços.

### Efeitos coordenados

As preocupações de efeitos coordenados são algo diferente. Uma fusão horizontal pode reduzir a concorrência ao facilitar a permanência das firmas no mercado para coordenarem seu comportamento – o preço competitivo, quantidade e qualidade podem não ser alcançados. Mais ainda, tais firmas ficam com parte do lucro de monopólio ou oligopólio para si. Exemplos desses comportamentos coordenados incluem tanto acordos explícitos como implícitos sobre o preço a ser cobrado, qual vendedor para servir um dado território geográfico, e qual para servir clientes específicos (para mais detalhes veja o Capítulo 3, Acordos). Um paradigma popular estabelece que para um acordo ser bem-sucedido ele deve atender quatro condições:

- Todas as empresas importantes do mercado devem ser convencidas a se juntar ao grupo em colaboração.
- Essas empresas devem ser capazes de concordar sobre o futuro comportamento anticompetitivo (no preço a ser cobrado, por exemplo).
- As empresas devem ser capazes de detectar se um participante está violando o acordo a fim de ganhar uma participação maior nas vendas (por exemplo, cobrando um preço levemente mais baixo do que o preço acordado, porém ainda mais alto do que o preço competitivo).
- As empresas devem ser capazes de punir a firma trapaceira de forma a manter os termos e a coerência do acordo original.

A experiência tem mostrado que esses acordos anticompetitivos ocorrem com mais facilidade e são mais bem-sucedidos em indústrias com certas características: homogeneidade de produto, licitação pública, vendas freqüentes em volumes pequenos e semelhança de custos entre as firmas. Além disso, dadas essas características, alcançar e manter um acordo explícito ou implícito é mais fácil para um pequeno número de empresas do que para um grupo maior. Desse modo, em certos setores as fusões podem tornar mais provável que as empresas remanescentes adotem um comportamento anticompetitivo coordenado.

Um caso especial de fusões horizontais que causa preocupação é aquele em que as partes são consideradas como concorrentes potenciais em vez de reais. Uma firma que não está realmente vendendo em um mercado, mas é considerada como uma provável participante – e pode se interessar em entrar no mercado se os preços aumentarem suficientemente –, provavelmente terá um efeito salutar sobre o comportamento competitivo das empresas desse mercado. É claro que não é sempre fácil para os concorrentes ou autoridades da concorrência avaliarem as intenções de uma empresa que não está atualmente operando no mercado. Uma estratégia normalmente primordial para as autoridades da concorrência é examinar os documentos da empresa já instalada no mercado que analisem e orientem ações baseadas na situação de mercado competitivo. Se um concorrente potencial tem um impacto no comportamento do concorrente já estabelecido – se sua provável reação é levada em conta quando a empresa já estabelecida determina seus preços ou estratégias de marketing –, os documentos devem demonstrá-lo.

Uma fusão entre um concorrente importante e um concorrente potencial, igualmente importante, especialmente se nenhuma outra firma está em posição semelhante, poderia anular a disciplina competitiva gerada pelo entrante potencial. A experiência mostra que a perda de concorrência potencial é provavelmente a maior preocupação quando uma empresa dominante nacional é adquirida por uma importante empresa multi-nacional que produz o mesmo produto. De forma semelhante, se os mercados geográficos são locais ou regionais, uma fundamental concorrência potencial pode ser fornecida por um importante fornecedor do mesmo produto em um mercado próximo. Observe, contudo, que se outros significativos entrantes potenciais permanecerem após tal fusão, a perda de concorrência potencial não será expressiva.

*As fusões verticais podem ser anticompetitivas?*

As fusões verticais são menos prejudiciais à concorrência porque elas não reduzem imediatamente o número de concorrentes no mercado. Pesquisas econômicas e legais realizadas no último quarto de século melhoraram nossa compreensão dos motivos que estão por trás dos acordos verticais, incluindo as fusões verticais, demonstrando que tais acordos são freqüentemente benéficos tanto para as empresas como para os consumidores. Por exemplo, eles podem facilitar investimentos de longo prazo, melhorar a qualidade do produto e permitir a entrada no mercado de novas empresas. Entretanto, existem certas circunstâncias nas quais as fusões verticais podem causar dano à concorrência, circunstâncias essas que podem aparecer mais freqüentemente em economias em desenvolvimento ou transição.

Uma fusão vertical pode elevar a posição dominante de uma empresa via aumento da dificuldade de entrada nesse mercado. Considere um monopólio ou uma empresa dominante que fabrique um determinado produto. Um pequeno concorrente, levando em conta a possibilidade de expansão, por exemplo, por meio da construção de uma nova unidade de manufatura, pode necessitar de certos insumos essenciais. De forma semelhante, um entrante potencial pode precisar contratar com novos fornecedores de armazenamento, transporte ou serviços de distribuição naquele mercado. Se a empresa dominante se funde com os fornecedores de insumos ou serviços essenciais, ela poderá negar esses produtos ou serviços a concorrentes potenciais, protegendo assim (ou reforçando) sua posição dominante.

Uma fusão vertical desse tipo pode causar dano imediato aos consumidores se a concorrência potencial de uma dessas empresas externas estivesse pressionando o preço da empresa dominante. É muito provável que a fusão causará prejuízos aos consumidores no futuro. Potenciais entrantes, já enfrentando a difícil possibilidade de competir com um fabricante local dominante, teriam que adquirir seus insumos de locais mais distantes ou estabelecer seu próprio sistema de transporte e distribuição. A entrada no mercado em economias de transição é freqüentemente dificultada por fatores de ordem mais geral, como mercados pobres em capital, terra e mão-de-obra (veja o Anexo 1, Barreiras à entrada. A necessidade de entrar em um mercado em dois níveis em vez de um, isto é, nos níveis de fabricação e distribuição, exacerba alguns desses problemas e atua como uma efetiva barreira à entrada. As autoridades antimonopólios podem contestar fusões verticais se estiverem convencidas de que essas fusões são motivadas pelo desejo de estabelecer uma posição dominante.

A condição mais importante e necessária para contestar uma fusão vertical nesses termos é que uma das partes detenha posição dominante em seu mercado. Uma segunda condição igualmente necessária é que o controle do mercado verticalizado pela empresa dominante aumente as barreiras à entrada em seu próprio mercado.

Outro efeito anticompetitivo das fusões verticais é que elas podem facilitar a combinação entre empresas em um dado nível na cadeia produtiva ou na distribuição. Imagine, por exemplo, que dois fabricantes queiram fixar conjuntamente preços. Se eles vendem uma porção significativa de sua produção para, digamos, atacadistas, que são livres para estabelecer seus preços de revenda, então uma das quatro condições listadas anteriormente para uma combinação de preços bem-sucedida pode não existir: se os preços divergem no varejo, os fabricantes podem não ser capazes de determinar com certeza se a divergência surge porque uma das empresas está violando o cartel ou simplesmente porque os vendedores a jusante usam margens diferentes. A aquisição desses vendedores pode ser uma solução para o problema dos fabricantes, preocupando, dessa forma, as autoridades da concorrência.

Entretanto, raramente uma fusão vertical é contestada com fundamento de que ela facilitará a combinação de preços. Na falta de evidências diretas do intuito anticompetitivo das empresas, deveria haver boas provas, baseadas nas quatro condições supracitadas, de que a combinação de preços é possível e com grande possibilidade de ocorrer depois da fusão.

### *As autoridades deveriam temer fusões de conglomerados?*

As autoridades da concorrência na maioria dos países tendem a ignorar fusões de conglomerados que não têm componentes horizontais ou verticais. Por definição, essas fusões envolvem empresas operando em mercados não relacionados. No entanto, existem algumas exceções.

Primeiro, em algumas regiões há uma preocupação com conglomerados em geral, não devido à sua natureza de conglomerado em si, mas pelo seu tamanho. O receio é que algumas empresas podem se tornar tão grandes, especialmente em termos de ativos, a ponto de exercerem uma vantagem sobre outras empresas no processo competitivo: elas poderão financiar grandes campanhas publicitárias, por exemplo, ou sobreviver por períodos mais longos de concorrência por preços, até o nível de preços predatórios, por causa do volume de recursos acumulados.

Embora o comportamento predatório seja uma preocupação para as autoridades da concorrência, o simples fato de uma empresa ser grande não é motivo suficiente para justificar uma ação. Fusões de conglomerados raramente são contestadas por essa razão. As autoridades acreditam que um mercado de capitais operante permitirá às outras empresas obterem financiamento para expansão e assim competirem com rivais maiores se a expansão for economicamente justificada.

Mas, em países onde o mercado de capitais não funciona perfeitamente, a preocupação com fusões de conglomerados poderia ser mais premente. Algumas economias são caracterizadas por alguns grandes grupos de empresas diversificadas contendo, além das empresas de manufatura e serviços, grandes instituições financeiras. Na falta de mercados de capitais eficientes, os membros de tal grupo podem gozar de uma vantagem sobre os rivais na possibilidade de obterem capital em condições mais favoráveis. Nesse caso, a análise de fusões de conglomerados fica teoricamente semelhante à de fusões verticais. O capital financeiro torna-se um pequeno insumo escasso; seu controle por uma empresa dominante pode tornar a entrada mais difícil. A fusão de conglomerados que formam tais grupos pode então se tornar competitivamente suspeita.

Alguns setores têm manifestado a preocupação de que a fusão de conglomerados pode aumentar as probabilidades de "mútua contenção". Se empresas conglomeradas competem entre si em mais de um mercado, cada empresa pode decidir, independentemente, competir menos vigorosamente com seu conglomerado rival em um mercado, no qual é forte, pelo temor de que o outro retaliará em um mercado, no qual é fraco. Uma política de "viva e deixe viver" pode surgir. Isso pode ser apropriado para as duas empresas, mas não benéfico para os consumidores. Essa teoria não é freqüentemente empregada contra fusões de conglomerados, pois, normalmente, não existem provas suficientes de que da fusão resultará tal efeito.

## Como são analisadas as fusões?

Uma vez que as fusões não causam sérios danos à concorrência e são parte do processo competitivo, as autoridades da concorrência devem examiná-las rapidamente, especialmente se a decisão necessitar ser tomada antes que a fusão se consume. Existem dois estágios básicos de investigação. O primeiro é determinar se a fusão causa alguma preocupação concorrencial. Essa determinação pode ser alcançada sem uma análise completa, e na maioria dos casos a autoridade da concorrência não tomará mais nenhuma decisão. Mas, se for identificada possibilidade de dano à concorrência, um exame mais completo torna-se necessário. Em qualquer estágio da análise, contudo, a autoridade da concorrência pode concluir que não há motivo para preocupações. Nesse ponto, a investigação deveria ser encerrada, tanto para preservar os poucos recursos da agência quanto para evitar uma demora desnecessária em completar uma transação que poderá aumentar a eficiência.

A maioria das leis de controle de fusões são leis escritas. Elas prescrevem que as fusões são ilegais e deveriam ser impedidas pelas autoridades da concorrência se elas "causarem danos substanciais à defesa da concorrência". Cabe à autoridade da defesa da concorrência interpretar e aplicar este amplo dispositivo. Dado que a maior parte das fusões não causa danos à concorrência, a análise é necessariamente complexa. Algumas autoridades da concorrência têm publicado guias descrevendo ao público o processo que eles utilizam na análise de fusões, especialmente fusões horizontais. Embora esses guias difiram em detalhes, eles são amplamente consistentes em sua abordagem. Um bom exemplo é o processo de cinco passos contido no Guia de Fusões Horizontais do Departamento de Justiça e Comissão Federal de Comércio (FTC) (uma excelente discussão desses guias pode ser encontrada em Ordover e Willig, 1993, p. 139-50). São eles:

- Definição e descrição do mercado.
- Identificação das empresas que tomam parte no mercado relevante e suas participações de mercado.
- Identificação dos potenciais efeitos adversos da fusão.
- Análise da facilidade de entrada no mercado.
- Identificação das eficiências que podem surgir da fusão.

### *Definição e descrição do mercado*

Um mercado pode ser genericamente definido como aquele consistido por todas as mercadorias que são substitutos semelhantes do ponto de vista do consumidor. (É claro que muitos compradores são empresas, não indivíduos.) A visão mais aceita é que existem dois componentes de um mercado: o geográfico e o de produto. Freqüentemente, um mercado de produto é definido baseado em quais produtos o comprador considera substitutos semelhantes; o mercado geográfico, por sua vez, é definido com base na possibilidade de o comprador adquirir de locais de produção diferentes. Substitutibilidade e localização são determinados mais precisamente pelas reações dos consumidores às variações relativas nos preços e fontes de fornecimento. O desenvolvimento de uma descrição detalhada da cadeia de fornecimento, da matéria-prima e do fabricante ao consumidor final é fundamental para estabelecer o mercado relevante em contexto.

Nenhum aspecto da análise de fusões é mais importante do que a definição de mercado. Normalmente, a maneira como o mercado é definido determina se uma certa fusão é anticompetitiva e ilegal. Um mercado que é definido em termos muito amplos, por exemplo, pode resultar em um dos dois tipos de erros. Duas firmas podem ser tomadas como concorrentes quando elas de fato não o são, resultando em uma decisão errônea ao impedir uma fusão que não é anticompetitiva. Ou uma fusão de dois concorrentes pode ser considerada insignificante, originando uma decisão errônea ao não impedir uma fusão anticompetitiva. Erros semelhantes podem ocorrer quando os mercados são definidos de forma muito estreita.

Considere esse exemplo. Em 1986, nos Estados Unidos, a Coca-Cola Company anunciou sua intenção de comprar a Dr. Pepper Company e unir suas operações. Cada empresa fabricava refrigerantes com diferentes sabores. As autoridades poderiam ter determinado que o mercado relevante de produto era relativamente estreito, um deles consistindo somente de bebidas à base de colas. Nesse caso, as duas firmas não seriam concorrentes e a fusão provavelmente não teria sido anticompetitiva. Por outro lado, as autoridades poderiam ter definido o mercado relevante de forma ampla, incluindo diversos tipos de bebidas, tais como bebidas gasosas, café e chá, suco de frutas, leite e até mesmo água. Portanto, as duas firmas seriam concorrentes, mas em um mercado tão amplo que sua fusão não poderia ser considerada anticompetitiva.

A Comissão Federal de Comércio dos Estados Unidos investigou o pedido e concluiu que as duas firmas competiam em um mercado que ela chamou de "refrigerantes gasosos". Nesse mercado, a Coca-Cola era a maior empresa, com mais de 37 % das vendas nos Estados Unidos, e a Dr. Pepper era a quarta maior empresa (depois da PepsiCo e Philip Morris, fabricante da Seven-Up), com quase 5 % das vendas nos Estados Unidos. A Comissão argumentou que a fusão iria reduzir significativamente a concorrência e solicitou a uma Corte para impedi-la. A Corte determinou que, embora possa haver alguma concorrência entre os diversos tipos de bebidas, de fato a principal concorrência para a Coca-Cola eram os outros refrigerantes gasosos e que tais bebidas constituíam um mercado.[3] A Corte ordenou que a fusão não se realizasse. (Para uma discussão mais detalhada desse caso veja White, 1994.)

*Identificação de empresas relevantes e suas participações de mercado*

Boa parte da análise de concorrência projeta-se para o futuro, especialmente a análise de fusões, na qual o objetivo é identificar o provável efeito que virá da transação. Assim, as empresas consideradas como parte do mercado relevante incluem não somente aquelas que ordinariamente vendem seus produtos nesse mesmo mercado, mas também aquelas que poderiam facilmente começar a vender por intermédio da "substituição da produção" – mudando a produção de um produto para outro. Do mesmo modo, as participações de mercado de empresas atuantes deveriam ser calculadas de uma forma que melhor caracterizasse sua importância futura.

As fusões que se realizam em mercados não concentrados ou que não aumentam significativamente a concentração provavelmente não causarão danos à concorrência. A análise de concentração é um filtro útil para identificar, de forma relativamente rápida, quais transações podem ser benignas. Embora seja difícil generalizar sobre qual nível de concentração que poderá gerar preocupações nos diferentes países, uma

3. A principal prova sobre a qual o juiz se baseou para chegar a essa decisão foram os documentos internos de *marketing* da Coca-Cola, que expressavam preocupações persistentes sobre as reações competitivas dos vendedores de outros refrigerantes às possíveis atitudes da Coca-Cola, mas nenhuma preocupação (ou mesmo menção) com relação a reações dos fabricantes de leite, café ou outras bebidas.

fusão que dê a uma empresa uma parcela de mercado superior a 35 % ou que envolva uma firma que já detenha uma participação de mercado superior a 35 % provavelmente merece ser investigada. A comunidade da concorrência geralmente concorda, contudo, que um aumento significativo na concentração resultante de uma fusão não é, em si mesmo, um fundamento para impedir a fusão. A autoridade da concorrência deve ir mais além e determinar os prováveis efeitos competitivos da transação.

### *Identificação dos potenciais efeitos adversos*

Dentro da categoria de fusões horizontais danosas, aquelas que criam ou elevam a posição dominante são as mais comuns, especialmente em economias de transição ou em desenvolvimento. Lá, os mercados tendem a ser inicialmente bastante concentrados, freqüentemente porque a privatização resultou em uma empresa principal ou dominante. Fusões ou aquisições por essas empresas, principalmente de concorrentes novos ou potencialmente mais eficientes, podem causar problemas. Entretanto, uma investigação cuidadosa deveria ser realizada para avaliar se a empresa resultante seria de fato dominante depois da fusão. Embora ela possa ser muito maior do que seus rivais, muito de sua capacidade poderia ser ineficiente e obsoleta. Portanto, as condições para entrada e expansão de empresas menores são críticas para a análise.

O segundo tipo de efeito anticompetitivo unilateral discutido supra ocorre em mercados caracterizados por produtos diferenciados. Isso pode ser ilustrado por uma fusão recente de fábricas de pão nos Estados Unidos. Em muitos mercados geográficos, as duas empresas que propuseram a fusão eram os fabricantes líderes de pão branco vendido nas mercearias. Outros produtos de fato ofereciam alguma concorrência, incluindo outras marcas de pão branco, "marcas particulares" (por exemplo, marcas da loja) de pão branco, pão branco fresco, e outros tipos de pão (centeio, trigo ou batata). Mas as informações recebidas de ambas as partes e de seus clientes tornaram claro que as duas marcas eram os competidores mais próximos um do outro e que cada um deles tinha um comportamento competitivo orientado contra o outro que beneficiava o consumidor. O Departamento de Justiça dos Estados Unidos temia que nos mercados geográficos, nos quais as duas empresas dominavam, a fusão elevaria os preços de ambos os produtos, uma vez que as vendas perdidas de uma marca para a outra seriam agora internalizadas pela empresa resultante da fusão. O Departamento solicitou e obteve um acordo orientado à venda de marcas e, onde necessário, de ativos para outros padeiros naquelas localidades.

Finalmente, fusões horizontais podem aumentar a possibilidade de colusão ou outros atos anticompetitivos coordenados. Tais fusões podem ser observadas em economias em transição ou em desenvolvimento, quando empresas recém-privatizadas, desconfortáveis em um ambiente competitivo, buscam formas de retornar a arranjos cooperativos que lhes são mais familiares.

Estimar prováveis efeitos competitivos não é fácil. A investigação não pode ser conduzida num vácuo; deve ser realizada no contexto do mercado afetado. Assim, a autoridade da concorrência deveria buscar informações de empresas participando de fato ou potencialmente naquele mercado, incluindo os documentos internos das partes na concentração. Entretanto, a visão das partes na concentração também deve ser considerada. Sua propensão em favor da fusão é óbvia e deve ser levada em conta. Mas eles ainda podem oferecer uma percepção importante das operações do mercado.

*Barreiras à entrada*

Nas fusões, assim como em outras áreas da defesa da concorrência, especialmente aquelas envolvendo questões de dominância, a análise de entrada pode ser importante para o resultado da investigação. Uma fusão poderia tornar certas condutas anticompetitivas mais prováveis, mas, se uma fusão tornar mais prováveis certas condutas anticompetitivas ou se tentativas à adoção daquelas condutas forem frustradas dentro de um período razoável de tempo (como entre dois a três anos ou menos) por uma nova entrada no mercado, a fusão não pode ser considerada anticompetitiva. Assim, a análise de entrada no mercado tenta determinar se e o quão rápido novas empresas entrariam no mercado como resposta à hipotética atividade anticompetitiva.

Empresas que poderiam rápida e facilmente iniciar a produção em um mercado podem ser consideradas como participantes do mercado, uma vez que se pressupõe que elas já o influenciam. A análise de entrada procura estabelecer a medida na qual as empresas que não estão influenciando atualmente escolheriam entrar no mercado, acompanhando a atividade anticompetitiva. A questão é comumente estruturada do seguinte modo: se, depois da fusão, os preços no mercado relevante aumentarem acima de níveis competitivos de forma notável, ocorreria rapidamente nova entrada numa escala suficiente, tornando não lucrativo para os atuais vendedores sustentar o preço mais alto?

Considere as partes mais importantes dessa questão detidamente:

- Aumento de preço. O aumento de preço preocupante é freqüentemente descrito como "pequeno, mas significativo e não transitório". O exemplo específico que é normalmente usado é o aumento de preço de 5 %, que durará "por um futuro previsto". Mas essa orientação pode ser modificada em circunstâncias específicas. Além disso, o preço hipotético deve ser real, não simplesmente inflacionário.
- Probabilidade de entrada. A entrada deve ocorrer como conseqüência do aumento de preço. Autoridades podem identificar empresas locais ou estrangeiras candidatas à entrada e entrevistar seus funcionários para se informar sobre essa possibilidade. Se a análise inicial sugerir que a entrada é provável, mas não se encontra qualquer empresa interessada em entrar sob as condições previstas, alguma outra barreira à entrada pode existir, mas não foi ainda identificada.
- Oportunidade da entrada. As empresas devem ser capazes de entrar no mercado o mais rápido possível, de forma que os consumidores não sejam afetados pela perda de concorrência. Dois anos são normalmente considerados como um critério de oportunidade, embora em alguns casos, especialmente no mercado de bens duráveis, um período mais longo seja mais apropriado.
- Suficiência da entrada. A entrada que é provável e oportuna deve ser também em escala suficiente para contrapor a perda de concorrência que ocorreria como conseqüência da fusão.

### *Defesa de eficiências*

A maioria das leis de defesa da concorrência prevê alguma forma de defesa de eficiências. Os entendidos em concorrência normalmente concordam que uma fusão que pudesse causar danos significativos à concorrência deveria ser permitida, apesar disso, se os benefícios para o público (algumas vezes chamados eficiências) forem maiores que as perdas de concorrência. Não há consenso, entretanto, nos elementos específicos da defesa. Que tipos de eficiências deveriam ser reconhecidos e como eles deveriam ser medidos? Como os benefícios públicos podem ser ponderados em relação ao dano à concorrência? Os ganhos de eficiência devem ser repassados aos consumidores como preços mais baixos, ou produtos melhores, ou simplesmente transferidos aos fabricantes na forma de custos menores e lucros maiores?

Identificar e qualificar os ganhos de eficiência é tecnicamente desafiador. Quantificar o dano esperado da perda de concorrência pode ser ainda mais problemático. Além disso, a maioria dos países estabelece uma solicitação adicional no sentido de que a fusão proposta seja o meio menos anticompetitivo de atingir as eficiências. Isso significa que uma investigação das alternativas deve ser realizada.

Embora seja difícil para as autoridades da concorrência conceberem o problema das eficiências explicitamente, elas o deveriam fazer nas circunstâncias apropriadas. Considerações sobre eficiência poderiam ser implicitamente reconhecidas nos modelos utilizados para definir as fusões anticompetitivas. Padrões que são estabelecidos suficientemente altos, isto é, padrões que proíbam somente fusões que são claramente anticompetitivas, automaticamente autorizam as transações que aumentam a eficiência sem requerer uma avaliação específica do problema.

Uma forma especial de defesa de eficiências é a chamada defesa da empresa falida. Por exemplo, se uma empresa está prestes a sair do mercado, é difícil perceber como os consumidores poderiam estar em situação pior se os ativos fossem comprados por um concorrente em vez de permitir a saída do mercado. Em muitos países, fusões que poderiam ser consideradas anticompetitivas são aprovadas se elas atendem às exigências de defesa de empresa falida. Contudo, só porque uma empresa está na iminência de sair do mercado não implica necessariamente que sua capacidade produtiva também deixará o mercado. Portanto, a lei em muitos países impõe quatro condições nessa defesa:

A empresa será incapaz de atender às suas obrigações financeiras num futuro próximo.

A empresa estará impossibilitada de reorganizar-se ao abrigo das leis de falência.

A empresa agiu de boa-fé, mas com esforços malsucedidos para encontrar compradores alternativos que pudessem manter os ativos no mercado relevante e não reduzir a concorrência tanto quanto a fusão proposta.

Sem a fusão, os ativos da empresa deixariam o mercado relevante.

## Que informação é relevante para a investigação de fusão?

Acesso a informações relevantes é o fator mais importante para assegurar que a análise da fusão seja apropriada. Num mundo com informações perfeitas, uma agência de defesa de concorrência necessitaria examinar somente as funções de oferta e demanda em relação às partes em fusão para avaliar se esta pode causar algum dano substancial a concorrência. Infelizmente, as agências de aplicação não vivem em um mundo assim e devem obter informações de forma indireta.

*Analisando a oferta e a demanda*

É importante conhecer as condições de demanda e oferta para prever com precisão o comportamento competitivo das empresas. Identificar somente os custos das partes e sua margem de lucro sobre os custos anteriores à fusão não é o bastante para prever o comportamento competitivo pós-fusão. É necessário também saber como os compradores e concorrentes reagirão à tentativa da empresa de aumentar preços. Se um número suficiente de compradores optar por fontes alternativas de oferta e tornar o aumento de preço não lucrativo, então a fusão provavelmente não causará dano substancial à concorrência. Isso é verdade mesmo nos casos nos quais a parcela de mercado pós-fusão pareça ser alta.

Para estimar as condições de oferta e demanda as agências devem obter as seguintes informações:

- A identidade, visões, estratégias e comportamento dos compradores e concorrentes.
- Uso final e as características físicas e técnicas do produto relevante e seus substitutos semelhantes.
- Os custos para os compradores da mudança para substitutos semelhantes.
- Os custos para os concorrentes da adaptação ou construção de

processos de produção e distribuição e sistemas de marketing.
- A existência de produtos de segunda mão recondicionados ou alugados.
- A relação de preços e níveis de preços relativos.
- Padrões de carregamento.
- Custos de transporte.
- A produção e venda do produto relevante ao longo de muitos anos.
- Métodos, custos e o horizonte de tempo necessário para a entrada em um mercado relevante.
- Práticas regulatórias e outras restrições governamentais.
- Concorrência estrangeira.
- Mudança e inovação da indústria.

Essas informações são necessárias para definir o produto e o mercado geográfico, identificar concorrentes, calcular participações de mercado e determinar os efeitos concorrenciais prováveis da fusão e as condições de entrada.

*Considerando o caso especial de concorrência estrangeira*

Em muitos países, a concorrência estrangeira é um fator importante a restringir a capacidade de empresas de exercer o poder de mercado. Em tese, a concorrência estrangeira pode ser considerada ao delinearmos as fronteiras do mercado. Na prática, contudo, isso é tratado separadamente. Alguns fatores são específicos para a avaliação da concorrência estrangeira.

Empresas estrangeiras podem não vender ao mercado nacional em função das tarifas, caso em que é fundamental avaliar se a tarifa continuaria a restringir a entrada na seqüência de um aumento de preço pós-fusão. Normalmente, a importância de empresas estrangeiras para os concorrentes nacionais varia diretamente com o nível de tarifa. Também as cotas de importação e acordos de redução voluntária colocam um limite à participação de empresas estrangeiras nos mercados nacionais. Se concorrentes estrangeiros atualmente estão no, ou próximos ao, limite de sua cota, não se pode confiar que eles se tornarão mais competitivos no mercado nacional após uma elevação de preço.

Em alguns casos, cotas de importação são calculadas com uma porcentagem de toda a venda nacional do produto. O efeito de tais cotas poderia se reduzir às importações depois da imposição de um aumento de preço anticompetitivo no mercado nacional. Tal elevação de preço é realizada por uma redução de produção que tem o efeito de diminuir o volume de importação do país sujeito à cota percentual.

Além das tarifas e restrições de quantidade, vários outros fatores poderiam limitar a efetividade de concorrência estrangeira:

- Regulações que estabeleçam padrões e especificações de qualidade e rotulagem ou que imponham requisições de licença ou permissões.
- Dificuldade de atender à demanda por serviço, peças sobressalentes ou entrega.
- Ameaças de ações *antidumping* ou medidas compensatórias.
- Aquisições governamentais ou outras políticas de "aquisição local".
- Restrições de propriedade a estrangeiros. Flutuações da taxa de câmbio.
- Disposições formais e informais para alocação global de mercado dentro das empresas multinacionais que tenham associados domésticos ou entre multinacionais independentes.
- Padronização internacional de produto dentro das empresas.
- Termos de licença, franquia e contratos de não-concorrência entre empresas estrangeiras e suas subsidiárias nacionais.
- Condições no mercado de origem de concorrentes estrangeiros.
- A disposição da empresa de cobrir interrupções de fornecimento de um país estrangeiro.

Pode ser o caso, especialmente em economias em transição e em desenvolvimento, que obstáculos artificiais à entrada de estrangeiros só recentemente tenham sido removidos, de forma que a concorrência estrangeira no mercado nacional pode não ser no momento um problema. Mas as condições podem estar corretas para tal entrada num futuro próximo. Fatores relevantes incluem:

- A existência de sistemas de distribuição transfronteiras.
- O montante de informação que os compradores domésticos têm sobre as empresas estrangeiras.
- Se os fornecedores estrangeiros foram colocados em listas de fornecedores confiáveis.
- A existência de significativa capacidade ociosa por parte de empresas estrangeiras.
- A semelhança entre as necessidades dos compradores nacionais e as

necessidades dos compradores da empresa estrangeira.
- Tendências da taxa de câmbio.
- A existência de acordos de licenciamento de tecnologias, alianças estratégicas ou outras combinações entre os compradores nacionais e as empresas estrangeiras.

Finalmente, as eficiências e as defesas da empresa em falência requerem informação especializada. Se as eficiências estão sendo apresentadas como um argumento para a fusão, a agência de aplicação deve obter informações relacionadas à redução de custos projetada; o tempo necessário para atingir essas reduções, investimentos e outros custos exigidos; e possíveis alternativas à fusão proposta como forma de atingir essas reduções. Se uma das partes da fusão é considerada como uma empresa em falência, a agência deve procurar conhecer os pormenores relacionados à saúde financeira atual e projetada da empresa e os esforços para resolver seus problemas financeiros utilizando outros meios que não a fusão proposta.

## Quais são as fontes de informações relevantes?

Diversas fontes de informações importantes em investigação de fusão estão disponíveis, incluindo as partes em fusão, concorrentes existentes ou potenciais, clientes, fornecedores, além de fontes públicas e governamentais. Em uma ampla investigação de fusão nenhuma fonte isolada é suficiente. Além disso, pode haver diferentes fontes dentro de uma dada classe, tais como clientes pequenos e grandes, que requerem que a agência de defesa da concorrência busque informações de um grupo representativo de participantes. Embora as informações públicas disponíveis sejam úteis às agências aplicadoras da lei, uma investigação abrangente quase sempre requer acesso a informações privadas, confidenciais e comercialmente sensíveis. Portanto, a agência de defesa da concorrência deve ser capaz de manter a confidencialidade para as partes que fornecem tais informações.

### *As partes em uma fusão*

A primeira fonte de informação procurada – e freqüentemente a mais importante – são as empresas em fusão. As submissões iniciais das partes normalmente permitem à agência de defesa da concorrência determinar rapidamente se a fusão em questão necessitará de um exame detalhado. Na medida em que a maioria das fusões não ameaça a concorrência, é sempre possível tomar essa decisão somente com base nessas informações, pressupondo que sejam verdadeiras e completas, ou junto com outras informações públicas disponíveis.

Em alguns casos, as partes em fusão são requeridas para apresentar informações mais detalhadas com relação às suas atividades comerciais. As agências aplicadoras da lei apresentam perguntas sobre aspectos internos, como linhas de produtos, clientes, fornecedores, participação de mercado, e a respeito dos aspectos externos, tais como o mercado relevante, concorrentes e suas participações de mercado, a disponibilidade de substitutos, o papel da concorrência estrangeira e potencial, a natureza da inovação e mudança de mercado e a extensão da regulação governamental.

Como a autoridade da concorrência obtém informações dos participantes da indústria, incluindo tanto as partes em fusão como terceiros, tais como clientes e fornecedores, varia de país para país. Os meios selecionados dependem dos instrumentos legais que estão à disposição da agência para extrair informações, assim como das práticas comerciais prevalecentes. Freqüentemente, a fonte de informação mais importante das partes em fusão são seus documentos comerciais. Supondo que tais documentos foram preparados durante o curso normal das atividades e não especificamente para a investigação da fusão, eles são normalmente críveis e podem fornecer uma percepção importante da questão, como definição de mercado e os possíveis efeitos concorrenciais da transação.

As partes também podem fornecer informações que elas criaram especialmente para as agências de defesa da concorrência Essas informações, obviamente, podem ser tendenciosas, mas deveriam ser cuidadosamente consideradas. Em alguns casos, a agência de defesa da concorrência pode querer que um representante da companhia preste um juramento atestando a inteira veracidade das informações. Essas agências também deveriam estar preparadas, se necessário, para fazer uso de seu poder de citação quando possível.

Uma vez que as informações exigidas são, via de regra, comercialmente sensíveis, cada parte deve ser incentivada a apresentar sua petição separadamente. Embora as partes possam necessitar de cooperação mútua para expor alguma informação (por exemplo, relacionada a possíveis sobreposições de linhas de produto, ou a afirmações de eficiências), a troca de informações confidenciais deveria ser um tanto quanto limitada. A troca de informações durante as negociações da fusão que não resultem em uma transação consumada pode mais tarde facilitar a colusão e assim violar as regras da lei de concorrência relativa a acordos restritivos.

*Terceiros*

Os contatos da indústria, além das partes em fusão e terceiros interessados, são também fontes importantes de informação. Compradores, por exemplo, podem oferecer dados sobre a definição do mercado. Concorrentes reais e potenciais podem ajudar o investigador a informar-se sobre as condições de entrada. (Veja o apêndice no final deste capítulo para uma amostra de perguntas utilizadas pelas autoridades do Canadian Competition Bureau quando contatam concorrentes e clientes das partes em fusão.)

No cômputo geral, terceiros podem ser considerados como mais objetivos do que as partes em fusão, mas o investigador deve estar atento ao propósito dessas partes no resultado da investigação. Por exemplo, se os concorrentes acreditam que uma fusão reduzirá de forma significativa a concorrência, é do seu interesse que essa fusão seja aprovada. De modo oposto, se a fusão aumentar a concorrência criando uma empresa mais eficiente, os concorrentes prefeririam que a fusão não se realizasse. Nessas situações, as informações ou opiniões fornecidas pelos concorrentes podem ser tendenciosas, embora o investigador não deva assumi-las automaticamente como tal. Ainda, os dados objetivos prestados pelos concorrentes, tais como volumes de venda ou custo de entrada, são mais confiáveis do que aqueles subjetivos, como um parecer sobre o possível efeito da fusão. Contudo, é provável que os compradores mais do que os concorrentes se importem em preservar a concorrência e alcançar resultados eficientes no mercado. Suas opiniões sobre os efeitos de uma dada fusão geralmente têm um grande peso junto à autoridade da concorrência.

As agências de defesa da concorrência podem contatar terceiros interessados de diversas formas. Do mesmo modo que as partes em fusão, cartas podem ser enviadas aos participantes do mercado pedindo respostas às questões, ou documentos comerciais internos podem ser procurados. Tal informação pode ser fornecida voluntariamente ou por meio do Judiciário ou por intimação. Entrevistas telefônicas também podem ser utilizadas em vez de cartas ou intimações. Além disso, não é incomum para as terceiras partes iniciar o contato com as autoridades. Qualquer dessas queixas deve receber cuidadosa atenção do investigador.

As autoridades deveriam apenas solicitar informações relevantes. Aquelas que sejam desnecessariamente abrangentes impõem um ônus à parte, que deve reunir e produzir a informação e também à agência de defesa da concorrência, que deve revê-las. Em especial, uma investigação de fusão não deveria ser utilizada para averiguar outros problemas. A agência deveria de antemão discutir com as partes a requisição de informações de forma a eliminar informações desnecessárias. O processo de coleta e verificação de informações deve ser contínuo, envolvendo muita interação entre as partes e a agência no curso da investigação.

Em casos mais complexos pode ser necessário consultar especialistas na indústria ou em economia, além dos participantes. Especialistas podem ser essenciais para explicar totalmente a estrutura e as características comportamentais de um setor, principalmente naquele em que a agência não tem experiência prévia. Além disso, especialistas são freqüentemente consultados quando argumentos de defesa da empresa falida e defesa de eficiência são invocadas.

Se a agência de defesa da concorrência tem preocupações suficientes para impedir a fusão, ela deveria discuti-las com as partes antes de elaborar uma decisão final. A agência deveria fazer isso sem revelar informações confidenciais ou processos deliberativos internos e convidar a uma resposta. Essas discussões são quase sempre muito úteis. A agência pode ter errado em sua análise e se o fez é mais eficiente e justo corrigir os erros antes de o processo formal ter começado. Mais adiante, essas discussões realizadas antes do processo formal poderiam, se a lei e os procedimentos assim permitirem, levar a um acordo sem que seja necessário um processo formal ou recurso.

## Quais são as medidas cabíveis para casos de fusões?

As leis de controle de fusões na maioria dos países não incluem medidas punitivas, como multas, para fusões anticompetitivas. Em vez disso, o objetivo é simplesmente eliminar a ameaça anticompetitiva do mercado. Os meios para atingir tal propósito podem ser divididos em três categorias: impedimento total da fusão, ou se a transação tenha sido consumada, a total dissolução ou dispersão da entidade formada; desinvestimento parcial dos ativos ou operações suficientes para eliminar os efeitos anticompetitivos, ao mesmo tempo em que se permite que a transação principal prossiga; e regras regulando ou modificando a conduta da empresa resultante para impedir os temidos efeitos anticompetitivos. As primeiras duas medidas podem ser consideradas estruturais e a terceira, comportamental. Preferem-se normalmente medidas estruturais. Elas são mais eficientes no longo prazo e, igualmente importante, não requerem vigilância contínua ou regulação pela autoridade da concorrência. É aconselhável que as medidas estruturais sejam implementadas antes da consumação da fusão proposta. É difícil e demorado e, às vezes, impossível desfazer uma fusão depois de realizada.

*Medidas estruturais*

Se uma fusão for julgada como anticompetitiva, seu impedimento obviamente é uma medida efetiva; freqüentemente a mais apropriada. Mas em alguns casos pode ser possível reestruturar a transação para eliminar seus aspectos anticompetitivos. Por exemplo, uma ou ambas as partes podem operar em muitos mercados (produto ou geográfico), mas a fusão pode ser anticompetitiva apenas em alguns. Se ativos puderem ser alienados naqueles poucos mercados de forma a manter a concorrência, a fusão poderia ser permitida. Essa medida de alienação parcial está se tornando comum em muitos países, embora nem sempre seja simples de executar. Um sistema legal, institucional e comercial, que leva a transações tão complexas, deve estar presente.

A primeira tarefa de uma agência ao considerar uma alienação parcial é identificar um grupo de ativos que possam ser alienados para assegurar uma concorrência razoável nos mercados afetados.

Se a atividade alienada for atuar como um competidor apartado, o pacote de ativos deve ser viável e capaz de operar lucrativamente por muito tempo. Alternativamente, os ativos poderiam ser vendidos para uma entidade já operando no setor relevante. A empresa poderia usar os ativos para entrar em novos mercados ou competir mais efetivamente nos mercados atuais. A capacidade de existência como unidade isolada pode ser menos importante nessa situação. Se somente um único ativo for alienado, tal como um nome de marca, a empresa adquirente deve possuir recursos financeiros e gerenciais adicionais, instalações de produção e organização de vendas para usar adequadamente o ativo. Além disso, há três considerações na montagem de um pacote de ativos para alienação parcial: o pacote deve assegurar concorrência adequada nos mercados afetados depois da alienação, ele deve ser comercialmente viável e ter um tamanho adequado e lucratividade potencial para atrair compradores.

Como foi observado anteriormente, se uma fusão tiver que ser impedida, deve sê-lo, se possível, antes de sua consumação. O mesmo é válido para alienações parciais: a política do "prepare-o antes" é preferível por pelo menos três razões. Primeira, se uma alienação parcial mostrar-se impossível, a fusão inteira pode ainda ser bloqueada. Segunda, as partes têm uma forte motivação para completar a alienação de forma a poder prosseguir com a fusão. Terceira, a fusão não pode ter efeitos anticompetitivos danosos antes que a alienação seja consumada. Em alguns casos, entretanto, a fusão pode ter sido realizada sem o consentimento da agência. Ou as partes podem convencer a agência de que é impossível atrasar a consumação até que a alienação seja efetuada e que eles deveriam ser autorizados a concluir a fusão e vender os ativos depois. A agência deveria concordar com tal medida apenas se ela estiver segura de que a venda pode ser concretizada rápida e efetivamente, e se outras salvaguardas existirem.

É preferível que a alienação seja concluída antes da consumação da fusão principal. Fora isso, uma agência deveria utilizar esse recurso tão-só quando ela confiar que a venda para um comprador aceitável possa ser realizada rapidamente. A agência deveria adotar procedimentos padronizados para alienações, dos quais raramente deveria se desviar. À medida que as agências ganham experiência com alienações parciais, é provável que elas adotem essa medida com mais freqüência.

### Salvaguardas

A mais importante entre as salvaguardas que deveriam ser exigidas, se for permitido o prosseguimento da fusão antes de realizada a alienação, é um acordo das partes de "manter separados" da empresa resultante os ativos a serem alienados. Esse acordo ajudará a assegurar que o valor da atividade a ser alienado não seja desgastado. Também reduzirá a oportunidade de conduta coordenada entre a empresa resultante e a entidade alienada na seqüência da alienação e aumentará os incentivos das empresas em fusão para consumar a venda rapidamente. Finalmente, garantirá que a fusão não cause dano à concorrência antes que a alienação seja concluída. O acordo de "manter separado" deve exigir que a atividade a ser alienada opere em apartado do resto da empresa, normalmente com gerentes diferentes, e que ela seja equipada com recursos adequados, incluindo capital, para manter seu valor e competitividade.

Outras salvaguardas que são importantes quando a fusão já foi consumada incluem acordos sobre a escolha do momento da alienação e para que um terceiro, ou fiduciário, assuma a responsabilidade pela venda se as partes não obtiverem sucesso após um breve lapso de tempo (discutido abaixo). A agência deve também exigir que a empresa resultante mantenha separada uma parte especialmente valiosa de suas operações, mas não uma parte destinada a ser vendida para uma outra empresa. Isso é conhecido como provisão "jóia da coroa". A empresa será capaz de retomar a "jóia da coroa" só depois que a alienação for concluída, criando um forte incentivo para que a empresa aliene rapidamente.

### Procedimentos

É fundamental que procedimentos efetivos e imparciais para executar a alienação sejam desenvolvidos. É claro que esses procedimentos estarão sujeitos às práticas comerciais prevalecentes em cada país. Problemas comuns incluem: Quem irá conduzir as negociações e venda? Qual o papel da agência de defesa da concorrência? Como será determinado o preço para o ativo alienado? Quanto tempo será reservado para a finalização da venda? Como o acordo de alienação pode ser executado?

Em princípio uma ou ambas as partes, dependendo de quem é o dono dos ativos a serem alienados, podem conduzir a venda. As partes são intimamente familiares com os ativos e podem identificar eficientemente os potenciais compradores. Além disso, se a efetivação da fusão depender do sucesso da alienação parcial, as partes têm uma forte motivação para agir com rapidez. Em alguns países, contudo, as partes em fusão têm um tempo relativamente curto para completar a venda (por exemplo, seis meses), especialmente se a fusão já foi consumada, depois do qual um terceiro assume a obrigação. Isso oferece outro incentivo para as partes na concentração para que concluam a venda o mais rápido possível.

A agência de defesa da concorrência tem dois interesses principais no comprador: ele deve ter a capacidade e intenção de operar com sucesso no mercado relevante e a alienação em si não deve ser significativamente anticompetitiva. A agência deve reter o direito de vetar qualquer proponente comprador ou qualquer outro aspecto da venda que ameace minar essas exigências. Por outro lado, a agência não deve interferir com o acordo de alienação organizado pelas partes na concentração ou por uma terceira parte. O vendedor está autorizado a receber o preço mais alto possível por seus ativos, mas não pode impor um preço mínimo. Contudo, um preço menor que o valor de liquidação deve ser afastado; de outra forma, o comprador pode liquidar os ativos em vez de operá-los competitivamente. Esse problema pode ser evitado inicialmente, selecionando um grupo de ativos que claramente seja viável.

O tempo necessário para concluir com sucesso a alienação depende em grande parte das práticas comerciais prevalecentes em cada país. É obviamente importante que a alienação se realize o mais cedo possível, a fim de evitar uma redução na competitividade dos ativos no mercado relevante. Em países onde a medida de alienação é freqüentemente adotada, doze meses é geralmente o período mais longo de alienação permitido, mas pode-se levar também de três a seis meses.

A capacitação da agência de defesa da concorrência para fazer cumprir um acordo de alienação é obviamente importante. As leis e os procedimentos aplicáveis devem possibilitar à agência peticionar ao Judiciário por sanções ou ordens judiciais, se as partes não observarem suas obrigações. Na falta de mecanismos de coerção, o processo de alienação pode romper-se em algum ponto, especialmente se a fusão já foi consumada, deixando a agência sem alternativa viável para uma efetiva reparação. Por sua parte, a agência deveria monitorar o processo de alienação com atenção. Ela pode ter desenvolvido seus próprios critérios para um comprador aceitável, podendo partilhá-los com o vendedor.

*Medidas comportamentais*

O terceiro tipo de medida em casos de fusão é a imposição de decisões de cunho comportamental ou obrigações à entidade resultante de mudar ou limitar sua conduta futura. Tais decisões devem incluir obrigações de fornecer um produto ou serviço para um certo tipo de clientes por um período de tempo, ou obrigações de se abster de entrar em certos tipos de contratos, tais como contratos de requisição, ou, no máximo, obrigações de não elevar preços acima de um dado valor por certo espaço de tempo. Essas decisões são normalmente menos satisfatórias do que a medida estrutural. A maioria delas é excessivamente regulatória, especialmente aquelas que objetivam alguma forma de controle de preços ou produção. Elas requerem uma vigilância contínua da agência, ocupando recursos escassos que deveriam ser orientados para assuntos mais importantes. Além disso, podem se tornar ineficazes, irrelevantes ou, ainda pior, competitivamente danosos com o tempo, na medida em que as condições do mercado se modifiquem.

Onde a decisão comportamental é adotada, ela deveria prescrever um modo discreto de conduta que possa ser facilmente monitorada, e a obrigação deveria ser estabelecida por um período de tempo específico e limitado. No Canadá, por exemplo, uma fusão foi aprovada sob a condição de que as partes trabalhassem no sentido da remoção de tarifas que estavam limitando as importações do produto relevante. A decisão do Tribunal Canadense da Concorrência também sustentava que, se as tarifas não fossem eliminadas dentro de prazo estabelecido, as partes seriam obrigadas a alienar uma fábrica importante. A fábrica designada foi mantida separadamente durante esse ínterim. Seguindo essa decisão, as tarifas foram abolidas dentro do prazo estipulado e esses produtos importados começaram a aparecer no Canadá.

Um tipo comum de medida comportamental empregado em diversos países é uma solicitação de que a empresa resultante da fusão licencie uma parte relevante de sua tecnologia para outras empresas, como uma maneira de introduzir nova concorrência. De fato, tal medida é mais estrutural do que comportamental: tecnologia é uma forma de propriedade – propriedade intelectual – e o licenciamento de tal propriedade é uma forma de alienação.

## Quais são os detalhes de uma notificação prévia?

A maioria das leis de controle de fusão requer uma notificação prévia, isto é, notificação da intenção de efetuar uma fusão antes da consumação. O propósito de tal exigência é óbvio: permitir a autoridade investigar a transação e, se necessário, impedi-la ou corrigi-la antes de ser concluída. As leis de notificações prévias variam entres países, refletindo condições políticas e econômicas diferentes; porém, muitas dessas leis possuem diversos aspectos em comum.

Nem todas as fusões necessitam ser notificadas previamente. Tal exigência acrescentaria uma carga de obediência significativa e desnecessária para o mercado e um encargo lamentável para a agência que teria que examinar a notificação. A experiência tem mostrado que normalmente apenas grandes fusões apresentam riscos significativos à concorrência. Assim, a lei deveria estabelecer um limite mínimo abaixo do qual as fusões não precisam ser notificadas.[4] O limite ou limites podem ser expressos em termos de vendas anuais (turnover), total de ativos ou ambos. O tamanho da transação (o valor das ações ou ativos a serem adquiridos ou fusionados) e das partes (tamanho mínimo de cada parte) deveria ser incorporado ao limite. Este deveria permitir, quando possível, ajustes automáticos da inflação (por exemplo, "x" salários mínimos).[5]

A lei (ou regulações implementadoras) deve especificar as informações que têm que ser apresentadas com a notificação. Na maioria dos países a notificação inicial não é extensiva. Ela deve conter informação suficiente para alertar a agência sobre possíveis problemas. A partir daí,

4. Isso não significa, contudo, que fusões abaixo desse limiar não estão sujeitas ao controle da lei. A autoridade da concorrência deveria reter o poder de contestar tais fusões, desmembrá-las, se necessário, após sua consumação, ou impedir sua consumação se souber de sua existência antecipadamente, a não ser pela notificação prévia. Algumas leis permitem que as partes apresentem notificações voluntárias para a autoridade da concorrência. As regras e procedimentos da lei de notificação aplicam-se integralmente a essas notificações voluntárias.

5. Em alguns países, o limiar da notificação é expresso, no todo ou em parte, em termos de participação mínima de mercado; por exemplo, uma fusão que resulte em uma participação de mercado acima de 25% deve ser apresentada. A dificuldade com tal teste é sua subjetividade: requer que as partes definam o

a agência reunirá dados adicionais, para elaborar uma decisão bem fundamentada. A notificação inicial prévia normalmente contém as seguintes informações:

- Nomes e endereços das empresas envolvidas na transação.
- Descrição da transação, por exemplo, fusão, aquisição de ativos ou ações, joint venture; o valor dos ativos ou ações adquiridas; e cópias de qualquer documento relevante relacionado à transação, como o acordo de fusão.
- Momento da transação.
- Informações financeiras sobre as empresas em fusão, incluindo vendas ou receita bruta e total de ativos, cópias de relatórios financeiros anuais ou outros relatórios financeiros relevantes.
- Detalhes da estrutura organizacional das empresas em fusão e de empresas afiliadas, e detalhes sobre participações significativas.
- Descrição dos produtos e serviços oferecidos por todas as empresas.

Em alguns países as informações seguintes também são exigidas na petição inicial:

- Uma descrição dos mercados relevantes atendidos por todas as empresas e sua participação em cada um deles.
- As razões da fusão e os benefícios esperados.
- Certos relatórios anuais e declarações financeiras e documentos internos analisando a fusão, preparados por executivos da empresa.

Depois da apresentação da petição inicial, as partes devem aguardar por um determinado espaço de tempo antes de consumar a transação. Esse período de espera é normalmente curto, algo em torno de um mês. Durante esse período, a agência tem o poder de requerer que as partes apresentem informações adicionais e específicas. Esta segunda solicitação prolonga o período de espera, enquanto as empresas reúnem as infor-

---

mercado relevante para a finalidade de apresentação da transação. A definição do mercado é um exercício complexo. As partes devem definir o mercado relevante ou mercados de forma que a notificação não seja necessária. Contudo, sua definição de mercado pode ser errada, e, mesmo se fosse realizada de boa-fé, poderia resultar na não-notificação de uma fusão potencialmente anticompetitiva.

mações e a agência as examina. A lei pode prever que esse período seja suspenso até que as partes cumpram este segundo pedido, após o qual o prazo volta a correr. Esse esquema incentiva as partes a juntarem as informações rapidamente e a oferecerem uma resposta completa. Contudo, a agência não deveria ter discrição ilimitada para estender o período de espera por meio de pedidos de informações excessivamente técnicos ou repetidos.

As regras de notificação devem conceder certa flexibilidade à agência e às partes, a fim de modificar os procedimentos. Eles podem concordar em estender o período de espera, por exemplo. Ou, ainda, a agência pode ter o poder de abreviar o período de espera, uma vez que tenha determinado que não questionará a transação. A lei deve garantir à agência o poder de adotar regras e regulamentos após dar ao público ciência adequada para implementar os procedimentos de notificação e conceder isenções de apresentação de informações, para transações tidas como de pouco risco à concorrência. Finalmente, a lei deve estabelecer sanções adequadas, normalmente na forma de multas, para impedir e punir violações do requerimento de notificação.

## Referências Bibliográficas

Ordover, Janusz; WILLIG, Robert.. "Economics and the 1992 Merger Guidelines: A Brief Survey." *Review of Industrial Organization* 8 (2): 139-150,. 1993.

WHITE, Lawrence J.. "Application of the Merger Guidelines: the proposed merger of Coca-Cola and Dr. Pepper" In KWOKA, J. E. and WHITE L. J., (Eds). *The Antitrust Revolution.* 2. Ed. Boston: Scott, Foresman 1994.

# Apêndice 4.1

## Exemplo de guia de entrevista do cliente e do concorrente

Nota: Nem todas as perguntas serão apropriadas para uma determinada entrevista. Essa lista tem a intenção de ser abrangente, da qual questões ou assuntos relevantes podem ser selecionados para se adequarem às circunstâncias de cada entrevista.

### *EXEMPLO DE ENTREVISTA COM O CONCORRENTE*

### Parte I. Informações básicas da empresa

1. Endereço do escritório central e filiais e localização das fábricas de e centros de distribuição.
2. Descrição geral das atividades da empresa, incluindo a gama de produtos, vendas totais e valor do ativo.
3. A estrutura acionária da empresa.
4. A posição do interlocutor da empresa e seu tempo de serviço. Se o indivíduo tem restrições em falar abertamente ao telefone, ofereça uma carta ou sugira que ele obtenha uma autorização de um superior dentro da empresa.
5. Identifique se a empresa tem qualquer ligação com as partes em fusão que poderia influenciar suas respostas.

Concorrentes freqüentemente estarão sempre preocupados com a discussão de informações sensíveis do negócio pelo telefone com estranhos. Portanto, serão importantes as salvaguardas de sigilos existentes na legislação de concorrência.

### Parte II. Mercado de produto

*Concorrência real*

6. A empresa vende em qualquer mercado produtos que poderiam ser considerados substitutos daqueles das partes em fusão sob exame com respeito a:
   - Visão da empresa.
   - Semelhanças físicas.
   - Similaridade de uso final.
   - Mesma base do cliente.
   - Preço relativo semelhante.
   - Preço absoluto semelhante.
   - Similaridades na produção, distribuição e comercialização.
7. Com respeito a esses fatores, liste as outras empresas que atualmente fabricam produtos substitutos.

*Concorrência potencial*

8. Tem a empresa atualmente qualquer plano para vender em qualquer mercado produtos que podem ser considerados substitutos daqueles sob análise? Se o tiver, quando estarão disponíveis para venda?
9. Poderia a empresa vender em qualquer mercado produtos que possam ser considerados substitutos daqueles sob análise em relação a:
   - Custo de acrescentar a capacidade necessária.
   - Disponibilidade do produto ou investimentos em sua produção.
   - Patentes ou outros direitos de propriedade.
10. Se puder, que aumento de preços ou outras condições seriam necessários para estabelecer o compromisso com o negócio? Quando os produtos estariam disponíveis para venda?

Os concorrentes serão freqüentemente reticentes em suas respostas a questões relativas a planos estratégicos, especialmente pelo telefone. A não ser pela descrição das disposições do sigilo disponíveis na legislação de concorrência, por escrito se necessário, há pouco a ser feito para garantir respostas precisas. Em outras situações, respostas ambiciosas demais podem ser proferidas. Dessa forma, um questionamento detalhado centrado nas barreiras à entrada às vezes pode resultar em uma estimativa mais realista da probabilidade de entrada.

## Parte III. Mercado geográfico

### *Concorrência real*

11. Como o produto em questão é geralmente transportado, quais são os custos e que porcentagem do valor médio de transporte eles representam?
12. Qual a distância máxima que o produto sob análise pode ser lucrativamente transportado?
13. Qual a distância máxima que o produto sob análise é normalmente transportado?
14. Qual a distância média que o produto sob análise é normalmente transportado?
15. Onde estão localizadas as fábricas de seus competidores?
16. Qual é o tamanho do mercado geográfico servido pelas fábricas das partes?
17. Qual é o tamanho do mercado geográfico servido por fábrica que você opera?
18. Qual é o tamanho do mercado geográfico servido por fábrica que seus concorrentes operam?
19. Que outras empresas ou fábricas realizam transporte não transitório no mercado(s) geográfico atendido(s) pelas fábricas das partes?

Onde os concorrentes realmente fornecem, a lucratividade é o melhor indicador do mercado geográfico. Cuidados devem ser tomados ao lidar com fornecimentos que, devido aos custos de transporte, não são lucrativos. Embora tais fornecimentos possam não prosseguir e, portanto, possam não ser um fator pós-fusão, algumas empresas concordam em absorver algumas perdas para manter uma presença em um mercado. Em tais situações, uma compreensão das razões do porquê deve ser alcançada antes de se determinar se esses fornecimentos serão de natureza transitória.

*Concorrência potencial*

20. Existem características que limitam a distância na qual o produto pode ser fornecido, tais como restrições regulatórias, deterioração ou baixa unidade de peso?
21. Existe algum custo de instalação local relacionado com o primeiro fornecimento no novo mercado geográfico?
22. Que aumento de preço ou outra condição seriam necessários antes de você resolver fornecer quantidades significativas e não transitórias no mercado nominal? O mercado nominal refere-se ao mercado geográfico compreendendo concorrentes reais, conforme definido nas questões 12 a 20. Esse mercado poderia ser expandido para incluir fornecedores potenciais que abasteceriam o mercado mais próximo dentro de um ano, em resposta a um expressivo aumento de preço.
23. Você teve algum fornecimento no mercado nominal?
24. Você tem planos para começar a fornecer ao mercado nominal num futuro próximo?
25. Você tem capacidade de produção suficiente para fornecer quantidades significativas e não transitórias do produto no mercado nominal?
26. Que volume do produto sua empresa teria que fornecer no mercado nominal para ter algum efeito sobre os preços?
27. Onde estão localizadas (outras) as fábricas dos concorrentes potenciais?

Deve-se tomar cuidado em relação à estimativa do mercado relevante de produto, uma vez que as respostas podem ser cautelosas ou excessivamente otimistas.

**Parte IV. Participação de mercado e concentração**

28. Na sua opinião, quais empresas competem na venda do produto relevante no mercado geográfico?
29. Quais são suas respectivas participações (e em que base – unidades de vendas , capacidade – as participações de mercado são estimadas)?
30. Essas participações têm permanecido constantes ou certas empresas têm aumentado sua participação com decorrer do tempo?
31. Que nível de crescimento o setor tem experimentado no passado recente? Quais são suas expectativas para o futuro?
32. Algumas das empresas menores exercem uma influência desproporcional sobre o setor em termos de preço, inovação de serviços ou algo semelhante?

Embora os contatados possam ser relutantes em estimar partições de mercado porque números de vendas precisos não são disponíveis, pergunte pela melhor estimativa que possam dar baseados em seu conhecimento pessoal. Essa pode ser sua única fonte de informação a respeito de participações de mercado sobre as quais corroborar ou refutar as afirmações das partes, e, se a disparidade for grande e outras fontes não estiverem disponíveis, podem levá-lo a montar sua própria estimativa baseado nas vendas individuais.

**Parte V. Dano substancial à concorrência**

33. Em relação às variações de preços anteriores nesse setor e também na sensibilidade ao preço dos consumidores, o que seria considerado um aumento significativo real de preço?
34. Em que medida, se houver, a entidade resultante da fusão poderia aumentar os preços a esse nível?
35. Qual seria a resposta dos concorrentes a este aumento de preço?
36. Por quanto tempo a entidade resultante poderia sustentar preços mais altos sem perder participação de mercado, de forma a tornar não lucrativo manter tal aumento de preço?

37. Os compradores têm algum poder de barganha, tais como a possibilidade de trocar rapidamente de fornecedor ou integrar verticalmente para atender sua própria necessidade interna?

38. Os pedidos tendem a ser grandes e infreqüentes?

39. Qual a natureza das disposições de fornecimento entre clientes e fornecedores?

40. Os clientes dividem suas aquisições entre fornecedores ou insistem em ter fornecedores secundários?

41. Os clientes monitoram regularmente os preços do setor?

42. Os clientes podem se inteirar facilmente sobre o negócio do suprimento com o produto sob análise? Existe algum precedente nesse setor?

43. A inovação de *design, marketing*, produção e distribuição é importante nesse setor? Se for, as partes na fusão são conhecidas como inovadoras?

44. As partes na fusão são especialmente conhecidas por serem concorrentes vigorosos ou eficientes?

45. Houve alguma indicação no passado de atos anticompetitivos, tais como colusão ou comportamento que facilite a colusão?

Estimativas de aumento de preços freqüentemente variam significativamente com concorrentes que têm um amplo interesse de frustrar os planos de fusão dos rivais, oferecendo algumas vezes avaliações muito altas. Ao questionar essa área, é importante que os entrevistados entendam que suas estimativas devem ser em termos reais (ajustado à inflação) e diretamente atribuíveis à fusão.

## Parte VI. Barreiras à entrada

46. Descreva os obstáculos a serem enfrentados por um novo participante no mercado atendido pelas partes em fusão com respeito a:

- Investimentos para fabricação e distribuição.
- Barreiras tarifárias e regulatórias
- Patentes e outros direitos de marca.

- Vantagens de economia de escala.
- Acesso a recursos escassos.
- Diferenciação de produto.

47. Que tipo de aumento de preço seria necessário para superar esses obstáculos?
48. Quanto tempo seria necessário para superar esses obstáculos?
49. Descreva os obstáculos à entrada enfrentados por um fabricante que atualmente não fornece ao mercado servido pelas partes da fusão.
50. Que tipo de aumento de preços seria necessário para superar esses obstáculos?
51. Quanto tempo se leva para superar esses obstáculos?
52. As partes na fusão têm um histórico de comportamento agressivo diante de nova entrada ou em resposta às ações de outros concorrentes já estabelecidos?
53. Qual a capacidade ociosa que existe atualmente no setor, e que parcela é atribuída às partes na fusão?
54. Quais os custos de capital associados ao acréscimo de capacidade adicional, e em que proporção estes são irrecuperáveis na hipótese de a capacidade ser vendida para outros usos?

## Parte VII. Eficiências

55. Comente sobre a viabilidade e magnitude de qualquer economia no custo de *design*, produção, *marketing* e distribuição, invocadas pelas partes como resultado da fusão.
56. Depois da fusão haverá pressão competitiva suficiente sobre as partes de forma a assegurar que elas alcancem os ganhos de eficiência apontados?

Os concorrentes no mesmo setor, assim como as partes na fusão, estarão sempre em uma posição cômoda para comentar a viabilidade de qualquer ganho de eficiência apresentado. Entretanto, dada a redução na pressão competitiva que pode acompanhar a fusão, é igualmente importante avaliar a possibilidade de que medidas necessárias para sua realização serão tomadas após a fusão.

## Parte VIII. Outras considerações

57. Você concordaria em assinar uma declaração e depor como testemunha perante a autoridade da concorrência se necessário?
58. Você seria uma testemunha cooperativa se fosse intimada pela autoridade da concorrência?

Estas perguntas geralmente só seriam colocadas em casos que tenham grande probabilidade de resultar em um questionamento perante os tribunais ou perante a autoridade da concorrência. Elas tendem, entretanto, a conduzir a respostas mais realistas, visto que o entrevistado estará sujeito ao exame do público e de especialistas. Uma vez que tendem a reduzir a disposição à cooperação que o anonimato encoraja, elas deveriam ser colocadas ao final da entrevista.

### *EXEMPLO DE ENTREVISTA COM O CLIENTE*

## Parte I. Geral

1. Data da entrevista.
2. Nome, posição e experiência do entrevistado.
3. O entrevistado está oferecendo sua visão pessoal ou da empresa?
4. Propriedade, natureza e localização das atividades. Período de tempo na atividade. Principais clientes, concorrentes e fornecedores, se ainda não forem conhecidos.
5. Natureza da relação do cliente com as partes em fusão na indústria sob exame. De quem a empresa adquire atualmente e de quem adquiriu no passado? Quantia (dólares e volume adquirido). A importância do produto nos custos totais do comprador (porcentagem dos custos totais se conhecida). Outros aspectos da relação, serviço, crédito, qualidade do produto e assim por diante.

As informações básicas devem ser obtidas regularmente. Também é importante para avaliar a credibilidade e peso relativo das informações mais subjetivas que são fornecidas, tais como a capacidade para elevar preços. O investigador deveria explicar aos clientes que eles não são obrigados legalmente a responder a qualquer indagação e que qualquer informação fornecida será usada exclusivamente para os objetivos da autoridade da concorrência, sujeita à proteção de sigilo prevista na legislação de concorrência.

## Parte II. Definição de mercado de produto

6. Descreva as características do produto ou produtos adquiridos ou vendidos para as partes em fusão ou setor sob exame com respeito a:
   - Aplicação final.
   - Consideração sobre serviços, tais como entrega, garantias, serviço postal e especificações personalizadas.
   - Pontos de preço por unidade.
   - Mercadorias perecíveis ou duráveis.
   - Grau de diferenciação de produto entre fornecedores.
   - Produto de consumo final ou intermediário.
   - Contratos-padrão.
   - Outras considerações, como apoio promocional ou marcas.
7. O produto está disponível por meio de canais não tradicionais (tais como produtos arrendados, produtos de segunda mão ou recondicionados e mercado).
   Os compradores podem facilmente vender o produto para outros clientes (por exemplo, a arbitragem é possível)?
8. Baseado em que você adquire o produto – preço, qualidade do produto ou reputação de performance, considerações de serviço ou outros fatores (tais como programas de incentivo a volume)? Coloque esses fatores em ordem de importância na sua decisão de compra.
9. Qual é o menor aumento de preço (ou redução no serviço) que os vendedores do produto poderiam implementar e sustentar durante o período de um ano que você consideraria significativo, isto é, 2 %, 5

%, qualquer aumento além do nível inflacionário, 10 %, 15 % etc. (Daqui em diante, serviço refere-se a aspectos da concorrência não relacionados a preço associados com a venda do produto. Não inclui outros aspectos da concorrência, tais como comportamento estratégico ou inovação.)

10. Identifique para quais produtos substitutos você poderia optar dentro de um prazo de um ano se os vendedores tentassem sustentar um significativo aumento de preço (ou redução no serviço) durante o mesmo período.

11. Quando os preços do produto se elevaram no passado (ou abaixaram o nível dos serviços), um número grande de consumidores mudou para o(s) produto(s) substituto(s) identificado(s), de sorte que os vendedores do produto não puderam manter o aumento de preço (ou redução do nível do serviço)?

12. Existem custos de mudança que você teria que arcar a fim de substituir os produtos (tais como readequação de ferramentas, embalagem, rompimento de relações, acalmar consumidores, ou assumir riscos de qualidade do produto inaceitáveis)?

13. Descreva os pontos de preço e tendências de preço do produto substituto. A tendência de preços para o produto comercializado pela entidade resultante da fusão ou setor sob exame e o produto substituto moveram-se em harmonia ou não há qualquer correlação de preços significativa entre o produto e seus substitutos?

14. Você iniciaria a produção do produto internamente ou por meio de um afiliado dentro de um ano como resposta a um aumento de preço significativo (ou diminuição do nível de serviço)? Discuta o investimento prático, comercialização, impacto sobre os consumidores a jusante (*downstream*) e outras questões associadas com a integração a montante (*upstream*) na fabricação do produto.

15. Você tem conhecimento de outros fabricantes que poderiam adaptar seu processo de produção no prazo de um ano do aumento significativo de preço (ou redução do nível do serviço), de forma que eles possam iniciar a produção e comercialização do produto? Tal entrada teria uma influência coercitiva sobre os preços (ou nível do serviço) ao

longo do período de um ano?

16. Entradas de setores próximos ocorreram no passado como resposta a aumentos significativos de preço (ou redução do nível do serviço)? Tal entrada foi em escala suficiente de forma que os vendedores não puderam sustentar o aumento de preço (ou redução do nível do serviço) ao longo do período de um ano?

17. Identifique todas as empresas que atual ou potencialmente dentro de um ano poderiam fornecer o produto ou produtos substitutos internamente ou adaptando as facilidades de produção existentes dentro de um ano a fim de iniciar a produção e comercialização.

## Parte III. Mercado geográfico

18. Identifique a localização dos vendedores do produto relevante que você está atualmente negociando ou tem negociado no passado. Qual é a noção de mercado geográfico do cliente?

19. Quão significantes são os custos de transporte no preço de entrega do produto em seu estabelecimento? Existem outras razões, por exemplo, necessidade de entregas *just-in-time* ou custos altos de estoque, que determinam que os fornecedores devem estar próximos a seus clientes?

20. Como os preços em áreas cada vez mais distantes comparam-se com os preços em sua área? Se os vendedores na sua área impuserem um aumento significativo de preço, os vendedores de áreas mais distantes seriam capazes de fornecer e descontar o aumento de preço? Isso já aconteceu no passado?

21. Existem motivos práticos ou de serviços que expliquem por que você não faria negócios com um fornecedor de outra região? Existem motivos pelos quais um fornecedor de fora teoricamente capaz de abastecer o seu território como resposta a um aumento significativo de preços não o faria (por exemplo, ele está em plena capacidade, pode enfrentar retaliação em outros mercados, sabe que a capacidade ociosa do mercado seria utilizada como resposta a uma nova entrada, enfrenta estruturas locais ou custos de distribuição, o produto dele é perecível)?

22. Qual é a menor área geográfica na qual fornecedores do produto poderiam impor um aumento significativo de preço e manter esse aumento por um ano sem perda de vendas para fornecedores do produto localizados em regiões geográficas mais distantes? (Esta pergunta pode de fato ser uma conclusão que a agência de defesa da concorrência deveria desenvolver.)

## Parte IV. Participação de mercado e concentração

23. Estimar a distribuição das participações de mercado no mercado relevante (e identificar a base para tal estimativa).

24. Cite qualquer motivo do porquê a participação conjunta de mercado da entidade resultante pode superestimar ou subestimar suas respectivas importâncias competitivas (por exemplo, concorrentes estrangeiros, vendas realizadas em grandes leilões mas pouco freqüentes, custo ou vantagens estratégicas mantidas pela entidade resultante e posição em mercados relacionados).

25. A distribuição de participações de mercado e de vendas da indústria mantidas pelas quatro maiores empresas tem sido estável, altamente variável, aumentando, decrescendo, ou favorecendo uma ou mais empresas em detrimento de outras durante os últimos três anos? Os clientes raramente terão conhecimento da distribuição de participação de mercado, especialmente se seu entendimento conceitual do mercado relevante difere, e muito, da abordagem do monopolista hipotético. Os clientes, entretanto, podem oferecer informações úteis sobres os padrões usados para medir a participação de mercado e o peso competitivo relativo que a autoridade pode atribuir a suas estimativas.

## Parte V. Outros fatores

### *Concorrência estrangeira*

26. Cite qualquer experiência prática ou observada de compra de um concorrente estrangeiro. Houve alguma nova entrada de um concorrente estrangeiro nos últimos três anos? Quando os novos

concorrentes entraram, eles causaram um impacto sobre os preços ou serviços? Eles sustentaram suas entradas? Os compradores iniciaram suas entradas? O que poderia causar a saída do mercado dos concorrentes internacionais? Como os concorrentes estabelecidos reagiram a suas entradas? Houve alguma queixa *antidumping*?

27. Descreva qualquer limitação prática com relação a:
    - Tarifas, quotas de importação, contenção voluntária de exportação, queixas de dumping, solicitações de licenciamento e outros impedimentos regulatórios para importar concorrência.
    - Necessidades de distribuição e comercialização para a entrada.
    - Restrições de capacidade ou ausência de incentivo suficiente de lucro para garantir a entrada.
    - Preferência local, qualidade incerta do produto ou capacidade de prestação de serviços pós-venda.
    - *Just-in-time* ou outras considerações de entrega.
    - Flutuações da moeda.
    - Possível retaliação dos concorrentes no mercado relevante ou potencial interrupção das relações de oferta com clientes que tenhamoperações transnacionais.

28. Como os preços para o produto relevante do fornecedor estrangeiro mais próximo se comparam com preços na sua área? O preço do fornecedor estrangeiro mais custo de transporte, mais tarifa (se alguma), mais corretagem e outros custos associados ao custo de remessa (por exemplo, seguro) são competitivos com o nível de preço do produto em seu território? O preço de entrega dos fornecedores estrangeiros seria ainda competitivo se as partes em fusão ou outros participantes impusessem um significativo aumento de preço (ou redução do nível do serviço)?
29. Quanto tempo levaria para um fornecedor estrangeiro embarcar seu produto para o mercado relevante em uma escala suficiente para que o aumento de preço (ou redução de serviço) resultante da fusão não pudesse ser sustentado? Mais do que um ano? Mais do que dois anos?

30. Se uma empresa estrangeira entrasse no mercado, isso iria aumentar a rivalidade competitiva na qual a empresa estrangeira teria que

oferecer preços mais baixos ou um melhor serviço, qualidade de produto e assim por diante, a fim de conseguir negócios em uma escala suficiente para garantir o custo de sua entrada? Ou a empresa estrangeira entraria para capitalizar com os preços mais altos e sair quando as condições se tornarem menos favoráveis? Seria relativamente fácil para a empresa estrangeira entrar de novo no mercado se eles decidissem sair?

*Fracasso comercial*

31. Se a companhia, sendo adquirida, fosse comprada por uma empresa diferente ou seus ativos fossem liquidados, isso resultaria num maior nível de concorrência no mercado relevante do que a se a transação se realizasse?

32. Se a fusão não se realizasse, a firma adquirente permaneceria no mercado ou cessaria de existir em sua forma atual? Ela poderia sobreviver se eliminasse certas operações?
De forma realista, é improvável que os compradores possam contribuir muito com esta questão.

*Substitutos aceitáveis*

33. Descreva qualquer fator que atenuaria o aumento da produção do produto substituto ou induziria uma quantidade suficiente de consumidores a trocar pelo produto substituto, de forma que a concorrência potencial advinda de produtos aceitáveis não pudesse restringir o exercício do poder de mercado por um período superior a dois anos.

*Barreiras à entrada*

Veja a questão 27 para barreiras ao comércio internacional. Em relação a barreiras às fontes de concorrência de produtos substitutos potenciais veja questões de 12 a 15. Sobre barreiras a fontes de concorrência de áreas geográficas fora do mercado relevante veja questão 21. Em cada caso o investigador deve fazer uma determinação de que essas fontes de concorrência se materializarão no mercado relevante em uma escala que seja suficiente para conter um aumento de preço importante em menos de dois anos.

34. As empresas pequenas no mercado podem expandir facilmente suas vendas, produção, ou ambas, de forma que um importante aumento de preço no mercado não possa ser sustentado por mais de dois anos? O que aconteceu no passado quando firmas menores aumentaram sua produção ou tentaram fazê-lo?

35. Houve alguma entrada ou saída no mercado relevante nos últimos três anos? Que impacto, se houver algum, tiveram esses eventos sobre o preço, serviço e o nível geral de concorrência?

36. Descreva as características dos novos entrantes.

    Eram entrantes de grande ou pequena escala? Eles sobreviveram? De que setores e áreas geográficas eles vieram? Quanto tempo levaram para se estabelecer? Qual a fonte de financiamento ou propriedade?

37. A demanda pelo produto está aumentando ou diminuindo? O aumento na demanda é suficiente para garantir uma nova entrada? Um aumento de preço importante induziria a entrada? Em qualquer dos casos uma nova entrada aumentaria o nível de rivalidade competitiva em termos de preço ou serviço?

*Concorrência efetiva remanescente*

38. Quais empresas tendem a ser as concorrentes mais agressivas em termos de descontos de preço, serviço, marketing inovativo, embalagem e assim por diante?

39. Alguma empresa é dominante em termos de preços, serviços, comercialização e outros, de forma que ao implementar uma mudança de preço as outras empresas no mercado instituem uma mudança semelhante?

40. As empresas no mercado têm conseguido impor aumentos de preços a cada ano, além do nível justificado de custos (ou inflação)? Os preços têm subido mesmo havendo excesso de capacidade de produ-

ção entre os fornecedores? Como os fornecedores explicam ou tentam justificar tais aumentos?

41. Descreva qualquer fato específico da firma relevante, tais como: propriedade, orientação de produto ou de consumidor; considerações comportamentais, tais como: um histórico dos preços, padrões tradicionais de fornecimento somente para certos clientes, que sugiram que o nível de concorrência no mercado relevante será materialmente menor como resultado da fusão.

42. Descreva o que as partes na fusão vão atingir em termos de vantagens de custo, posição de mercado, cobertura de vendas, propriedade intelectual, controle sobre instalações essenciais (*essential facilities*) e outros, que sugiram que os outros competidores no mercado relevante não serão tão agressivos como no passado.

43. Descreva como o nível de rivalidade concorrencial mudou, se ocorreu, como um resultado de fusões anteriores no setor.

44. A empresa sendo adquirida é considerada um concorrente vigoroso e efetivo? Descreva o que será perdido no mercado em termos de concorrência de preços, serviços, inovação, segurança de mercado, produtos especializados etc.

*Mudança e inovação*

45. Existe um alto nível de mudança e inovação no mercado no que se refere a novos produtos ou tecnologias de produção, comercialização e distribuição, ou mudança de gosto, ambiente regulatório, mercado a jusante etc.?

46. Qual foi a última inovação no mercado? Quando ocorreu?

47. Descreva o estado competitivo do mercado: desenvolvendo-se, estável ou declinante? Os fornecedores reconhecem a capacidade dos concorrentes para retaliar se um dos fornecedores introduzir descontos de preços, melhores níveis de serviço ou outras inovações de produção ou comercialização para tentar manter a estabilidade do mercado?

48. A fusão vai aumentar o nível de mudança e inovação no mercado e forçar outros competidores a fazer o mesmo com inovações similares?

49. A fusão vai eliminar do mercado um competidor especialmente inovativo que é visto como uma ameaça competitiva pela empresa adquirente ou outros concorrentes?

*Transparência de mercado*

50. As informações sobre as atividades competitivas entre fornecedores são facilmente prestadas aos clientes, outros concorrentes, ou ambos?
51. As listas secretas de descontos são comuns?
52. Os fornecedores emitem listas de preço em comum ou empregam fórmulas comuns de preço (por exemplo pontos comuns básicos para preços de entrega)?
53. Com que freqüência você adquire o produto ou recebe, ou ambos? Como o produto é adquirido: licitação, somente de fornecedores qualificados, contratos formais etc.?
54. Descreva a natureza dos contratos de fornecimento: duração do termo, adequação à concorrência, direito de primeira recusa, disposições de renovação, alteração de preços etc.
55. Cite exemplos de condutas pró-competitivas ou anticompetitivas. Cite exemplos de comportamentos colusivos explícitos ou implícitos.

*Fusões verticais*

56. Quanta capacidade não integrada restará a montante e a jusante? Como isso afetará o nível de concorrência em cada estágio? Por exemplo, se seu fornecedor ou um fornecedor potencial também for um concorrente no mercado a jusante, como isso influenciará sua capacidade para competir?
57. A fusão reduziria o total da capacidade não integrada a montante ou a jusante até o ponto em que entrantes potenciais teriam que ingressar em ambos os mercados para garantirem a entrada em uma escala que seja ampla o suficiente para repelir um aumento de preço? Que custos adicionais ou atrasos estão associados com uma entrada em dois estágios?
58. Concorrentes não integrados tanto nos mercados a montante como a

jusante teriam que se integrar verticalmente a fim de permanecerem competitivos em relação à fusão ou a outros competidores integrados? Indique se é provável que isso se materialize em dois anos.

*Fusões de conglomerados*

59. A empresa adquirente teria entrado no mercado e aumentado o nível de concorrência na ausência da fusão?
A bem da verdade os clientes não podem dar uma grande contribuição nesta questão.

## Parte VI. Substancialidade

60. O comprador pode aumentar preços ou repassar aumentos de custos para seus clientes?
61. A fusão resultará em um aumento de preço real, uma redução do nível de serviço, ou ambos podem ser sustentados por um período de dois anos? Em caso positivo, então:
Qual é a magnitude do aumento real de preço – 2 %, 5 %, 10 %, ou mais?
Descreva como os aspectos não-precificáveis da concorrência serão afetados.
A diminuição da competição se materializará uniformemente em todo o mercado ou terá um maior ou menor impacto em certas regiões ou em certos clientes?
62. Como os clientes responderão a um aumento de preço real:
    - Recusando-se a aceitá-lo.
    - Absorvendo o aumento do custo.
    - Produzindo o produto internamente.
    - Passando aos seus clientes
    - Fazendo outros arranjos de forma que os custos totais não aumentarão.
63. Os preços aumentariam ou o nível dos serviços diminuiria a despeito da fusão por causa do aumento da demanda, diminuição da capacidade, inflação ou outros aumentos de custos (tais como impostos ou salários mais altos), ou a saída antecipada de um fornecedor?

64. Se a despeito da fusão os preços tiverem um aumento previsto, a fusão aumentará a magnitude ou acelerará o momento de tais aumentos?
65. Os fornecedores do produto repassaram redução de custos no passado?
66. Os fornecedores do produto aumentaram seus preços no passado, mesmo tendo capacidade de produção excedente?

    Simplesmente perguntar aos clientes se eles estão "preocupados" normalmente não gera boa informação. Clientes podem não estar preocupados com fusões porque eles podem repassar aumentos de preços, o produto pode ser um item menor no grande esquema das coisas, eles acham que pode cuidar de si mesmos, têm boas relações com seus fornecedores "que não cobrariam preços injustificáveis", devem dinheiro para os fornecedores, e assim por diante. De forma oposta, clientes que estão preocupados podem ter preconceitos, não gostar da participação estrangeira, dever dinheiro aos fornecedores, concorrer ou fornecer para as empresas em fusão em outro mercado, e assim por diante.

## Parte VII. Outras perguntas

67. Você assinaria uma declaração e testemunharia para a autoridade da concorrência?
68. Você seria uma testemunha cooperativa se fosse intimado pelas autoridades da concorrência?

Obviamente estas questões requerem algum discernimento da parte do investigador. A maioria das pessoas não quer ser vista como um queixoso. Portanto, somente levante a questão de intimação formal se o cliente "quiser ser forçado" a cooperar.

## CAPÍTULO 5

# ABUSO DE POSIÇÃO DOMINANTE

O abuso de posição dominante ou monopolização é uma das situações de maior desafio em direito concorrencial, tanto em mercados desenvolvidos quanto em desenvolvimento. As circunstâncias envolvendo abuso de posição dominante podem variar desde o comportamento predatório por empresas em mercados locais isolados para produtos de baixa tecnologia (coleta de lixo industrial, por exemplo) até indústrias de alta tecnologia, nas quais o acesso a uma rede de concorrentes é restrito por razões anticompetitivas.

Os casos de abuso de posição dominante podem ter importância especial nas economias de transição. Por exemplo, disposições legais da concorrência relativas ao abuso de posição dominante podem ter um papel fundamental no condicionamento de práticas anticompetitivas que protegem empresas monopolistas anteriormente pertencentes ao Estado. As regras referentes ao abuso de posição dominante podem também ser úteis para amenizar restrições ao acesso a sistemas de distribuição em mercados locais.

Nos casos envolvendo abuso de posição dominante ou monopólio, é essencial garantir que a aplicação da lei não puna inadvertidamente as práticas de negócio eficientes. É importante reconhecer que as empresas podem ter alcançado legitimamente uma posição dominante no mercado (por exemplo, pela inovação, produção superior ou métodos de distribuição, ou grande esforço empresarial). Além do mais, muitas práticas que podem parecer anticompetitivas (no caso de restrições verticais ao mercado, como venda casada ou com exclusividade, por exemplo) podem servir para propósitos pró-competitivos em algumas circunstâncias.

As normas da defesa da concorrência referentes ao abuso de posição dominante tipicamente incluem alguns elementos comuns. Primeiro,

---

Este capítulo foi preparado pelos membros da equipe: Robert Anderson, Timothy Daniel e Albert Heimler com Thinan Jakob.

antes da lei poder ser aplicada, é necessário definir o mercado relevante no qual o eventual abuso possa ter ocorrido. Segundo, é necessário estabelecer a existência de posição dominante por uma empresa ou grupo de empresas.[1] Terceiro, é importante identificar práticas específicas que podem ser prejudiciais à concorrência e avaliar seus efeitos gerais no mercado relevante.

O conteúdo específico e a aplicação desses elementos podem variar significativamente entre os países. Por exemplo, as leis de alguns países especificam que uma posição dominante pode ser inferida em grande parte ou totalmente com base na grande participação de mercado. Ao contrário, alguns diplomas legais de outros países consideram as condições de entrada e outros fatores que influenciam a capacidade de empresas com grande participação no mercado exercitarem seu poder de mercado. Um conceito-chave adicional para a distinção dos sistemas é que em alguns países a simples cobrança de altos preços ou a prática de outros atos de exploração podem ser tratadas como abusos, enquanto em outros a lei se volta a condutas exclusivistas por empresas que prejudicam o processo concorrencial (isto é, condutas que evitam que empresas concorrentes ingressem no mercado ou que se expandam).

Em muitos casos de abuso, talvez a maioria deles, multas e penas de prisão não são medidas apropriadas, porque pode não haver intenção criminosa ou anticompetitiva na conduta investigada. De fato, a empresa que cometeu o abuso pode muito bem ter imaginado que seu comportamento seria completamente legítimo. Dessa forma, as medidas adequadas serão tanto ordens "comportamentais" para cessar a conduta que distorça o processo competitivo ou medidas estruturais, quando permitidas pela lei, para eliminar a capacidade de a empresa dominante cometer abusos. Certamente, se empresas não cumprirem a decisão da autoridade antitruste, uma multa elevada ou outra penalidade será apropriada.

Em casos extremos, esforços de empresas novas de deter o ingresso de potenciais rivais podem caracterizar uma conduta criminal identificável

1. Em alguns casos, pode não ser necessário estabelecer a existência de uma posição dominante de fato, se a lei de um país também prevê punições para as condutas denominadas "tentativa de monopolização". Nessas situações, entretanto, a lei normalmente requer que haja alguma probabilidade de que o objetivo da empresa seja bem-sucedido.

de imediato (por exemplo, ameaças à segurança dos indivíduos ou a patrimônios de empresas, extorsão etc.). Então, as agências da concorrência devem considerar seriamente a possibilidade de requerer a assistência da polícia ou de outras autoridades para processá-las criminalmente.

Alegações de abuso de posição dominante podem algumas vezes estar relacionadas a indústrias com monopólio natural – aquelas que são a única empresa a suprir o mercado a custo menor do que se houvesse duas ou mais empresas independentes suprindo, freqüentemente por causa de grandes economias de escala. Essas indústrias costumam ser as de transmissão elétrica, distribuição de gás natural e, possivelmente, segmentos das prestadoras de serviço de transporte e de telecomunicação.[2] Pode ser que haja nessas indústrias a necessidade de regular preços. A regulamentação pode ser realizada tanto por uma agência especializada com a atribuição de supervisionar a conduta de uma indústria em particular ou também por uma agência concorrencial. Mas mesmo onde há controle regulatório efetivo, pode ainda haver espaço para uma política concorrencial de maximização dos benefícios da atuação das forças do mercado, assegurando que empresas regulamentadas não passem a adotar práticas anticompetitivas em mercados não regulados (para uma discussão a respeito, vide abaixo sobre medidas).

## Avaliação da existência de posição dominante

Determinar se uma empresa ocupa uma posição dominante de mercado envolve dois passos essenciais: definir o produto relevante e o mercado geográfico e definir o nível de dominação exercido pela(s) empresa(s) no mercado.

### *Definição do mercado em casos de abuso*

A especificação do produto relevante e do mercado geográfico é

2. Deve-se notar que, contudo, devido às mudanças tecnológicas, muitas indústrias (quais sejam geração de eletricidade e talvez a maior parte dos segmentos dos serviços de telecomunicação) que no passado reclamavam ser monopólios naturais estão agora ao menos sendo potencialmente competitivas. Por essa razão, as agências concorrenciais devem estar

essencial para a apuração da maioria dos casos de direito da concorrência (veja também o Capítulo 1. Para informações adicionais sobre os assuntos discutidos nesta seção, veja Anderson, Khosla e Monteiro, 1996). Assim como fornece as bases para a análise, a definição do mercado contribui diretamente para determinar os efeitos concorrenciais. Isso freqüentemente tem uma importância na aplicação de diplomas legais específicos e na disposição dos casos. Uma definição limitada do mercado tenderá a resultar em maior participação no mercado das empresas estabelecidas, geralmente fundamental na definição do poder de mercado e, portanto, dos efeitos anticompetitivos de algumas práticas negociais.[3]

Na maioria dos casos de abuso, a definição do mercado relevante tende a ser baseada em propriedades funcionais do produto em relação ao comportamento do consumidor. Estas podem incluir características físicas do produto, utilidades e evidências sobre a disposição do comprador para a substituição de um produto para outro de acordo com as mudanças relevantes de preço. Outros fatores, como os custos de mudança e oscilação de preços paralelos indicativos da substitutibilidade, também podem ser relevantes. Similarmente, a definição do mercado geográfico relevante tende a ser baseada em fatores, como os custos de transporte e a durabilidade, que limitam a facilidade com que os produtos possam ser transportados por longas distâncias.[4]

Os mercados nos casos antitruste (especialmente relativo às fu-

---

preparadas para examinar criticamente os argumentos de que o domínio de mercado justifica-se pelas características de monopólio natural.

3. O conceito de poder de mercado refere-se à capacidade de uma empresa (ou grupo de empresas atuando conjuntamente) a manter lucrativamente o processo acima dos níveis competitivos por um período de tempo relevante. A qualificação "lucrativamente" é importante – ela revela o fato de, com o objetivo de exercer o poder de mercado, a empresa deve estar em uma determinada posição para conseguir elevar os preços sem diminuir vendas tão rapidamente fazendo com que o aumento obtido seja deficitário e deva ser rescindido, o que seria o caso em mercados competitivos (veja Landes e Posner, 1981, p. 937-996). Adicionalmente aos preços acima do nível competitivo, o exercício do poder de mercado pode ser manifestado por meio de redução da qualidade do produto ou serviço ou uma falta de inovação no mercado relevante.

sões) são definidos, em algumas instâncias, com base no "aumento prospectivo de preço" ou numa abordagem de uma "situação hipoteticamente monopolista". Nestes, pergunta-se se os consumidores, em face de uma elevação de preço, poderiam mudar facilmente para um produto alternativo de um outro fornecedor. Se a resposta for positiva, então o produto alternativo e o fornecedor são incluídos no mercado relevante para o caso.[5]

O princípio subjacente – focalizado na resposta dos consumidores ao aumento de preços – pode também ser útil na definição dos casos de abuso de posição dominante. A aplicação desses princípios, entretanto, é diferente, ou seja, tipicamente os casos de abuso ou monopólio referem-se a uma diminuição da concorrência que já havia ocorrido mais do que possa ocorrer como o resultado de uma fusão proposta. Em casos de abuso, é provável que os preços já haviam sido elevados acima do nível competitivo. Dessa forma, qualquer aumento futuro resultará provavelmente na substituição maciça dos consumidores. Essa evidência de substitutibilidade é, entretanto, totalmente consistente com o exercício do poder de mercado em um mercado propriamente definido em uma situação de abuso de posição dominante. Certamente, no estágio investigatório é provável que ainda não seja possível afirmar que um abuso tenha ocorrido e que preços estejam atualmente acima de níveis competitivos, mas o investigador deve estar ciente dessa possibilidade.

Esse ponto é ilustrado pelo caso Norte-Americano do celofane (U.S. cellophane case), que envolveu alegações de que a du Pont de Nemours & Company havia monopolizado o suprimento de celofane nos Estados Unidos, violando o Sherman Antitrust Act.[6] A Corte Suprema norte-americana definiu que o mercado relevante consistia num largo espectro de embrulhos flexíveis, incluindo papéis encerados e outros materiais,

4. Fronteiras internacionais também podem ser um fator de definição do mercado geográfico relevante nos casos legais de concorrência, se o produto relevante estiver sujeito a outras formas de barreiras tarifárias governamentais aos movimentos transfronteiriços (veja Pittman 1995).
5. Department of Justice and Federal Trade Commission (1992); Canada Director of Investigation and Research March 1993; Autorità garante della concorrenza e del mercado (1993), European Commission (1997).
6. United States v. E.I. du Pont de Nemours & Co., 118 F. Supp. 41 (D.S.U. Sup. Ct. 1956).

assim como o celofane. A Corte decidiu que esses produtos eram conhecidos e razoavelmente intercambiáveis pelos consumidores. Alguns comentaristas, entretanto, entenderam que a Corte equivocou-se ao definir um mercado tão amplo. Em particular, ela deixou de reconhecer que a disposição do consumidor por produtos alternativos a um preço monopolizado é totalmente consistente com o exercício do poder de mercado por uma empresa monopolista. Como resultado, ela deixou de apreciar a extensão do poder de mercado exercida pela Du Pont Company.

Mais genericamente, em casos de abuso a definição do produto relevante e do mercado geográfico deve levar em consideração o impacto das práticas exclusivistas alegadas, o que tipicamente se encontra no cerne da questão. Um exemplo: compare o mercado relevante útil para analisar a fusão de bancos que oferecem os serviços do Visa e da MasterCard com o mercado relevante necessário para examinar as condutas exclusivistas praticadas pelo Visa e pela MasterCard em relação aos novos entrantes que negociam a baixos preços. O primeiro caso incluiria novos cartões que poderiam entrar no setor se o valor dos serviços de cartão de crédito crescesse significativamente. Mas esses entrantes potenciais seriam excluídos no segundo caso porque as empresas que entrariam apenas com preços altos não são relevantes para definir a viabilidade do ingresso de empresas com baixos preços (o que poderia resultar da eliminação de práticas exclusivistas. Para maiores discussões desse exemplo, veja Salop, 1993).

Em algumas circunstâncias, pode ser preferível procurar provas diretas de exploração do poder no mercado (por exemplo, altos preços e lucros anormais), em vez de focalizar somente na definição do mercado. Alternativamente, podem-se procurar provas históricas de diminuição de produção ou aumento excessivo de preço após a implementação de práticas supostamente exclusivistas. O uso dessas provas pode levar a problemas significativos de interpretação e confiabilidade, porém (Fischer e McGowan 1983) pode ser útil em alguns casos.

*Avaliação da existência de posição dominante*

Uma vez que os mercados relevantes tenham sido definidos, geralmente uma análise direta pode ser utilizada para determinar se uma empresa ocupa uma posição dominante. Esse exame depende de dois grandes fatores: a participação no mercado que a empresa dominante detém e a extensão das barreiras à entrada.[7]

### Determinação da participação no mercado

Em geral, quanto maior for a participação de uma empresa dominante no mercado, maiores as chances de ela exercer poder nesse mesmo mercado. É quase impossível definir níveis limítrofes para a participação no mercado, pelos quais uma empresa possa ser considerada como detentora ou não de poder de mercado significativo. É improvável, contudo, que uma empresa com uma participação de mercado não menor do que 35% seja capaz de reduzir a produção ou impor um aumento de preço significativo acima dos níveis competitivos. Adversamente, onde uma empresa possui uma porção de mercado igual ou maior do que 65%, é muito mais provável que ela exerça poder de mercado, se existirem barreiras significativas à entrada.

Adicionalmente à própria porção de mercado, a capacidade de uma empresa exercer poder no mercado depende também do tamanho das outras empresas. Por exemplo, mesmo se uma empresa possuir 50% do mercado, sua capacidade de nele exercer poder pode estar limitada se o restante do mercado consistir em um pequeno número de empresas concorrentes que competem vigorosamente com a líder, em vez de um nicho de empresas mais fracas que simplesmente adota os preços estabelecidos por essa mesma líder. Finalmente, até mesmo onde uma única empresa possui uma surpreendente porção do mercado, ela pode ser incapaz de exercer poder de mercado se for fácil a entrada de novas empresas ou a expansão das empresas concorrentes.

### Determinação das condições de entrada

A identificação de barreiras à entrada nos casos de abuso não é tão diferente quanto nos outros casos antitruste, como nos casos de fusão

7. Em algumas jurisdições, fatores adicionais também são avaliados, assim como o grau de integração vertical num setor, e fatores tecnológicos e financeiros relevantes.

(veja o Anexo 1). Há, entretanto, duas considerações especiais nos casos de abuso de dominação. Primeiro, como na definição do mercado relevante, a determinação de barreiras à entrada deve levar em conta a teoria do caso. As barreiras que seriam ineficientes se os preços fossem aumentados acima dos níveis predominantes podem ainda ser relevantes na determinação das práticas exclusivistas que evitam que os preços caiam abaixo dos níveis em vigor.

Segundo, a conduta sob investigação pode em alguns casos ser a maior barreira à entrada. A capacidade das empresas de deter a entrada por meio de suas condutas, assim opostas às barreiras estruturais, tem sido cada vez mais reconhecida (Ordover e Saloner, 1989). Essas condutas de retenção à entrada incluem precificação predatória, disposições contratuais exclusivistas, disposições de venda casada e uso de marcas predatórias. Portanto, casos válidos de abuso podem, às vezes, envolver mercados nos quais há poucas barreiras no sentido tradicional, no sentido estrutural do patrimônio físico especializado.[8] Certamente as barreiras estruturais tradicionais num mercado reforçariam as preocupações em relação aos potenciais efeitos anticompetitivos das práticas negociais restritivas.

## Identificação e investigação de abusos

Duas espécies amplas de condutas negociais têm sido tradicionalmente reconhecidas como abusivas pelas leis concorrenciais e pelas agências de defesa da concorrência, conforme seguem:

- Abusos exploratórios, nos quais as empresas levam vantagem de seu poder de mercado cobrando preços excessivamente altos dos seus consumidores, discriminam clientes, pagamento de baixos preços aos fornecedores ou por meio de outras práticas semelhantes.
- Abusos exclusivistas, nos quais uma empresa procura suprimir a concorrência, por exemplo, recusando-se a negociar com um concorrente, aumentando os custos do concorrente para entrar no mercado ou cobrando preços predatórios.

8. Um exemplo disso é o caso canadense Laidilaw Waste System (ver anexo 1 a este capítulo).

Essas práticas são abusivas quando são exercidas por uma empresa dominante, uma vez que o mercado não oferece alternativas aos consumidores. Entretanto, quando há concorrência suficiente no mercado, esse comportamento (especialmente atos potencialmente exclusivistas) pode reforçar a eficiência do mercado e beneficiar os consumidores, porque este comportamento está motivado pela necessidade de competir eficientemente, e não obter lucro de forma anticompetitiva. Assim posto que atos e práticas potencialmente abusivos podem ajudar a promover a concorrência, a determinação se essas práticas constituem abuso é uma das tarefas das mais difíceis a ser enfrentada pela agência concorrencial. Uma análise econômica detalhada dos efeitos anticompetitivos do comportamento tido por abusivo é necessária até mesmo quando uma empresa claramente encontra-se em posição dominante.

É importante notar que em alguns sistemas legais há a presunção de que algumas práticas exercidas pelas empresas dominantes são inerentemente injustas. Essa abordagem tem o mérito de facilitar a definição da estrutura e a aplicação das novas leis de defesa da concorrência.

Com relação aos abusos exploratórios, é geralmente difícil dizer com clareza o que é um exercício aceitável de poder de mercado. Para a agência regulatória é quase impossível estabelecer o preço exato que uma empresa dominante deva cobrar para a venda dos produtos ou serviços, visto que uma informação precisa e atualizada dos custos e demanda encontra-se freqüentemente inacessível ou tem um alto custo de aquisição. Portanto, agências de defesa da concorrência devem procurar minimizar sua ação na regulação dos preços de empresas individuais e focalizar-se mais em ações que evitem que empresas dominantes comecem a praticar atos de exclusão que ameacem a concorrência. Alguns países especificam que a adoção de "preços excessivos" pode constituir um abuso, mas as agências concorrenciais têm mais chances de promover uma economia de mercado saudável se elas limitarem o seu envolvimento direto na regulação de preços. Além do mais, se as empresas tiverem expectativas que seus preços passarão a ser regulados quando elas crescerem e adquirirem uma participação de mercado relativamente maior, seus incentivos para a inovação e o ingresso em novos mercados serão diminuídos, prejudicando o bem-estar do consumidor a longo prazo.

Os abusos de condutas exclusivistas também requerem uma análise cuidadosa. Ela deve levar em conta o ambiente competitivo no qual a empresa opera, porque uma prática potencialmente abusiva (como negociações exclusivas) pode também ajudar a empresa a concorrer com mais eficiência (melhorando a qualidade dos serviços dos consumidores, por exemplo). Uma empresa dominante pode competir agressivamente, como reação a uma ameaça dos seus concorrentes, e não simplesmente para excluir outros do mercado. Esse comportamento não deve necessariamente ser considerado abusivo, visto que pode proporcionar vantagens substanciais aos consumidores.

Em economias industriais, é importante determinar os fundamentos de possíveis eficiências para comportamentos potencialmente abusivos, porque as autoridades concorrenciais não devem desestimular empresas que concorreram agressivamente nem punir aquelas que são bem-sucedidas por meios legítimos. Essa preocupação pode não ser tão intensa em economias de transição, nas quais as posições dominantes podem ser resultado de privatizações recentes e reestruturações, não de desempenhos superiores num longo prazo (para maiores discussões sobre o abuso de posição dominante em países em transição, veja o Anexo 5.2 a este capítulo). Não obstante, as agências de defesa da concorrência devem sempre estar conscientes de que atos potencialmente abusivos podem, em alguns casos, resultar em eficiência, até mesmo para empresas com grande participação do mercado. Assim, considerações sobre a eficiência devem sempre ser levadas em conta na análise dos efeitos competitivos das práticas negociais.[9]

## *Preços excessivos*

Os preços podem ser excessivos por muitas razões, incluindo elevações de demanda, alto custo unitário e o exercício do poder de mercado. Para evitar que uma empresa dominante abuse dessa posição cobrando preços exorbitantes, as repressões da política antitruste devem estar mais voltadas às razões que levaram aos altos preços e lucros do

9. Em alguns sistemas legais, presume-se que algumas práticas exercidas por empresa dominantes são inerentemente injustas e nenhum ganho em eficiência pode justificar conseqüentes restrições à concorrência no mercado.

que com os preços em si mesmos. Isso se deve parcialmente ao fato de que pode ser dificultoso e demandar um longo prazo para uma agência governamental determinar os custos de uma empresa, os quais devem ser identificados para decidir se os preços cobrados são excessivos, bem como para estabelecer o preço "correto". Pode não ser fácil definir os custos quando uma empresa fabrica um ou alguns produtos; ou até mesmo impossível, no caso de uma empresa que fabrica muitos produtos. Além do mais, a diferença de preços entre empresas pode ser tranqüilamente explicada, pelo menos em parte, pelas diferenças de qualidade entre os produtos. Assim, torna-se difícil concluir com confiança se os preços cobrados para um produto em particular são excessivos e devem ser reduzidos.

Há ainda um outro sério risco envolvido na regulação dos preços. Nas economias de mercado os lucros possuem uma função crítica: quando as empresas são altamente lucrativas, elas criam um incentivo para que outras ingressem no mercado. Quando as empresas são pouco lucrativas, elas têm incentivo para sair. Respondendo dessa forma, as empresas tendem a produzir bens e serviços que são altamente valorados pelos consumidores – bom e eficiente para os consumidores e empresas. Esse processo requer que os preços para a maior parte dos produtos no mercado sejam desregulados. Quando as agências governamentais controlam os preços, o papel crucial desempenhado pelos lucros no fornecimento de incentivos para a entrada e saída de empresas no mercado não funciona bem.

Certamente, algumas empresas não podem ou não ingressam nos mercados mesmo quando os lucros são altos. Isso acontece freqüentemente em casos de setores nas quais as empresas tenham obtido concessão de monopólio legal do governo, como na maioria dos serviços públicos.[10] Entretanto, muitos outros setores da economia podem ser fortemente regulados, tornando difícil para uma nova e mais eficiente

10. Deve ser notado que os monopolistas legais nem sempre obtêm altos lucros. Uma das conseqüências mais importantes da falta de concorrência num mercado é a tendência que resulta no comportamento ineficiente e os efeitos negativos que isso pode gerar na política de custos e no progresso tecnológico. Em muitas ocasiões, as empresas dominantes, especialmente

empresa entrar no mercado. Assim, uma atribuição importante para a agência concorrencial pode ser patrocinar em favor da remoção das barreiras legais à entrada. As agências de defesa da concorrência podem fazer recomendações para corpos legislativos e para outras agências governamentais sobre como as leis e regulamentações podem ser modificadas para reforçar a concorrência e melhorar a eficiência.[11]

Há, entretanto, alguns setores nos quais o mercado pode suportar apenas uma empresa, mesmo quando não existe nenhuma barreira legal à entrada. Esses monopólios naturais podem ocorrer quando economias de escala ou economias por escopo (ou ambas) são tão fortes que os custos de produção serão os mais baixos, quando uma única empresa fornecer o bem ao mercado. Os exemplos incluem transmissão de eletricidade e suprimento local de água.[12] Nas economias ocidentais, os preços e as práticas de monopólio natural frequentemente não estão sob a jurisdição da agência concorrencial, mas supervisionados por agências regulatórias. Às economias em transição pode ser interessante considerar uma abordagem semelhante.

Quando não existe uma agência regulatória, a autoridade concorrencial pode ser responsável por assegurar que o setor atue o mais competitivamente possível. Se o setor é de fato um monopólio natural (que é a consideração de que os custos determinam que somente uma empresa pode suprir o mercado), então a agência concorrencial pode ter que considerar os preços regulatórios e as práticas da empresa. Mas, devido à dificuldade de determinação dos preços regulatórios, essa ação deve ser tomada somente quando estiver claro que o mercado é de fato um mono-

---

as empresas que possuem monopólio legal, estão envolvidas em programas de participação de lucros por trabalhadores e fornecedores, de tal forma que uma parte do seu poder no mercado é dividido com outros participantes do processo produtivo, levando a elevados custos, mas não necessariamente altos lucros.

11. A Comissão Européia tem um papel forte a esse respeito, pois ela pode diretamente determinar, não somente requerer, que os Estados-membros removam todos os impedimentos regulatórios à concorrência que restrinjam o comércio entre eles.

12. Progressos técnicos e outros têm alterado significativamente o conceito do que deve ser considerado um monopólio "natural".

pólio natural e que não se pode esperar que o ingresso de outras empresas restaure a determinação competitiva de preços.

Por fim, os preços excessivos podem não ser resultado da eficiência superior da empresa dominante, mas de práticas exclusivistas objetivando a extensão ou a manutenção do domínio. Por exemplo, uma empresa pode-se recusar a vender alguns dos seus produtos a outras empresas. Práticas como essas podem conduzir à alta dos preços. Ou ainda, uma empresa telefônica pode se negar a vender informações sobre assinantes, até que ela se torne a única fornecedora no mercado onde tais informações são as mais valiosas (por exemplo, mala direta, de marketing direto e de pesquisa de mercado). A concorrência pode, então, ser reduzida nesses mercados. O melhor caminho a ser adotado é interromper as práticas que diminuem a concorrência, pela eliminação da capacidade da empresa cobrar preços excessivos.

*Discriminação de preços*

A discriminação de preços é a prática por meio da qual o vendedor cobra preços diversificados de acordo com o perfil do consumidor, ausente critério de diferenciação de custos e capaz de justificar a disparidade de preços. Uma estratégia discriminatória pode também envolver a cobrança do mesmo preço de consumidores quando há custos distintos para o fornecimento àqueles. Por meio da discriminação de preços, uma empresa pode obter lucros mais altos do que quando ela cobra um único preço (média de custos) de todos os consumidores. Alguns lucros extras podem decorrer da elevação nas vendas assim, a discriminação de preços pode aumentar a produção total da empresa.

Essa discriminação de preços requer que a empresa identifique diferentes consumidores que estejam dispostos a pagar preços distintos.[13] A empresa deve também ser capaz de evitar a arbitragem (arbitrage), isto é, deve evitar que os consumidores em maior desvantagem comprem o produto adquirido por consumidores a um preço mais favorável.

13. A discussão da suscetibilidade dos diferentes consumidores de pagar preços diferentes pode ter uma relevância reduzida quando produtos substitutos são difíceis de encontrar e especialmente quando as barreiras à entrada são altas.

Teoricamente, existem poucos mercados onde a arbitragem não é possível, mas, na prática, a arbitragem pode necessitar da realização de complexos contratos, ou que os consumidores superem inércia, incerteza, instabilidade, ou ambos. Assim, as agências de defesa da concorrência não devem usar argumentos teóricos para concluir rapidamente que não há a prática de preços discriminatórios. Nem devem elas decidir tão facilmente que as condições para uma discriminação de preços bem-sucedida são de fácil implementação pelas empresas.

Demonstrar que a discriminação de preços é prejudicial aos consumidores pode não ser fácil. Em diversos casos a diferença dos preços pode não ser discriminatória, sendo explicada pela diferenciação nos custos de atendimento a consumidores diversos. Por exemplo, consumidores que pagam elevados prêmios de seguro ou taxas mais altas de juros podem acarretar mais riscos e, portanto, maior é o custo para fornecer-lhes, em comparação com os consumidores que pagam taxas mais baixas. Em outros casos, a disparidade de preços que aparentemente refere-se ao mesmo produto pode ser explicada pelas diferenças de qualidade. Para afastar as conclusões baseadas no custo e na demanda, as agências de defesa da concorrência teriam que estimar os custos da empresa, mas é bem sabido que essas análises demandam tempo e podem não ser precisas. Portanto, as investigações de discriminação de preço não devem ser consideradas prioritárias.

Em teoria, a discriminação pode ser exclusivista quando uma empresa dominante cobra preços mais baixos de consumidores tendentes a mudar com mais facilidade para outros fornecedores. É difícil, entretanto, distinguir essa prática daquela na qual uma empresa vende a consumidores que apenas pagariam pelo produto um preço inferior, em vez de pagar um preço não-discriminatório. Essa prática (conhecida na literatura econômica como uma discriminação de preços de terceiro grau) pode resultar no abastecimento de um número maior de consumidores do que com a aplicação de um único preço para todos. De maneira geral, se uma estratégia discriminatória leva a um aumento na quantidade vendida, então ela deve ser considerada pró-competitiva.

Uma outra forma de discriminação entre consumidores é o oferecimento de esquemas de descontos. Estes normalmente referem-se a um grande volume de pedidos individuais nos quais algumas economias de escala (dos transportes, por exemplo) levam a uma redução no custo total unitário para o fornecimento. Outros tipos de descontos são dados em relação ao total dos pedidos feitos por um consumidor em um certo período, por exemplo, dentro de um ano. Esses efeitos geralmente aumentam quando uma empresa dominante vende muitos produtos e o sistema de desconto opera para todas as vendas, independentemente da quantidade de cada produto comprado.

Muito embora eles possam elevar os custos de entrada, especialmente quando impostos juntamente com contratos a longo prazo, os sistemas de descontos são um instrumento poderoso na concorrência e normalmente trazem benefícios aos consumidores. Além disso, eles podem ser justificados com base na eficiência, uma vez que eles permitem a uma empresa transferir aos consumidores reduções substanciais de custos, por exemplo, porque elas levam à redução significativa nos esforços de venda.

Os descontos podem ser restritivos se eles se assemelharem a contratos de exclusividade, quer dizer, se eles são dados somente aos consumidores que concordam em não comprar de outros concorrentes, fazendo multiplicar assim as barreiras à entrada. Nesse caso, contudo, o que importa é o caráter de exclusividade desses contratos (quão vinculativa é a cláusula de exclusividade e quanto tempo dura). De fato, a possibilidade de limitação dos sistemas de desconto deve ser analisada caso a caso e deve ser determinada de acordo com os custos que ela impõe aos novos entrantes e pelas desvantagens que os consumidores sofrerão.

*Vendas casadas*

A venda casada é a venda de um produto (o produto principal) sob a condição de que o comprador adquira um outro produto (o produto secundário). Em geral, essa conduta não deve ser considerado abusiva se a empresa não tem um poder de mercado em relação ao produto principal. Mesmo quando a empresa possui esse poder, a determinação da venda casada abusiva requer uma análise detalhada do propósito da venda e do contexto do mercado.

Algumas vezes, dois produtos estão relacionados verticalmente, com um dos produtos servindo como insumo na produção do outro. Se for assim, a agência de defesa da concorrência deve tentar compreender as razões para a venda casada. Em geral, uma venda casada não pode ser motivada por abuso, se os dois produtos são utilizados em proporções fixas (como pode ser na eventualidade de um processo industrial): a empresa dominante pode maximizar os lucros cobrando um preço alto o suficiente no mercado para o produto principal, e as práticas de venda casada não aumentariam os lucros.[14]

A vinculação é geralmente impulsionada pelo desejo da empresa de manter ou aumentar sua reputação pela qualidade ou pela confiabilidade do produto principal. Isso não deve ser considerado abusivo já que promove a eficiência e a demanda no mercado. Por exemplo, o fornecimento inadequado de serviços relacionados a um produto de uma empresa dominante, por uma empresa independente, pode influenciar negativamente a reputação da empresa dominante e levar à diminuição das vendas. Para evitar isso, a empresa dominante pode vender conjuntamente seus produtos e serviços por um contrato de venda casada. Não obstante, deve-se também levar em conta se o objetivo legítimo da empresa dominante, de se manter ou aumentar sua reputação, poderia ser alcançado por meios menos restritivos, como o aprimoramento do seu processo de controle de qualidade.

A vinculação levanta preocupações para a política de defesa da concorrência quando ela permite lucros supranormais em mercados propriamente definidos. Esse pode ser o caso quando práticas de vendas casadas criam barreiras à entrada dos concorrentes e impedem o exercício do poder de mercado em mercados do produto vinculado. Essa vinculação pode também constituir um abuso se utilizada para fugir da regulação de preços do produto principal. Suponha-se que uma empresa dominante possua poder de mercado em seu produto primário. Suponha-se a seguir que o preço da empresa dominante é regulado, o que efetivamente evita que a empresa conquiste o lucro monopolista que ela poderia alcançar se não houvesse regulamentações. Esse cenário poderia incentivar a empresa dominante a vender seus produtos regulados sob a condição de que outro produto fosse comprado (a preço não

14. A possibilidade de estabelecimento de barreiras à entrada deve também ser levada em consideração.

regulamentado), determinando o preço do conjunto para capturar todo o lucro monopolista do produto regulamentado.

Algumas vendas casadas podem ser empregadas em mercados moderadamente competitivos para explorar os consumidores. Em particular, os consumidores que compraram um bem relativamente durável e de alto valor podem não ter nenhuma escolha razoável quando precisam de peças de reposição ou assistência técnica para um produto, além de recorrer ao fabricante – o chamado efeito trancamento. Mesmo quando o mercado do produto primário é competitivo, o vendedor pode ser capaz de tirar vantagem dos consumidores que já tenham adquirido o bem e que não têm muitas alternativas para substituição das peças. Se os consumidores futuros tomarem conhecimento dessas práticas, entretanto, eles considerariam o preço das partes na compra original. Nessa situação, se o fabricante também encontrar a concorrência para o produto original, sua capacidade de explorar o consumidor trancado (*locked in*) será reduzida, se não for eliminada.

A agência de defesa da concorrência deve determinar se as condições necessárias para os trancamentos anticompetitivos – existência de consumidores inadequadamente informados, explicações fracas sobre eficiência das vendas casadas – existem em quantidade suficiente para levantar preocupações relativas à concorrência. Se, por exemplo, o custo de substituição de peças é substancial em relação ao preço do bem durável, como, pode-se dizer, de um carro motorizado, o mercado das peças de substituição não constituiria um mercado relevante apropriado. Os consumidores migrariam para um carro diferente, se fossem cobrados preços monopolistas no mercado de substituição de peças. Em outras palavras, se os consumidores tomarem ciência de todos os custos em que eles incorreriam para comprar um certo produto, então a vinculação almejada com uma venda casada não deve ser preocupante para as autoridades antitruste, desde que a concorrência no mercado primário possa garantir disciplina o bastante para a empresa.

Certamente, os consumidores podem ser incapazes de antecipar todos os custos relativos ao uso de um produto e podem estar suscetíveis ao comportamento abusivo por uma empresa dominante, tentando explorar uma possível assimetria de informações.[15] Essa situação pode não ser comum. Ela se refere, em geral, a produtos adquiridos com pouca freqüência e onde a exploração não afetaria demandas futuras do produto da empresa. Em geral, os consumidores aprendem com a experiência. Se eles forem explorados com um contrato de venda casada e houver concorrência no mercado primário, então sua faculdade de facilmente mudar de fornecedor pode deter o abuso.

*Recusa à negociação*

As leis de defesa da concorrência não impõem em geral às empresas o dever de cooperar com os concorrentes. Quando uma empresa (mesmo uma dominante) nega-se a negociar com outra empresa com a qual ela tem uma relação vertical, o resultado pode não ser anticompetitivo. Por exemplo, a recusa de uma empresa dominante no setor de dutos em negociar com uma produtora de óleo pode refletir vários fundamentos pró-competitivos: baixa reputação da produtora de óleo, assuntos relativos à eficiência de gerenciamento ou preocupações com a administração de contingente de abastecimento. Nesse exemplo, há circunstâncias, entretanto, pelas quais a recusa em negociar com um consumidor adicional seria anticompetitiva. Esse seria o caso se um poderoso grupo de consumidores estivesse ameaçando o dono de uma malha de dutos com a construção de uma outra malha, se ele permitir o acesso a algumas outras empresas.

A recusa, por uma empresa dominante, em permitir o acesso de uma empresa que produz um insumo escasso necessário à operação em um mercado a jusante, no qual a empresa dominante também opera, pode ser um abuso. Isso pode ocorrer quando o preço desse insumo escasso é regulado e a empresa procura ampliar sua posição dominante em um mercado verticalmente estruturado (mas desregulado). O monopolista considera lucrativo não contratar com o concorrente no final da cadeia porque aquele pode superar as restrições regulatórias ao lucro, mantendo o concorrente fora e fornecendo ele mesmo o serviço. Os lucros seriam obtidos não no mercado regulado, mas no mercado

15. Com efeito, a decisão em 1992 da Corte Suprema dos Estados Unidos no caso Kodak concluiu que vendas casadas podem ser usadas em mercados moderadamente competitivos para explorar alguns consumidores. Veja Eastman Kodak Co. v. Image Technical Services, 112S. Cr. 2072 (1992).

competitivo (e desregulado). Esse comportamento é particularmente comum em setores recentemente desregulados, nos quais alguns dos mercados são abertos para concorrentes, mas outros ainda estão sob monopólio legal.

No caso De Montis Catering Roma v. Aeroporti di Roma, uma empresa estatal que controlava o Aeroporto de Roma e que possuía uma licença exclusiva para fornecer a manutenção e prestar serviços de terra recusou o acesso às instalações do aeroporto a uma empresa que queria competir pela prestação de serviços de alimentação para empresas aéreas, um serviço no qual a licenciada tinha um monopólio de fato, mas que não era coberta pelos seus direitos exclusivos. A Autoridade Italiana Antitruste não encontrou justificativa para a recusa do Aeroporto de Roma, que foi acusado de tentar estender seu poder monopolista para um mercado relacionado, impedindo a concorrência e prejudicando os usuários dos serviços de alimentação por causa dos preços mais altos e menor qualidade dos serviços oferecidos pelas linhas aéreas.

Em geral, para analisar o abuso nos casos de recusa à negociação, deve-se voltar a atenção para o poder de mercado da empresa, as razões para a recusa, e os danos decorrentes à concorrência. Como sempre, é crítico definir com propriedade os mercados relevantes. Se o mercado relevante está configurado de tal forma que uma empresa com a qual foi recusada a negociação pode contornar essa situação e ainda ser uma concorrente, uma recusa à negociação não pode ser anticompetitiva. Mesmo quando isso não for possível, pode ser factível a duplicação da infra-estrutura a custos razoáveis em um tempo também razoável.

Essencialmente em casos de recusa à negociação, as agências de defesa da concorrência devem ter o cuidado de não confundir danos à concorrência com danos ao concorrente individual. Ordens determinando acesso obrigatório às instalações e infra-estrutura "essenciais" devem ser pleiteadas somente quando os benefícios da concessão desse acesso claramente superarem os custos. Assim, as autoridades de defesa da concorrência devem evitar a adesão à doutrina excessivamente ampla das "facilidades essenciais", ou seja, rotineiramente compelir empresas a negociar com seus rivais, o que freqüentemente beneficia os concorrentes, mas não a concorrência.[16] De fato, as agências de defesa da concorrência que impõem regularmente a grandes empresas o dever de negociarem com concorrentes correm um sério risco de desencorajar empresas de investirem em novos produtos e serviços com receio de não obterem um retorno adequado.

*Preços predatórios*

A atribuição predatória de preços é a prática de uma empresa dominante que consiste na venda de seus produtos a preços baixos, de forma a tirar os seus concorrentes do mercado, evitar novos entrantes e obter o monopólio do mercado. O custo pode ser alto, mas o predador tem a expectativa de, no futuro, auferir lucros suficientes para superar as perdas atuais e os lucros dispensados. Se a empresa opera em mais de um mercado, a venda de seus produtos em alguns daqueles a preços abaixo dos custos pode ajudar a sustentação de elevados preços cartelizados em outros, muito embora o fornecimento possa ser desviado para o mercado que pratica preços mais altos.

A prática é condenada não porque resulta em preços baixos no momento, mas porque ela tende a levar a uma redução da produção e a preços mais altos no futuro. Para que isso ocorra, as outras empresas devem ser fracas, deve haver barreiras para o regresso ao mercado, impossibilitando a restauração da concorrência depois que os concorrentes tenham sido alijados do mercado, e os lucros a serem auferidos após a prática predatória devem superar todas as perdas. No entanto, essas condições não são facilmente encontradas em uma economia de mercado saudável, e suas ocorrências são raras.

Alguns países determinam que os preços somente podem ser considerados predatórios se eles são fixados abaixo do custo marginal. Preços abaixo da média de custos variáveis (e abaixo do custo marginal), entretanto, podem ser justificados em tempos de crise. Considerando que o custo marginal é de difícil cálculo, um método de aproximação utilizado nos procedimentos antitruste tem sido o de aproximar o custo marginal pelo custo médio variável, que é mais fácil (mas de forma alguma simples) de medir ou estimar. Um perigo na utilização dessa técnica surge em relação a setores que apresentam capacidade em excesso.

---

16. Problemas associados com o escopo amplo da doutrina das facilidades essenciais foram discutidos por Werden (1987).

Para estas, o custo médio variável pode ser muito mais alto do que o custo marginal, e a empresa pode ser acusada de preço predatório até quando os preços são praticamente iguais ao custo marginal. De todo modo, a cobrança de preço abaixo do custo marginal dos concorrentes (limite de precificação) pode ser exclusivista, mas essa atribuição de preços não será considerada predatória se o preço da empresa exceder o seu custo marginal. Preços acima do custo médio total nunca devem ser tidos como predatórios. Preços entre o custo médio total e o custo médio variável podem representar um investimento em promoção (que não se sustentam a longo prazo).

Se o ingresso no mercado for fácil, é virtualmente impossível reclamar que a prática de preço predatório esteja ocorrendo, porque a empresa seria incapaz de aumentar os preços no futuro (Joskow e Klevorick, 1979). Embora alguns concorrentes possam sofrer perdas, estas se devem a preços baixos no mercado (o que beneficia os consumidores), e qualquer prejuízo que a empresa dominante sofra em uma tentativa de monopolizar o mercado não será recuperada. Muitos países consideram útil, ao determinar a prática de preços predatórios em face de reclamações, primeiramente considerar se há barreiras à entrada ou ao regresso suficientes para fazer da prática uma estratégia viável.[17]

*Aumento dos custos das rivais*

O aumento dos custos das rivais pode ser menos custoso do que a prática dos preços predatórios como meio de excluir concorrentes do mercado, pois, com essa prática, a empresa dominante não precisa diretamente reduzir os seus lucros. O caso Pennington, em 1961, é comumente lembrado como um exemplo clássico.[18] Esse caso envolveu o uso estratégico de uma negociação coletiva por uma empresa dominante. Alegou-se que os altos salários praticados por todo o setor eram ativamente encorajados por grandes produtores, visando o aumento dos custos das

17. Essa abordagem foi seguida, por exemplo, no Canadá, pelo Director of Investigation and Research, Predatory Pricing Enforcement Guidelines (1992). Para um exemplo da Comunidade Européia, veja Case C 62/86 AKSO v. Commission, I ECR 3359 (1991).
18. Lewis *v*. Pennington (1961) CCH Trade Cases 70, 036.

empresas menores e marginais das indústrias americanas de carvão mineral. Supostamente, um alto nível de salários para o setor beneficiaria as empresas de capital intensivo, visto que elas sofreriam proporcionalmente um menor impacto nos seus custos do que as concorrentes menores, que utilizavam trabalho intensivo (Williamson, 1968). Mas é difícil provar de fato que uma empresa dominante adota altos salários para seus empregados apenas com o objetivo de elevar os custos de seus competidores.

Outros exemplos de aumento dos custos de empresas rivais de pequeno porte são o litígio judicial (o peso dos custos fixos causa mais impacto em pequenos orçamentos), ou a condução estratégica de campanhas publicitárias em tal grau que importe na elevação dos custos relativo aos custos irrecuperáveis para rivais de pequeno porte e potenciais entrantes. Em relação a publicidade, entretanto, esses gastos podem ser mais apropriadamente considerados um investimento na reputação da empresa, não podendo esta ser limitada ao mercado no qual o anúncio é direcionado. Assim, muitas empresas que ganharam reputação em um mercado usam-na para entrar em outro diferente. Com efeito, empresas com posição proeminente na indústria da moda têm usado sua reputação para ingressarem em outros mercados, como o de perfumes ou calçados.

### *Restrições verticais*

Restrições verticais são limitações que uma empresa localizada a montante (por exemplo, um fabricante ou um atacadista) impõe a uma empresa a jusante (por exemplo, um varejista). Restrições verticais incluem exclusividade territorial (o varejista concorda em limitar os locais de venda do produto); exclusividade na negociação (o varejista concorda em não vender produtos rivais); e manutenção do preço de revenda (o varejista concorda em não vender abaixo do preço estabelecido pelo fabricante). Algumas vezes, elas são utilizadas conjuntamente; por exemplo, a exclusividade territorial é utilizada em conjunto com a manutenção do preço de revenda. Quando essas restrições prejudicam a concorrência, ocorrem em geral em um contexto horizontal padronizado.

Existem dois caminhos pelos quais as restrições verticais podem prejudicar a concorrência. Primeiro, elas podem ser usadas para sustentar colusão. Segundo, elas podem elevar os custos da empresa rival, logo criando ou reforçando barreiras à entrada no mercado; embora o segundo seja mais relevante nas investigações de abuso, o primeiro pode também ser aplicável ao caso. Por exemplo, uma empresa a montante, detentora de posição dominante, pode fazer acordos com seus concorrentes e empregar as restrições verticais como instrumento de vigilância de um cartel. Ao mesmo tempo, o ambiente competitivo também teria sido enfraquecido para varejistas.

Restrições verticais podem também lesar a concorrência quando elas elevam o custo dos rivais. Em decorrência da possibilidade da promoção concomitante de resultados pró-competitivos contrários a concorrência; em virtude da existência de restrições verticais, é crucial que as autoridades de defesa da concorrência façam essa distinção. Por exemplo, as leis antitruste não seriam violadas se um produtor usasse uma restrição vertical – por exemplo, para estabelecer uma rede exclusiva de vendedores – com o propósito de aprimorar o controle dos custos e, como resultado, expandir as vendas em relação aos rivais menores. Os rivais com altos custos teriam desvantagens em função da existência da rede de vendedores, mas a rede exclusiva (mais eficiente) não pode ser considerada uma violação às leis antitruste.

Outra forma pela qual uma restrição vertical pode aumentar os custos do rival e prejudicar a concorrência é a que segue. Suponha-se que uma empresa dominante no mercado de fabricação tenha poder de mercado, mas que não seja monopolista, ou seja, que enfrente concorrência de outros fabricantes, cenário que restringe os preços que a empresa em questão pode vir a cobrar de seus vendedores. Suponha-se também que os vendedores a jusante vendam produtos de muitos fabricantes. Finalmente, suponha que o fabricante negocie com seus vendedores contratos que contenham restrições verticais – como um contrato com uma cláusula de exclusividade. A menos que os rivais encontrem vendedores, a rede de vendedores exclusivos do fabricante eleva os custos dos rivais para a distribuição de produtos. Dessa forma, o preço pago pelos consumidores dos produtos rivais aumenta, permitindo que o produtor com uma rede exclusiva suba o preço no atacado para sua rede de vendedores exclusivos. Conseqüentemente, os consumidores serão prejudicados.

Duas observações adicionais devem ser feitas sobre essa restrição vertical. Primeira, deve haver barreiras à entrada no mercado dos vendedores. Se, ao contrário, os serviços prestados pelo vendedor da rede exclusiva possam ser facilmente reproduzidos por outros vendedores (o que quer dizer que as barreiras à entrada são baixas), então os custos da rival da empresa dominante não aumentariam e não haveria prejuízo aos consumidores.

Segunda, o órgão da concorrência deve se esforçar para estabelecer uma relação entre a rede de vendedores exclusivos e os custos maiores suportados pelo fabricantes rivais (em algumas jurisdições as perdas de lucros também são levadas em consideração). Isso pode ser dificultoso, mas deve ser realizado para distinguir um uso anticompetitivo das restrições verticais de um uso pró-competitivo. Note-se, ainda, que não é suficiente a simples observação dos efeitos das restrições verticais nas empresas rivais. A despeito da existência de efeitos pró ou anticompetitivos em uma rede, as empresas rivais irão de qualquer forma experimentar um declínio na sua participação no mercado.

Restrições verticais, mesmo quando utilizadas por uma empresa dominante, podem promover eficiência. Um caso ilustrativo sobre essa possibilidade é a prevenção contra a exploração. Por exemplo, um fabricante pode usar as vendas exclusivas para evitar que comerciantes promovam seus produtos, atraindo os consumidores para o interior de sua loja, para então oferecer, , um produto concorrente. Alternativamente, um fabricante pode determinar que os vendedores pratiquem preços mais altos de varejo para induzir os varejistas a prestarem importante serviço aos consumidores ou para oferecerem produtos adicionais, com o objetivo de reduzir as chances de o consumidor não encontrar o produto se a demanda estiver particularmente forte. Finalmente, as empresas localizadas a montante podem usar exclusividade territorial para dar aos seus vendedores varejistas um incentivo mais atraente, para promover seus produtos, gerando em decorrência disso um aumento da concorrência entre os mercados, à custa da concorrência dentro do próprio mercado.

### *Abuso e propriedade intelectual*

A política de defesa da concorrência e os direitos de propriedade intelectual (incluindo patentes, marcas, direitos de autor, desenhos industriais registrados e circuitos integrados) estão recebendo cada vez mais a atenção dos legisladores. Os direitos de propriedade intelectual figuraram com grande relevância em muitos casos jurídicos relativos à concorrência em jurisdições ocidentais.[19] Há várias razões para esse fenômeno. A primeira é o crescimento da importância dos setores baseados no conhecimento e o papel da tecnologia nesses mesmos setores. A segunda, como o espaço mundial diminui e a noção de distinção de mercado nacional influi cada vez menos na realidade comercial, parece haver um crescente foco nos direitos de propriedade intelectual como um caminho para facilitar o controle de mercado.

Na maioria dos casos, o exercício dos direitos de propriedade intelectual coincide com os objetivos da política da defesa da concorrência. Esses direitos geralmente reforçam a concorrência a longo prazo por promover incentivos ao desenvolvimento e à produção de novos produtos e processos produtivos. Na maioria dos casos pode-se encontrar uma quantidade significativa de substitutos no mercado também para produtos que são protegidos por direitos de propriedade intelectual (veja, por exemplo, McGrath 1984, p. 355-365). Como resultado, a existência e o exercício desses direitos não devem ser motivo de preocupação autoridades antitruste.

Não obstante, abusos na aquisição e exercício desses direitos podem corresponder a uma preocupação legítima das autoridades de defesa da concorrência em alguns casos. As práticas que podem levantar questões sobre defesa da concorrência subsumem-se a três categorias principais: aquisição de patentes, transferência de tecnologia por meio de contratos de licenciamento e acordos cooperativos entre empresas inovadoras.

19. Nos Estados Unidos, os direitos de propriedade intelectual figuraram no documento 1994 assinado por ocasião das discussões entre Pilkington e Wave Soldering. Veja United States *v*. Pilkington plc e Pilkington Holdings Inc. (CCH 1994-2 Trade Cases 170, 842) e United States *v*. Cookson Group plc et al. (CCH 1994-1 Trade Cases 170,666). No Canadá, os direitos de propriedade intelectual foram considerados no caso NutraSweet. Veja Canada (Director of Investigation and Research) *v*. The NutraSweet Co. (1990) 32 C.P.R. (3d) 1. Na União Européia, as considerações dos direitos de propriedade intelectual encontram-se basicamente na decisão Magill (RTE and ITP *v*. Commission, ECJ, 6.4.1995, joint cases C 241 e 241/91). Para os princípios que regulam a legislação da União Européia, veja Commission Regulation (EC) 240/96 de 31.1.1996, no tratamento de certas categorias de contratos de transferência de tecnologia.

Essas práticas são preocupantes quando se constituem em tentativas para estender o poder de mercado ao excluírem a possibilidade de ingresso em um mercado, suprimindo a inovação. Ao mesmo tempo, essas práticas podem também servir a propósitos legítimos, relacionados à eficiência (OECD 1989).

Os contratos de licenciamento são instrumentos importantes de transferência de tecnologia entre empresas, especialmente em um contexto internacional. Esses contratos são freqüentemente complexos e incluem um rol de restrições, verticais e outras referentes às licenciadas, incluindo retornos tecnológicos (*grant back*), vendas casadas, limitações territoriais de mercado, restrições nos campos de uso dos acordos de licenciamento de tecnologia. Num sentido amplo, os fatores a serem considerados na distinção entre licenciamentos anticompetitivos e pró-competitivos são iguais àqueles em relação às outras práticas anticompetitivas.

Em 1995, as autoridades antitruste dos EUA editaram um novo Guia Antitruste para Licenciamento de Propriedade Intelectual. Esse guia enfatiza que o tratamento dos contratos de licenciamento depende em grande medida do relacionamento, primariamente horizontal ou vertical, entre as empresas envolvidas. A concorrência tende a ser mais prejudicada quando as empresas são relacionadas horizontalmente (ou seja, quando elas são concorrentes, ou o seriam, na falta da licença). Nesse caso, o contrato de licenciamento pode prejudicar a concorrência por elevar os preços em um mercado existente ou reduzir o ritmo das inovações, mas, por outro lado, pode também trazer efeitos que multipliquem a eficiência.

O guia antitruste dispõe sobre uma zona de segurança, dentro da qual os contratos de licenciamento normalmente não serão contestados. Essa zona de segurança inclui aqueles contratos nos quais não há regras de ilicitos per se, e nos quais o licenciante e o licenciado, juntos, não possuem mais do que 20% do mercado ou mercados relevantes. Os contratos que fujam da zona de segurança dependem de outros fatores a serem analisados:

- Suas implicações ou a estrutura de mercado, a existência de coordenação de preços ou de produção e a negociação antecipada ou acesso a insumos.
- A dimensão da imposição da exclusividade. O guia refere-se a dois tipos específicos: licenças exclusivas, que restringem o direito, ou o licenciado, de licenciar a outros ou de usar a tecnologia (ou ambos);

e a exclusividade da compra, que ocorre quando uma licença restringe o licenciado de usar tecnologia concorrente.

- O histórico da rivalidade e o ritmo das inovações no mercado afetado.
- A eficiência resultante do acordo. Se aquelas superam os efeitos anticompetitivos, os acordos geralmente não serão questionados (U.S. Department of Justice and Federal Trade Commission 1995, p. 18-22).

No passado, os países em desenvolvimento estiveram especialmente preocupados com o uso de práticas restritivas de licenciamento (por exemplo, vendas casadas, exclusividade territorial, cláusula de devolução com exclusividade, cláusula de restrição de campo de uso) nos acordos de licenciamento internacional de tecnologia. A aplicação da lei de defesa da concorrência deveria abordar essas práticas na base de cada caso. Uma abordagem restritiva tende a ser autodestrutiva. Proibições arrebatadoras contra práticas restritivas nos acordos internacionais de licenciamento aumentariam os custos ou reduziriam incentivos (ou ambos) para que os proprietários de tecnologias entrassem em acordos voluntários. Estes também têm maior probabilidade de promover o avanço tecnológico do país recipiente, do que de promover medidas compulsórias; eles tendem a ser acompanhados pela transferência de *know-how* não patenteado e investimento de capital, que são necessários para o uso efetivo da informação protegida por direitos de propriedade intelectual.

## Determinação do abuso resultante da intervenção governamental

Em sentido lato, as leis de defesa da concorrência aplicam-se em relação às práticas empresariais e não às decisões governamentais. Se um diploma ou regulamentação (validamente promulgada) limita a concorrência desnecessariamente, a agência de defesa da concorrência pode ter um papel importante no patrocínio da mudança pró-competitiva da legislação.

Nesse contexto, é interessante introduzir um tipo de hierarquia ao poder discricionário das empresas. Uma empresa é claramente responsável por suas práticas, se ela tomar decisões independentemente de qualquer intervenção pública. O mesmo se aplica se o governo simplesmente encoraja as empresas a moverem-se em um certo sentido, mas não impõe que elas sigam práticas específicas. Além disso, mesmo se houvesse uma intervenção regulatória e a empresa tivesse alguma opção, as práticas poderiam violar as regras antitruste se a empresa pudesse, razoavelmente, ter adotado ações menos restritivas do que as escolhidas.

Existem jurisdições nas quais a prática proveniente de uma decisão governamental pode ainda ser objeto de procedimentos antitruste. Por exemplo, nos Estados Unidos, a doutrina da imunidade da ação do Estado (*State Action Immunity doctrine*) impõe limites implícitos em relação a condutas isentas pelas leis antitruste, de responsabilização por ações regulatórias dos governos do Estado e locais. O comportamento de empresas sujeitas à intervenção regulatória é isento de responsabilidade pela lei, se a conduta for tomada de acordo com uma política estatal "expressa afirmativamente e claramente articulada" e se for "supervisionada ativamente" pelo Estado.[20]

A possibilidade de aplicação das leis antitruste a um comportamento privado que se origina de alguma norma ou regulação legalmente aplicável é ainda mais forte na União Européia. O Tratado de Roma, como interpretado pela jurisprudência, limita a possibilidade de Estados-membros concederem a empresas direitos especiais e exclusivos, com o objetivo de evitar o conflito com outras disposições do tratado, incluindo aquelas sobre concorrência. Em particular, uma decisão governamental pode ser contestada sob as regras da União Européia se ela conduzir as empresas privadas a um comportamento que contradiga os princípios concorrenciais.

Dessa forma, o monopólio público ou o licenciamento de direitos especiais e exclusivos têm sido considerados ilegais, se eles levam uma empresa a abusar de sua posição dominante, em prejuízo aos consumidores. Em um caso, a Comissão Européia decidiu que a um provedor de serviço de telecomunicação não poderia ser dado o poder de definir os padrões dos equipamentos de telecomunicação do qual ele era seu maior fornecedor. Esse tipo de poder seria inevitavelmente exercido com abuso pelo provedor do serviço, já que, em última análise, ele poderia

20. California Retail Liquor Dealers Ass'n *v*. Midcal Aluminum, Inc., 495 U.S. 97 (1980).

decidir se os produtos dos seus concorrentes poderiam entrar em mercados específicos.

O conceito de abuso desenvolvido pela Corte Européia de Justiça estende aplicações mais amplas a situações nas quais a ação dos governos restringe impropriamente a entrada no mercado. No caso Hofner and Elser, a Comissão Européia sustentou, e a Corte Européia de Justiça confirmou, que a República Federativa da Alemanha desrespeitou o art. 90 do Tratado de Roma, ao conceder direitos exclusivos a uma agência de empregos.[21] A Comissão Européia concluiu que a agência abusou da posição dominante porque ela era incapaz de suprir a demanda existente, um abuso que poderia existir somente porque a entrada no mercado estava proibida pela lei. Para eliminar o abuso, a Corte decidiu que o mercado seria aberto para concorrentes.

Na maioria das jurisdições a conduta privada que é submetida à intervenção regulatória pela lei não é objeto de medidas antitruste; somente práticas em situações nas quais a empresa possui alguma liberdade de escolha são reprimidas. As condutas adotadas por empresas reguladas fora do mercado no qual ela possui um direito especial ou de exclusividade têm maior probabilidade de ser objeto de investigação antitruste. Os monopólios regulamentados levam ao incentivo para expansão de sua posição dominante a outros mercados, por meio de práticas exclusivistas, com o propósito de auferir lucros em monopólios não regulados.

No caso Telesystem v. Sip, a companhia nacional italiana de telecomunicações, que possui um monopólio legal sobre as redes de comutação públicas, recusou a ceder linhas a uma empresa menor que desejava concorrer no fornecimento de serviços para grupos fechados de usuários, que foi liberalizado por uma diretiva européia. A recusa ao acesso causou perdas e fechou o mercado ao concorrente potencial, negando também um serviço aos consumidores. A Autoridade Italiana Antitruste determinou que a recusa era injustificável e que tinha em vista a preservação da posição dominante em um mercado relevante diferente daquele no qual o monopolista tem direitos exclusivos. A autoridade decidiu que esse comportamento constituía um abuso de posição dominante.

21. Case C41/90 (1991) ECR 1979. Nesse caso, o Estado não foi considerado responsável.

Um outro caso envolvendo direitos exclusivos dados a uma companhia estatal, Sign v. Stet-Sip, dizia respeito ao acesso à lista telefônica de assinantes por um concorrente em potencial para o mercado de serviços de informação a assinantes. Na Itália, assim como em muitos outros países, a companhia nacional de telecomunicação possui direitos exclusivos sobre a produção e distribuição de listas de assinantes e sustenta uma posição dominante nas atividades subsidiárias que fazem uso dessas listas para vender serviços para consumidores particulares e empresariais. A recusa à venda da lista de assinantes em CD-ROM, ou ao acesso a banco de dados on-line, para prospectivos entrantes no mercado foi considerada um abuso de posição dominante pela Autoridade Antitruste Italiana. A autoridade observou que nenhuma outra empresa poderia ser autorizada a duplicar o banco de dados e a vender essas informações no mercado. O monopólio legal que a empresa gozava poderia, portanto, ser interpretado como a imposição de um dever de negociar com todos.[22]

## Avaliação dos efeitos das práticas negociais na concorrência e eficiência

Nos casos de abuso de posição dominante ou monopólio, é importante assegurar que a lei não restrinja inadvertidamente uma eficiência superior ou a adoção de práticas negociais eficientes . As empresas podem alcançar uma posição dominante por meio de métodos que são perfeitamente legítimos (inovações, adoção de métodos superiores de produção ou distribuição, ou o emprego de esforços empresariais maiores). Além disso, muitas práticas que parecem ser anticompetitivas (restrições de mercado verticais, como a imposição da prática de vendas casadas ou exclusividade nas negociações) podem servir para legitimar propósitos pró-competitivos.

22. Sob as leis da União Européia e a jurisprudência, situações horizontais e verticais podem ser distinguidas. Se um fornecedor conquista uma posição dominante, no tocante às suas relações verticais, a doutrina das "facilidades essenciais" pode aplicar-se no sentido de que o acesso a essas facilidades não pode ser recusado.

Determinar se essas práticas são, de fato, pró ou anticompetitivas, é uma questão que deve em geral ser resolvida caso a caso. Isso envolverá a revisão de todas as implicações das provas e evidências de fato estabelecendo que a ocupação de posição dominante pela empresa, e que a adoção de ações anticompetitivas.[23] Isso posto, uma empresa sob investigação pode deter uma grande participação de mercado, e pode haver barreiras substanciais à entrada que indicariam a presença de dominação. Entretanto, antes de chegar a uma decisão final, a autoridade de defesa da concorrência deve levar em conta explicações alternativas para a dominação estrutural, bem como considerar se um setor da economia apresenta as características de um monopólio natural. Além disso, a falta de vários fornecedores independentes no mercado, em um dado momento, não implica necessariamente a supressão da concorrência, principalmente se as barreias à entrada no mercado são mínimas e as evidências indicam que a posição de mercado de empresas individuais tem variado ao longo do tempo. Pode ser ainda que a concorrência tenha sido suplantada pela concorrência potencial.

A visão dos consumidores afetados é essencial na análise do impacto das práticas de mercado. A questão a ser resolvida nos casos de abuso (assim como em outros casos antitruste) é simplesmente como as práticas sob exame afetam as escolhas disponíveis dos usuários (Pittman, 1994). Por exemplo, se uma prática, como as restrições territoriais de mercado, resultou num aprimoramento dos serviços aos consumidores por prevenir a recepção de vantagens desproporcionais aos serviços ou produtos oferecidos, então a conduta seria em geral considerada pró-competitiva. Entretanto, se a prática torna mais difícil o ingresso de fornecedores alternativos no mercado, sem criar vantagens compensatórias para os consumidores, ela é claramente anticompetitiva. Ao contrário dos concorrentes em um mercado, os consumidores não têm o incentivo para reclamar sobre práticas que diminuam os custos das empresas dominantes,

23. Mesmo quando a legislação de um país não inclui um teste explícito e abrangente do impacto no mercado, as agências podem querer incorporar esses requisitos no seu processo de avaliação interna do caso. Se as práticas que estão sendo investigadas em um caso particular não foram aprovadas por um teste amplo dos efeitos anticompetitivos, pode-se dizer que é questionável se o caso é um uso apropriado dos recursos escassos da agência.

mas os consumidores podem relutar em afirmar formal ou informalmente que a empresa dominante está abusando de sua posição.

Uma outra ferramenta analítica bastante útil é a consideração dos efeitos das práticas relativas à dinâmica de um setor. Se uma prática aprimora a eficiência, então tanto as pequenas quanto as grandes empresas terão um incentivo para adotá-la. A esse respeito, é relevante perguntar: a empresa adotou essa prática quando ela era menor? Ou, se a empresa nunca foi pequena, suas rivais menores adotaram essa prática? Ou, se essas empresas não existem, as empresas de todos os tamanhos, no mesmo setor, em outros países (ou indústrias similares nos mesmos países), adotam essa prática? As empresas que cresceram recentemente no mercado utilizavam prática supostamente abusiva? Se positiva a resposta, então a prática investigada pode ser importante àquelas mudanças, e a intervenção das autoridades de defesa da concorrência pode ser contraproducente.

### Determinação de medidas apropriadas

Ponderar sobre a existência de uma medida apropriada é um caminho útil para determinar se um caso merece atenção, antes que recursos públicos significativos sejam alocados para sua resolução. Se não há remédios eficientes para um abuso aparente (ou seja, uma medida que claramente melhore a situação e não acarrete custos excessivos de monitoração), então pode não ser proveitoso conduzir investigações sobre o caso.

O primeiro passo na determinação do remédio apropriado é considerar se o caso envolve uma conduta premeditada, flagrante e anticompetitiva (como embaraços ou ameaças de uso de violência aos entrantes potenciais) ou meramente envolve conduta que restringiu a concorrência desnecessariamente, mas que não é moralmente ofensiva ou considerada do padrão normal do comportamento empresarial. Se for a primeira hipótese, então pode ser apropriada a adoção de multas ou outras sanções punitivas se a legislação aplicável permitir essas medidas. Em situações de clara conduta típica criminal, as agências de defesa da concorrência devem requisitar auxílio policial ou a outra autoridade competente e conduzir as acusações criminais devidas.

Se o caso não envolve uma intenção anticompetitiva ou se não há provas de tal intenção, então multas ou penas restritivas de liberdade não são apropriadas. Ao revés, trata-se simplesmente de uma questão de encontrar o caminho mais eficiente para reverter os efeitos anticompetitivos. Em muitas circunstâncias, a medida adequada será uma ordem proibitiva determinando à empresa ou às empresas a cessação da adoção da suposta conduta. Nos limites permitidos pela legislação, a agência pode levar em conta a possibilidade de buscar um remédio pró-ativo, mas essencialmente comportamental, como a requisição de licença compulsória de tecnologia ou a provisão para o acesso a facilidades essenciais para estabelecer a concorrência no mercado nos quais ela foi suprimida. Alternativamente, a agência pode buscar medidas estruturais, pela cisão efetiva da empresa.[24]

Na definição e implementação de tais medidas, deve-se tomar o cuidado de evitar a imposição de custos maiores do que aqueles provocados pela conduta anticompetitiva. Por exemplo, o modo mais efetivo para estabelecer a concorrência no mercado pode ser por meio da cisão da empresa dominante. Contudo, se esse recurso impedir a obtenção de gigantescas economias de escala, ela não será uma solução responsável para qualquer agência.[25] Similarmente, uma investigação pode determinar que uma restrição vertical de mercado (por exemplo, vendas casadas ou exclusividade de negociações) evitou a entrada benéfica de novos concorrentes no mercado. Restrições verticais de

---

24. Um exemplo clássico de uma ordem estrutural para estabelecer uma concorrência em uma indústria que tenha sido efetivamente monopolizada, por meio da combinação de práticas corporativas e ações regulatórias governamentais foi a segmentação nos Estados Unidos da Companhia Americana de Telefone e Telégrafo por uma decisão judicial no início dos anos 80. Aspectos centrais das observações econômicas nesse caso são discutidas em Brennan, 1987, p. 741-793.

25. Como apontado nesta seção, a existência de um monopólio natural não é uma coisa que uma agência deva aceitar sem uma prova apropriada. Em particular, o mero fato de um mercado ter sido dominado por uma única empresa por anos ou mesmo décadas não é prova de um monopólio natural em sentido econômico. Antes da dissolução da AT&T no início dos anos 80, muitos comentaristas sustentaram que isso imporia altos custos aos consumidores. Em retrospectiva, entretanto, a quebra dessa enorme empresa dominante é largamente vista como um passo útil que surgiu numa era de

mercado, entretanto, podem também servir a propósitos pró-competitivos legítimos, como evitar a possibilidade de obtenção de vantagens desproporcionais aos serviços e produtos oferecidos. As medidas, nesses casos, devem buscar deter condutas anticompetitivas, enquanto permitem a manutenção de restrições contratuais que levem ao alcance de eficiência genuína.

Uma relação das possíveis medidas para os casos de abuso poderia incluir as seguintes:

- Determinação para cessação do comportamento abusivo. Ela seria geralmente conjugada a uma multa, se a infração for continuada.
- Imposição de multas para a empresa. Os critérios para o estabelecimento dos valores das multas incluem a gravidade da infração, duração do tempo da infração, efeitos da infração, inaplicabilidade coercitiva da infração, condições adversas de mercado, tamanho e lucratividade da ação, cooperações na ação adotada, jurisdição, reiteração da conduta infratora, reiteração da conduta infratora mesmo após declaração do alcance da lei, pressão governamental e quantidade de lucro indevido gerado pela infração.
- Multas a pessoas naturais ou penas restritivas de liberdade (ou ambos). Exceto em circunstâncias extremas, no entanto, essas sanções são inapropriadas em casos de abuso de posição dominante, que normalmente não envolvem uma intenção criminosa.
- Determinação para a devolução dos "lucros indevidos". Em jurisdições em que esse remédio é possível, ele é raramente usado, pois é difícil fazer seu cálculo.
- Desfazimento da operação ou cisão de empresas.
- Determinação para a adoção de certa ação, se esta for necessária, por exemplo, para assegurar o tratamento igualitário em relação aos concorrentes ou outro participante do mercado.
- Ajustes informais de conduta. Estes podem, às vezes, ser preferíveis em relação aos processos demorados, mas devem ser adotados como exceção.

---

concorrência sem precedentes, inovações, e as novas ofertas de serviço na indústria de telecomunicação que propiciaram grandes benefícios aos consumidores.

- Pena de indenização.
- Os casos especiais de dominação de origem pública.
- Quando a dominação tiver sido estabelecida pelo Estado, ou quando o Estado possuir a empresa, outras considerações podem entrar em jogo. Em muitos países, as empresas e as agências estatais não possuem imunidade em relação às punições, se elas estiverem envolvidas em atividade comercial. A questão que pode aparecer, entretanto, é saber se a atividade foi realizada compulsoriamente por influência estatal (resultado: não há responsabilidade da empresa, mas o Estado pode ser responsabilizado) ou não (resultado: toda a responsabilidade é da empresa).

## Conclusões

A investigação de abuso de posição dominante pode estar contida nas atribuições mais desafiantes e difíceis para uma agência de defesa da concorrência. Isso se deve porque as práticas que podem qualificar abusos (preços predatórios, vendas casadas, restrições verticais) podem, também, promover a eficiência, e, conseqüentemente, as investigações de supostos abusos de uma posição dominante poderão requerer uma análise cuidadosa, na qual um possível dano à concorrência será sopesado em relação a possíveis benefícios à eficiência.

Numa investigação dos casos de supostos abusos, os estágios são os mesmos daqueles nas outras investigações: definição do mercado relevante (ou mercados relevantes), explicação como o ato abusivo em questão pode prejudicar a concorrência e a exploração de possíveis benefícios à eficiência da prática. O segundo estágio é freqüentemente chamado de "estabelecimento da teoria do caso". Questões-chave incluem: como a prática prejudicaria a concorrência? Ela deteria ou impediria a entrada? Haverá a redução dos incentivos à concorrência agressiva para a empresa e seus rivais? Ela forneceria à empresa dominante uma capacidade adicional de elevar o preço? A prática dará condições para a empresa dominante driblar regulações de preço em um ou mais dos seus mercados? Se é necessário avaliar possíveis eficiências (que os efeitos anticompetitivos são capazes de causar), a agência de defesa da concorrência deve esperar que a empresa dominante seja capaz de explicar como a prática em questão melhora a eficiência. A prática gera incentivo ao fornecimento de serviços melhores? Há o aumento da quantidade da promoção ou publicidade? Os consumidores se beneficiam de preços mais baixos ou maior disponibilidade de produtos?

Ao investigar uma prática supostamente abusiva, a agência de defesa da concorrência deve obter informações de várias fontes, incluindo: clientes da empresa dominante, seus rivais, funcionários do governo que regulam alguns dos aspectos do comportamento da empresa, oficiais das agências especializadas em concorrência em outros países e membros que representam a empresa dominante. O ponto de vista dos rivais, certamente, deve ser tomado com certo ceticismo, porque os seus interesses não são necessariamente consentâneos com o objetivo dos mercados competitivos, e é importante não igualar o prejuízo impingido aos concorrentes como prejuízo imposto à concorrência. A esse respeito, os pontos de vista dos consumidores são mais confiáveis. Como eles avaliam os efeitos da prática investigada? As práticas reduzem ou elevam os preços e custos? Elas promovem incentivos? Ou elas tendem a aumentar as barreiras à entrada e a expansão sem nenhum fundamento evidente de eficiência? Atenção cuidadosa a esses assuntos assegurará que as disposições de abuso de posição dominante sejam ferramentas efetivas para as agências de defesa da concorrência na promoção de uma economia de mercado saudável e vigorosa.

## Referências Bibliográficas

ANDERSON, R.J.; KHOSLA, S. D.; MONTEIRO, J.. Market definition in abuse of dominant position cases act. *OECD Committee on Competition Law and Policy.* Proceedings of a roundtable on abuse of dominant position. OECD 89-I 12, Paris: Organisation for Economic Co-operation and Development, 1996.

Autorità garante della concorrenza e del mercato. *Annual Report (in Italian) Rome.* 1993.

BRENNAN, Timothy. Why regulated firms should be kept out of unregulated markets: understanding the divestiture in U.S. v. AT&T. *Antitrust Bulletin* 32 (3): 741-793,1987.

Canada, Director of Investigation and Research. *Predatory pricing enforcement guidelines.* Ottawa, 1992.

______. Merger enforcement guidelines. Ottawa. Demsetz, Harold. 1968. Why regulate utilities?. *Journal of Law and Economics* 11: 55-66, April 1993.

European Commission. *Commission Notice on the Definition of the Relevant Market for the Purpose of Community Competition Law*. Brussels, 1997.

FISHER, Franklin M.; MCGOWAN, John J. On the misuse of accounting rates of return to infer monopoly profits. *American Economic Review* 73 (1): 81-97, 1983.

JOSKOW, Paul L.; KLEVORICK, Alvin K. A framework for analyzing predatory pricing strategy. *Yale Law Journal* 89 (): 1-26, Nov. 1979.

LANDES, William M.; POSNER, Richard A.. Market power in antitrust cases. *Harvard Law Review* 5 : 937-996, Mar.1981.

MCGRATH, J. Paul. Patent licensing: a fresh look at antitrust principles in a changing economic environment. Patent and Trademark Review 82 (9): 355-65, 1984.

ORDOVER, Janusz A.; SALONER, Garth. Predation, monopolization and antitrust. In: SCHMALENSEE, Richard; WILLIG, Robert (ed.). *The handbook of industrial organization*. Amsterdam: North-Holland, 1989.

OECD (Organisation for Economic Co-operation and Development). *Competition Policy and Intellectual Property Rights*. Paris, 1989.

PITTMAN, Russell. The heart of antimonopoly investigation and enforcement: the choices of consumers. *Remarks to a seminar for staff members of antimonopoly offices of Central and Eastern Europe*, March 7, Vienna, Austria, 1994.

______. Some practical considerations in geographic market definition. Remarks prepared for the seminar on Antitrust Enforcement in Central and Eastern Europe, October 31, Vienna, Austria, 1995.

SALOP, Steven C. 1993. Kodak and Post-Chicago Law and Economies. Charles River Associates Perspective U.S. Department of Justice Antitrust Division and Federal Trade Commission, 1992. Horizontal Merger Guidelines. *Federal Register* 57 (176): 41, 552-41, 563.

______. *Antitrust guidelines for the licensing of intellectual property*. Washington, D.C., 1995.

WERDEN, Gregory. The law and economics of the essential facilities doctrine. *Saint Louis University Law Journal* 32: 432-80, 1987.

WILLIAMSON, Oliver. Wage rates as a barrier to entry: the Pennington case in perspective. *Quarterly Journal of Economics* 82: 85-116, 1968.

# Anexo 5.1

## Casuística

### O caso laidlaw

As práticas que foram o foco do caso contra a Laidlaw Waste System, Inc.,[1] um fornecedor de serviços de coleta de lixo comercial em mercados locais na Ilha de Vancouver (província da Colúmbia Britânica do Canadá), incluíam:

- Uma série de aquisições realizadas pela Laidlaw de seus concorrentes na Ilha de Vancouver.
- Supostas disposições restritivas nos contratos da Laidlaw com seus clientes, incluindo cláusulas de auto-renovação (evergreen) e cláusulas de "direito à primeira recusa" e "direito de concorrer".
- Ameaça de litigância sem causa.

A dimensão geográfica do mercado relevante do produto era a questão central. O assunto específico ante o Tribunal da Concorrência dizia respeito à extensão de diversos mercados locais para serviços com a cláusula lob (lift-on-board) prestados na Ilha de Vancouver. Embora o diretor de investigação e pesquisa aceitasse que pudessem ser identificados três mercados nesse setor, a empresa acusada sustentava que dois maiores mercados geográficos deveriam ser considerados.

A resolução dessa disputa deu grande relevância aos argumentos relacionados à "falácia do celofane". A acusada baseou suas alegações na hipotética abordagem monopolista, sustentando que qualquer tentativa sua de elevar os preços significativamente acima dos níveis predominantes seria eliminada pela nova concorrência dos fornecedores alternativos nos dois mercados. O diretor argumentou que a posição da acusada estava sujeita à falácia do celofane, pelo fato de que ela ignorava a possibilidade de que os preços cobrados pela Laidlaw já se encontravam

1. Canada (Director Investigation and Research) *v.* Laidlaw Waste System Ltd. (1992) 40 C.P.R. (3d) 289 (Competition Tribunal, January 20, 1996).

acima dos níveis competitivos. Nesse contexto, as provas de que um aumento posterior nos preços induziria a substituição pelos produtos dos fornecedores alternativos estavam em consonância com a argumentação do caso empregada pelo diretor para comparação.

## Microsoft corporation

(Ajuste Judicial de Conduta disponibilizado para o comentário público pela primeira vez em julho de 1994.)

No caso Microsoft, o Departamento Norte-Americano de Justiça e a Microsoft firmaram um termo de ajuste de conduta com relação às alegações do Departamento de que a Microsoft teria violado as leis antitruste ao adotar certas práticas contratuais com os fabricantes de computador. Embora as leis norte-americanas não contivessem disposições sobre o "abuso de posição dominante", essa investigação também cairia nessa categoria porque a Microsoft era a fornecedora líder de sistemas operacionais para computadores pessoais (PCs) no momento em que o acordo foi assinado.

A alegação central feita pelo Departamento era a de que a Microsoft "usou poder monopolista para induzir os fabricantes de PCs a licenças anticompetitivas e de longo prazo, que eles deveriam pagar à Microsoft não apenas quando eles vendessem PCs contendo o seu sistema operacional, mas também quando vendessem PCs que não contivessem o sistema operacional da Microsoft. Essas licenças anticompetitivas de longo prazo ajudaram a Microsoft a manter seu monopólio. Ao inibir o acesso de sistemas operacionais concorrentes aos fabricantes de PC, as licenças excludentes da Microsoft reduziram a marcha das inovações, elevaram os preços e destituíram dos consumidores a possibilidade de fazer uma escolha efetiva entre os sistemas operacionais de PC concorrentes" (declaração de impacto competitivo).

Em resumo, embora as investigações da Microsoft fossem multifacetadas, as alegações centrais foram as de que a Microsoft possuía um poder no mercado de sistemas operacionais; a Microsoft assinou contratos de longo prazo com os fabricantes, nos quais se estabeleciam que os fabricantes de PC deveriam pagar pelo sistema operacional da Microsoft a cada computador que o fabricante desse saída de seu estabelecimento, contivesse ou não o sistema de operação da Microsoft;

esses contratos aumentaram os custos dos rivais da Microsoft no mercado de sistemas operacionais e o resultado foi uma diminuição dos níveis de concorrência. O acordo a que se chegou proibiu que a Microsoft firmasse tais contratos.

Ainda persiste alguma controvérsia entre a comunidade antitruste norte-americana a respeito dos efeitos econômicos das práticas da Microsoft. Aqueles que fossem da opinião de que a Microsoft não tinha violado as leis antitruste argumentavam que, entre outras coisas, as práticas contratuais da Microsoft não faziam mais do que diminuir os preços aos compradores dispostos a adquirir maiores quantidades. Considerando que descontos em grande volume levam a uma redução dos preços, ela não seria vista como uma típica violação às leis antitruste. Outros críticos sustentam que a Microsoft deve ter tido um raciocínio legítimo do ponto de vista da eficiência – a prevenção da pirataria – para a adoção destes termos contratuais menos usuais.[2]

2. Importante dizer que esse foi o primeiro caso amplamente divulgado de cooperação entre a União Européia e as autoridades antitruste norte-americanas. Em 1994, a Comissão Européia aceitou um compromisso da Microsoft que efetivamente resultou no efeito revisão do seu contrato de licenciamento referente aos sistemas de operação MS-DOS e Windows.

## Anexo 5.2

### Questões especiais sobre abuso de posição dominante em economias de transição

Países em transição de economias planificadas para economias de mercado encontram problemas especiais no gerenciamento da transição. O processo de privatização pode levar tempo e para alcançar o objetivo de mercado competitivo e aberto pode demandar um tempo considerável. Inevitavelmente haverá uma desorganização significativa na vida de muitos cidadãos, bem como a necessidade de medidas para amenizarem as dificuldades resultantes.

Conforme será discutido no Capítulo 6, sobre o patrocínio de interesses da defesa da concorrência, há uma resistência natural no processo de privatização à criação de mercados competitivos, nos quais monopólios do governo anterior passam a se sujeitar à concorrência. Em vez do processo de criação de mercados competitivos, há uma tendência, de simplesmente transformar os monopólios públicos em privados. É uma função importante da agência de defesa da concorrência a resistência a essa tendência e buscar impor uma estrutura competitiva na nova economia sempre que possível. Entretanto, a agência de defesa da concorrência e os outros patrocinadores da concorrência tendem a não ser totalmente bem-sucedidos. É provável que alguns mercados sejam caracterizados pela dominação no período imediatamente subseqüente à privatização. Alguns, certamente, podem ser monopólios naturais, ou mercados nos quais o custo total para o fornecimento é minimizado apenas quando houver somente um produtor. Exemplos de monopólios naturais são a distribuição de água, eletricidade e gás natural. Em outros mercados, contudo, pode haver empresas dominantes que não são monopólios naturais. Pode-se caracterizar essas empresas como "dominantes artificiais", sendo sua nota distintiva o fato de terem sido criadas pelo governo.

Como a agência de defesa da concorrência deve lidar com as empresas dominantes artificiais? A maioria dos especialistas em concorrência diria que a agência deve considerá-las como consideraria qualquer empresa dominante que não tivesse um monopólio natural. Se a empresa abusar de seu domínio, a agência deve iniciar um procedimento de aplicação da lei de defesa da concorrência do país, e impor as sanções apropriadas, conforme a lei, que, como descrito neste capítulo, podem variar de uma ordem para a cessação da conduta abusiva, multas à empresa ou ao responsável, até medidas estruturais, como remoção parcial de prerrogativas, ou, ao extremo, cisão e reestruturação da empresa. A maior parte dos especialistas em concorrência também concordaria que os altos preços cobrados pelas empresas dominantes artificiais não deveriam ser tratados de nenhuma forma distinta dos altos preços praticados por qualquer outra empresa dominante, não devendo ela ser tratada como abuso de posição dominante. Deve-se contar com as pressões do mercado para que, eventualmente, os preços sejam reduzidos para níveis competitivos.

Outros (incluindo líderes políticos e especialistas em outras áreas) podem dizer, entretanto, que essa situação de país em transição é única e requer medidas adequadas. Em países de economia de transição, empresas com domínio artificial não apenas foram criadas por governos, mas também são, em muitos casos, sustentadas pela imposição governamental de barreiras à entrada. Pode também ser alegado com alguma justificação que esse favorecimento governamental, combinado com outros aspectos das economias de transição, que inibem o desenvolvimento de nova concorrência, como mercados imperfeitos de capitais, sustentará a empresa dominante por um inaceitável longo período, retardando significativamente o corte necessário de custos e prejudicando os consumidores do país. Pode-se argumentar que essa situação demanda a imposição de providências extraordinárias, compreendendo o possível controle limitado de preços e uma expansão da capacidade para cindir-se empresas artificialmente dominantes, mesmo que tão-somente por um limitado período de tempo.

As dificuldades com o controle de preços são discutidas acima. O controle de preços é de menor importância à concorrência quando a esta é possível. Pode haver um forte apelo público para o controle de preços, contudo, em situações de países em transição onde a concorrência é teoricamente possível, mas não implementável por um período de tempo significativo. Se o controle dos preços das empresas artificialmente dominantes for assumido num contexto de transição, a agência da concorrência deve cuidar para que as seguintes medidas sejam adotadas:

- O controle de preços deve ser implementado somente em específicas situações como um último recurso, quando nenhuma outra medida é apropriada. Por exemplo, o controle de preços deve ser imposto somente após a conclusão pela autoridade de defesa da concorrência de que a empresa possui uma posição dominante duradoura.

- A autoridade de defesa da concorrência competente para exercer o controle de preços em um determinado setor que não é monopólio natural deve expressamente limitar o controle por um período de tempo que não exceda alguns poucos anos.
- A autoridade a que é responsável pelo controle de preços deve estar localizada fora do órgão de defesa da concorrência. A manutenção da separação desta função da aplicação das normas de defesa da concorrência assegura ao menos dois importantes resultados: os recursos do órgão de defesa da concorrência não são copiados pela regulação e o órgão manterá independência contínua para atuar como patrono da concorrência, e não da regulação.

Alternativamente, ou em adição, a lei de defesa da concorrência deveria prescrever que a autoridade de defesa da concorrência teria o poder de cindir empresas com monopólio artificial nos primeiros anos seguintes à sua criação ou privatização, mesmo na falta de prova de que a empresa abusou de sua posição de domínio. Nesse ponto, pode ser lembrada a advertência de que as medidas extraordinárias de cisão de empresas dominantes trazem consigo o risco de eliminar algumas ou todas as eficiências que poderiam ter permitido a empresa alcançar seu domínio. Esse risco é menos significativo no caso de empresas artificialmente dominantes. Aquelas empresas não obtiveram seu poder de mercado por meio de desempenho superior – ele foi dado a elas pelo governo.

A lei que prescreve essa medida, que permite a reestruturação de empresas artificialmente dominantes, na falta de prova do abuso de posição dominante, deve apresentar os seguintes elementos:

- Deve ser aplicada somente para empresas que se enquadrem no padrão tradicional de dominação, a qual é diretamente resultante de sua titularidade estatal.
- O poder deve deixar de existir dentro de alguns anos após a publicação da lei de defesa da concorrência.
- A empresa resultante da reestruturação deve ser economicamente viável, e essa reestruturação deve ser elaborada para minimizar os custos das empresas resultantes.

CAPÍTULO 6

# PROMOÇÃO DA CULTURA DA CONCORRÊNCIA

A lei da defesa da concorrência geralmente visa prevenir que práticas privadas restritivas de negócio diminuam significativamente a concorrência, reduzam o bem-estar do consumidor e resultem no uso ineficiente dos recursos produtivos. Entretanto, a concorrência pode ser reduzida tanto por políticas públicas quanto por acordos institucionais. De fato, práticas privadas restritivas de negócios são freqüentemente facilitadas pelas diversas intervenções governamentais no mercado. Assim, o mandato da autoridade concorrencial vai além da ação de meramente dar eficácia à lei concorrencial. Ela deve também participar mais amplamente da formulação da política econômica de seu país, que pode adversamente afetar a estrutura concorrencial do mercado, a conduta nos negócios e o desempenho econômico. Ele deve assumir o papel de promotor da concorrência, agindo proativamente para concretizar as políticas governamentais que diminuam as barreiras à entrada, promovam a desregulamentação e a liberalização do comércio e, de outra forma, minimize a desnecessária intervenção do governo no mercado.

## O papel da promoção da cultura da concorrência

Mediante a promoção da cultura da concorrência, a agência concorrencial pode influenciar a política do governo pela proposição de alternativas menos prejudiciais à eficiência econômica e ao bem-estar dos consumidores. Ela pode servir como um apoio contra comportamentos lobistas e economicamente rentáveis realizados por grupos de interesses diversos. Ela pode ainda estimular o aumento da arrecadação e da transparência do processo de decisão de questões econômicas pelo governo e promover o gerenciamento econômico e princípios negociais

---

Este capítulo foi escrito por R. Shyam Khemani e John Clark, com sibsídios de Anna Fornalczyk.

nos setores público e privado.

Há uma relação direta entre a promoção da cultura da concorrência e a aplicação das leis concorrenciais, e a conexão é especialmente forte nas economias de transição e em desenvolvimento.

Muitos mercados em economias em desenvolvimento ou em transição inicialmente tendem a ser altamente concentrados e, às vezes, dominado por uma única ou algumas empresas que adotam práticas comerciais anticompetitivas ou lobby com o governo por favores especiais. O objetivo da promoção da cultura da concorrência é implementar condições que conduzirão a uma estrutura de mercado mais competitiva sem a intervenção direta da autoridade concorrencial. A alternativa menos favorável é a de que a autoridade concorrencial exerça a supervisão contínua e minuciosa das empresas dominantes segundo as leis concorrenciais. Essa alternativa requer um uso mais intensivo de recursos, alcançando um resultado menos satisfatório. Ela representa um retorno à ampla intromissão do governo no mercado, reminiscências de sistemas deixadas pelos governos em economias emergentes.

Pode haver tanto uma base estatutária, explícita, para as funções da promoção dessa cultura da agência quanto uma base informal ou implícita. As leis de alguns países, como o Canadá, Itália, República da Coréia e a Federação Russa, dão à agência concorrencial o mandato específico para submeter suas visões em assuntos particulares ao ministério apropriado ou à agência regulatória, por exemplo, na reestruturação da indústria de telecomunicações. Em outros países, a lei pode silenciar sobre o papel da agência concorrencial nessas áreas. No entanto, a menos que a lei proíba a participação da agência concorrencial, a agência deve, por meio do seu papel de aplicadora da lei, ativamente buscar as oportunidades de regular o caso no foro público. Isso tem sido largamente adotado na França, Alemanha e Estados Unidos, por exemplo. É improvável que em qualquer outra parte do mundo houvesse agências agindo assim, ou sendo tão efetivas. Os benefícios à economia e aos consumidores com a promoção da cultura da concorrência efetiva são certamente significativas, ao menos tão efetivas quanto aquelas regras concorrenciais mais tradicionais.

Há também um papel para a promoção da cultura da concorrência na arena pública, mais ampla. O estabelecimento bem-sucedido da economia de mercado requer a existência de uma cultura da concorrência dentro de um país. Tanto consumidores quanto a comunidade empresarial devem ter conhecimento das políticas concorrenciais e uma compreensão de como elas irão beneficiá-los. A agência concorrencial tem um papel importante nesse processo de educação. Em muitos países o público não tem uma experiência significativa com as políticas concorrenciais ou uma apreciação dos benefícios decorrentes do processo concorrencial. Mais ainda, a primeira experiência que muitos indivíduos tiveram com os mercados livres, especialmente em países em transição de economias planificadas, tende a ser negativa, não positiva. Com a liberalização dos mercados, geralmente ocorre uma ruptura, com a identificação de um grande número de ativos ineficientes mal-alocados e que são abandonados, além da perda de empregos. Os preços de alguns produtos, anteriormente controlados, também aumentam abruptamente aos níveis do mercado. Sob essas circunstâncias, a tarefa da agência de fazer crescer o apoio público à política concorrencial é especialmente desafiante.

O ambiente empresarial nos quais as firmas operam é condicionado por muitas políticas econômicas. O grau de concorrência em uma economia pode ser reforçado ou enfraquecido conforme o modo que essas políticas são desenvolvidas e aplicadas. A promoção da cultura da concorrência nas economias em transição e em desenvolvimento pode ser mais importante nas seguintes áreas políticas:

- Liberalização do comércio.
- Regulamentação econômica.
- Ajuda do estado.
- Operações de autoridades governamentais locais.
- Privatização.

*Liberalização do comércio*

A política comercial tem uma importante implicação no desenvolvimento dos mercados competitivos. Os mercados nacionais são relativamente pequenos em transições questionáveis e em economias em desenvolvimento, geralmente caracterizados por empresas dominantes. Pressões econômicas, sociais e políticas colocam obstáculos para a abertura desses mercados temendo a quebra das empresas nacionais dominantes. Importações, por outro lado, podem trazer nova concorrência em espaço de tempo relativamente curto. Dessa forma, as políticas comerciais liberalizantes, assim como a redução de tarifas, controle dos investimentos, restrições à importação e ao estabelecimento de quotas, produção nacional e restrições em relação ao conteúdo e ao gosto, estão entre as medidas mais significativas que podem ser adotadas pela agência concorrencial.

A promoção da cultura da liberalização comercial tende a ser controversa. Os produtores nacionais podem representar uma forte resistência, uma vez que podem ser incapazes de adaptar rapidamente às novas condições de mercado, achando-se vulneráveis à concorrência de produtores estrangeiros mais eficientes. Além do mais, investidores estrangeiros em mercados emergentes podem também demandar uma proteção contra importações competitivas como condição para seu investimento. Como conseqüência, o protecionismo para o mercado nacional é, em geral, politicamente popular nos primeiros anos da nova economia de mercado, tornando difícil para a autoridade concorrencial advogar em favor da liberalização do mercado. De fato, pode haver razões políticas válidas, incluindo preocupações sociais, por tarifas temporárias e barreiras não-tarifárias em uma economia de mercado emergente. Nesse contexto, a promoção da cultura da concorrência pode necessitar de medidas protecionistas, que sejam estritamente relacionadas a programas de reestruturação, e temporárias.

O papel da promoção da cultura da concorrência na formulação de políticas comerciais é geralmente informar e educar os consumidores e os agentes políticos dos reais custos das barreiras comerciais. Por exemplo, na maior parte dos países o setor agrícola dispõe de significativo poder político e obtém sucesso na elevação de barreiras comerciais que protegem os produtos agrícolas localmente produzidos. Essas medidas estão baseadas em uma política social importante – a preservação de trabalhos agrícolas –, mas não raro resulta em significativos custos aos consumidores. Esses custos tendem a ser relativamente maiores em economias de transição e em desenvolvimento, em que o cidadão gasta em média uma maior proporção da sua receita em alimentos do que em países mais desenvolvidos. Especialistas das agências concorrenciais fazem estimativas razoáveis dos custos aos consumidores dessas medidas, que podem, então, ser equiparadas aos benefícios esperados. Se os custos são desproporcionais se comparados com os benefícios, como tendem a ser, a agência pode sugerir que as políticas sociais incorporadas pela adoção das barreiras comerciais sejam aplicadas de uma maneira mais eficiente – por exemplo, por meio de subsídios diretos do governo para indivíduos que tenham perdido seus empregos com o aumento da importação.

A promoção da concorrência deve ser considerada um processo de longo prazo. A agência concorrencial não será sempre bem-sucedida nos seus esforços para promover a liberalização, não devendo desencorajar-se pelos seus insucessos. Políticas econômicas nacionais são normalmente o resultado de negociações. O papel da promoção da cultura da concorrência na formação da política comercial é assegurar que os agentes políticos e que o público em geral sejam totalmente informados dos benefícios de um comércio liberalizado para a concorrência e o bem-estar do consumidor.

*Regulação econômica*

A promoção da cultura da concorrência pode desempenhar um papel importante no processo legislativo das economias de transição e em desenvolvimento. Com freqüência, o sistema legal nesses países passa por mudanças dramáticas em um período curto de tempo e é fundamental que a política concorrencial seja estabelecida de forma coesa no novo regime tanto quanto possível. A agência concorrencial deve assegurar que as regras concorrenciais sejam correta e consistentemente inseridas na nova legislação e regulação, sempre que apropriado.

A agência concorrencial deve também ser atuante na promoção da concorrência em indústrias reguladas. Desenvolvimentos tecnológicos recentes e novas considerações feitas por economistas têm questionado os argumentos tradicionais dados pelos setores de regulação econômica (como a eletricidade e a telecomunicação), anteriormente considerados monopólios naturais. Nem todos os aspectos da operação de empresas nesses segmentos necessariamente geram retornos em escala de tal forma que somente haja lugar para uma ou algumas empresas no mercado. Geralmente os direitos monopolistas outorgados pelo governo são estendidos ao longo da integração vertical em atividades econômicas que podem ser objeto de pressões competitivas. Em muitos casos é possível separar os elementos de monopólio natural das atividades potencialmente competitivas e as funções regulatórias das funções comerciais, e também criar muitas entidades competitivas pela reestruturação.

Em muitos países industriais (notavelmente Austrália, Canadá, Nova Zelândia, Reino Unido e Estados Unidos), essas iniciativas têm sido adotadas com sucesso. Assim, no fornecimento de eletricidade, uma separação tem sido feita entre a geração, transmissão, *marketing* e serviços de pós-venda. Uma separação similar tem sido posta em prática nas telecomunicações, especialmente em mercados de serviços de longa distância e fornecimento de equipamento, proporcionando aos consumidores mais opções e preços mais baixos mediante a concorrência. Orientações similares têm sido adotadas na provisão de serviços em outros mercados que foram previamente objeto de extensiva regulação – notadamente linhas aéreas, transporte por caminhão, serviços de transporte intermunicipal, ferroviário, de água e saneamento. Poucas questões econômicas são mais importantes ou controversos nas economias em transição e em desenvolvimento do que a privatização e a reestruturação dessas indústrias de infra-estrutura. A agência concorrencial pode e deve participar do debate dessas questões.

A agência concorrencial pode também participar de forma limitada e apropriada na definição dos padrões industriais pelas autoridades governamentais, no que se refere a termos de segurança, padrões ambientais ou exigências para licenciamentos. O papel da agência concorrencial é não interferir em aspectos técnicos dessas definições, mas ajudar a assegurar que os padrões sejam transparentes e não-discriminatórios e que eles não restrinjam desnecessariamente a concorrência entre os fornecedores de serviço.

A autoridade concorrencial pode também agir na promoção da cultura da concorrência ou caso a caso nas indústrias reguladas. No limite do que a lei permitir, ela pode intervir em procedimentos regulatórios específicos para apresentar o caso à concorrência. Essas atividades são intensivas no uso dos recursos, devendo a agência escolher seus casos cuidadosamente. A participação na regulação dos casos freqüentemente requer uma preparação intensa. A agência precisa adquirir alguma expertise técnica na indústria relevante se ela necessitar ser efetiva no procedimento. Nessas situações é normal trabalhar com especialistas independentes externos, que possuem especialização industrial específica.

Finalmente, em países que não possuem leis específicas aplicáveis aos monopólios naturais, a autoridade concorrencial pode ter um papel significativo na regulação desses setores. O ministério do governo afeito ao assunto em questão deve continuar a exercer o controle sobre as indústrias, incluindo a fiscalização de preços e o acesso ao mercado, mas a autoridade concorrencial pode decidir, geralmente numa decisão caso a caso, nos termos da lei concorrencial, relativamente ao tratamento monopolista equivalente de ambos os novos entrantes e consumidores.

### *Ajuda do estado*

Um objetivo geral da promoção da cultura da concorrência deve ser o de assegurar condições igualitárias para todos os operadores do mercado. Essa igualdade pode ser distorcida pela política governamental que estabeleça regras diferentes para as empresas nacionais e estrangeiras, para empresas estatais e privadas, ou para empresas grandes e pequenas. A esse respeito, a ajuda do Estado deve receber um escrutínio cuidadoso pela agência concorrencial. Subsídios, abatimentos em seguro social e de impostos, empréstimos preferenciais, investimentos de capital, aquisições públicas e outros benefícios para selecionadas regiões, setores ou operadores de mercado podem ser prejudiciais à concorrência. Por exemplo, um subsídio dado para a promoção do uso de gás natural pode colocar os fornecedores de óleo em uma desvantagem competitiva. Ainda que haja outros objetivos socioeconômicos de bem-estar, como a redução de poluição, uma análise cuidadosa de custo-benefício precisa ser realizada.

Da mesma forma que as práticas comerciais restritivas, as ajudas estatais são tratadas por muitos acordos internacionais, incluindo o Acordo Geral de Tarifas e Comércio (GATT), e muitos outros acordos regionais para integração e comércio. Não obstante, quase todos os governos continuam a utilizar a ajuda do estado de alguma forma, e a prática tende a ser mais empregada em economias em transição e desenvolvimento, pois seus governos tentam tanto fazer suas indústrias nacionais competitivas na economia mundial ou protegê-las de concorrentes estrangeiros mais eficientes. A experiência de diversos países demonstra que esses tipos de medidas políticas raramente trazem resultados positivos. Elas tendem a retirar o incentivo para que as empresas se tornem mais eficientes. Elas estimulam comportamentos espoliativos e geram o aumento do nível de propriedade e da concentração de mercado – um fenômeno particularmente observável em economias em transição e em desenvolvimento. Além do mais, os governos são notoriamente fracos no planejamento do desenvolvimento do mercado e as estratégias adotadas tornam-se rapidamente dispendiosas por diversas razões. Além de resultar em várias ineficiências, essas práticas contribuem para o déficit fiscal e o desenvolvimento de práticas anticompetitivas.

A agência concorrencial pode agir para aprimorar a consciência pública do assunto e em particular promover o conhecimento de quando certas formas de ajuda do estado podem ser adequadas para lidar com problemas específicos que cresçam em períodos de transição. Assim, ajudas do estado temporárias e específicas podem ser apropriadas com relação a implementação de programas de reestruturação em regiões e setores desprivilegiados, a promoção de atividades de pesquisa e desenvolvimento, a provisão de ajuda temporária para empresas passando por uma dificuldade de se adaptarem às novas condições de um mercado livre. Por outro lado, a ajuda do estado pode indevidamente retardar as mudanças estruturais necessárias para tornar empresas ou setores economicamente viáveis. Como no caso da política comercial, a agência concorrencial pode mostrar como os efeitos negativos de longo prazo dessas políticas podem desequilibrar os seus benefícios de curto prazo e sugerir um meio mais direto e eficiente de conduzir as questões sociais que podem estar subjacentes a essa política.

As práticas aquisitivas do governo de alguns países são uma forma de ajuda do estado, como a compra pelo Estado de bens e serviços de empresas favorecidas a preços mais altos do que os de mercado. A agência da concorrência pode sugerir que as aquisições do governo sejam conduzidas de maneira transparente e competitiva, dando a todos os vendedores qualificados uma oportunidade igual de competir. A agência pode auxiliar no desenvolvimento de procedimentos de aquisição que assegurem os resultados competitivos, podendo, ainda, assistir o governo na adoção de medidas que previnam o conluio nas propostas e a fixação de preços nos contratos. Virtualmente em quase todos os países, a conduta dos cartéis que atuam na aquisição de bens pelo governo é um problema sério.

## Operação de autoridades governamentais locais

Em algumas economias de mercado emergentes, especialmente aquelas em transição da economia planificada, as reformas econômicas resultaram na aquisição da propriedade pelos governos locais dos serviços públicos, como os serviços de abastecimento de água e de transporte público. Existe um conflito de interesse nessa situação, considerando que as autoridades políticas são tanto os proprietários destes ativos quanto os representantes dos interesses dos cidadãos. Como proprietário, a autoridade tem interesse na lucratividade do seu negócio, que pode ser reforçada pelo aumento de preços e diminuição na qualidade dos serviços; mas essas ações claramente podem ser contrárias aos interesses dos cidadãos, que são representados pela autoridade. Na maioria dos países (os países da antiga União Soviética são uma notável exceção), a autoridade concorrencial não pode legalmente intervir contra a autoridade do governo local ou nacional nos termos da lei concorrencial. Desse modo, a promoção da concorrência é o meio pelo qual essas práticas anticompetitivas deverão ser encaminhadas.

Nessa situação, a agência concorrencial pode recomendar a privatização dos meios de produção e a introdução da concorrência sempre que possível. Se existirem elementos de monopólio natural, a concorrência pode ser introduzida por meio de licitações para a seleção do fornecedor de serviços mais competitivos. Em outras situações, as autoridades públicas podem interagir com empresas privadas. Por exemplo, o transporte público pode ser fornecido tanto pela autoridade local quanto por empresas privadas. A promoção da concorrência deve tentar assegurar que não haja discriminação em favor das empresas estatais na concessão de subsídios. Quando a autoridade pública tem o controle de uma instalação essencial, a promoção da concorrência deve tentar impedir a participação da autoridade nos setores de mercados localizados na cadeia de produção. Quando há esse tipo de integração, a promoção da concorrência deve evitar a discriminação em favor da autoridade pública no que se refere ao acesso às instalações essenciais.

A autoridade concorrencial pode também informar as autoridades locais de alguma das práticas restritivas mais comuns dos fornecedores ou prestadores de serviços, como o conluio nas licitações públicas, e ajudá-los a adotar práticas que evitem ou os defendam dessas mesmas práticas. A agência concorrencial deve também buscar a transparência e a equidade na administração da ajuda do estado em âmbito local.

*Privatização*

Pesquisas empíricas concluíram que as empresas estatais são menos eficientes que as empresas privadas e identificaram uma gama de fatores que explicam essa diferença (a natureza da remuneração e incentivo dos cargos de gerência, formas e estruturas organizacionais ineficientes, falta de administração contábil direta e limites gerenciais e de orçamentos rígidos). Na maioria dos países, as empresas estatais encontram-se isoladas das forças que disciplinam os mercados concorrenciais. Beneficiadas com a imposição pelo governo de barreiras à entrada, regulação de preços e subsídios, as empresas estatais na maioria dos países (novamente, os países da antiga União Soviética são um exemplo notável) ficam isentas da aplicação da lei concorrencial. Entretanto, em todos os países que estão comprometidos com o desenvolvimento de uma economia de mercado, a privatização das empresas estatais tem uma forte prioridade.

Há uma tensão óbvia no processo de privatização entre o desejo do Estado de obter o preço máximo para os ativos privatizados e a necessidade de criação de eficiência reforçando os mercados competitivos. Os investidores freqüentemente são hostis à concorrência e desejam pagar mais pelos ativos que gozam de uma posição dominante no mercado. Assim, há um papel importante para a agência concorrencial: assegurar que o monopólio estatal não seja simplesmente transformado em monopólio privado. A tarefa não é fácil, entretanto. A privatização é um elemento central na reforma da economia que se oriente pelo mercado. Portanto, a agência concorrencial não deve criar obstáculos desnecessários ao processo. Pode haver tanto limites legais quanto políticos na intervenção direta da agência no processo de privatização, mas dentro dessas limitações a atribuição da agência é buscar a criação de mercados nos quais a concorrência possa florescer.

Na maioria das economias em transição e em desenvolvimento foi criada uma agência independente para conduzir o processo de privatização. No entanto, em muitos países as leis também estabelecem que a agência concorrencial tenha uma participação formal. Idealmente, a agência concorrencial seria notificada dos casos significativos de privatização. A agência deve ter o poder de intervir diretamente em um determinado caso de privatização ou ela pode adotar procedimentos para o controle das fusões, nos termos da lei concorrencial. A agência deve ter um poder de requerer que as partes apresentem provas relevantes, incluindo informações sobre o patrimônio, operações e rendas da empresa a ser privatizada e os concorrentes efetivos e potenciais. A investigação da agência deve se voltar para questões tradicionais associadas à identificação de dominação, incluindo a definição própria do mercado de produto e os limites geográficos, estrutura de mercado, barreiras à entrada e outros aspectos do mercado relativos à capacidade das empresas privatizadas de exercitar o poder de mercado, incluindo particularmente a probabilidade de que as importações pudessem influenciar essas condutas anticompetitivas.

Se a empresa não tiver uma posição dominante, a agência não deve se opor à transação proposta. Entretanto, se a empresa for dominante, a agência deve considerar a possibilidade de requerer (ou recomendar, se os seus poderes de intervir diretamente forem limitados) medidas de eliminar a posição dominante. O remédio mais simples é encorajar o ingresso de novos concorrentes pela diminuição de barreiras à entrada, incluindo as barreiras comerciais. Às vezes o desmembramento parcial da empresa dominante de uma instalação essencial ou da propriedade de uma importante tecnologia pode ser suficiente. A medida mais drástica é a completa reestruturação da empresa em duas ou mais entidades antes da privatização. Essa reestruturação pode ser exeqüível se houver apenas uma ou poucas empresas monopolísticas estatais operando em muitas fábricas ou unidades, mas é provável que seja difícil prática ou politicamente. Deve-se atentar para a viabilidade dos ativos das novas entidades, para que possam operar em escala eficiente e que elas tenham acesso aos insumos necessários e aos mecanismos de distribuição.

Finalmente, a privatização pode ser um exercício politicamente intenso. A agência concorrencial deve intervir judiciosamente no processo de privatização e de uma maneira não-burocrática. A agência deve estar bem informada e levar totalmente em consideração as posições da empresa e da agência de privatização. Ela deve buscar alcançar um resultado que seja tanto pró-competitivo quanto viável. Dada a natureza política do processo de privatização, ele deve convencer todos os participantes e o público em geral da adequação de sua posição.

## Criando uma conscientização pública da política concorrencial

A agência concorrencial enfrenta a nobre tarefa de criar uma consciência e obter apoio para a política concorrencial entre os cidadãos e a comunidade empresarial, especialmente em economias de transição e em desenvolvimento.

Como uma posição geral, a agência concorrencial deve conduzir sua atividade em público tanto quanto possível, embora ela encontre limitações significativas nessa prática. Muitas das deliberações da agência, bem como para todas as agências do governo, são conduzidas em segredo. Além do mais, todas as leis concorrenciais contêm requisitos de confidencialidade estritos relativos à informação adquirida em investigações ou condução de procedimentos. Ainda assim, no limite do possível, a agência deve tornar as informações sobre suas atividades disponíveis ao público.

A agência deve regularmente publicar suas decisões sobre a aplicação da lei em boletins e enviar às partes interessadas (administração pública, autoridades locais, organizações de negócio), que são influenciadas pelo avanço da concorrência. Adicionalmente, ementas de decisões e comentários dos relatores do caso devem ser publicados pela mídia. Entrevistas coletivas à imprensa são um meio eficiente de desenvolver contatos com os jornalistas.

Uma ferramenta útil, mas tecnicamente difícil para as agências concorrenciais, é a promulgação de guias em áreas específicas de políticas concorrenciais substantivas. Muitas agências concorrenciais têm publicado guias de fusão ou guias para acordos restritivos. A maioria das leis concorrenciais foi escrita em termos gerais e a edição dos guias pode auxiliar as empresas a adaptarem-se às leis. A agência, entretanto, deve redigir esse guia cuidadosamente. Embora a experiência de outros países possa ser relevante (o U.S. Horizontal Merger Guidelines – Guia Norte-Americano de Fusões Horizontais – é consultado com freqüência em outros países, por exemplo), cada guia deve refletir as condições e práticas naquele país. A agência será responsável por pronunciar suas decisões conforme seu próprio guia, que se tornará o padrão sob o qual a conduta relevante será julgada naquele país.

A agência pode também organizar conferências, seminários e *workshops* para promover a compreensão do papel da concorrência em uma economia de mercado e mostrar como suas atividades podem ajudar a promovê-la; como a concorrência beneficia tanto os consumidores quanto os empresários por assegurar o fornecimento de bens e serviços ao menor preço e a melhor qualidade possíveis; como os produtores em mercados competitivos são forçados a responder à demanda dos seus consumidores e, como os mercados competitivos são mais eficientes na alocação dos recursos, em benefício da economia como um todo.

A promoção da concorrência será mais efetiva quando houver uma comunidade cujos membros compreendam e apóiem o conceito de política concorrencial. Esses membros incluem os advogados que atuam nas áreas concorrenciais e regulatórias, acadêmicos com especialização em negócios e economia, associações de consumidores responsáveis pela proteção dos interesses de seus associados, políticos interessados na reforma da economia de mercado e a comunidade empresarial em geral. O papel da comunidade empresarial é ambíguo, certamente. Embora empresários prefiram não concorrer com outros vendedores (ou com outros compradores no seu papel de comprador), eles, não obstante, beneficiar-se-ão da concorrência entre seus fornecedores e clientes. A maioria dos casos concorrenciais tem origem em reclamações feitas por empresários contra empresas que lhes fecharam canais importantes de distribuição ou fontes de recursos, ou que tenham cobrado preços mais altos após um processo de colusão. A concorrência vigorosa nos mercados nacionais confere aos fornecedores internos preços mais baixos e, portanto, custos também mais baixos, deixando-os mais competitivos em mercados internacionais.

## Lições de outros países

A aplicação das leis concorrências é tanto o alicerce como o instrumento para promover um mercado competitivo sustentável que resulte em uma rivalidade interempresarial saudável, oportunidades para novos ingressos, iniciativa empresarial, aumento da eficiência econômica e bem-estar do consumidor. A promoção da cultura da concorrência pode aumentar esses e outros benefícios. A experiência tem mostrado que muitos fatores têm levado ao sucesso da promoção da concorrência:

- A agência concorrencial deve desenvolver relacionamentos com ministérios do governo, agências regulatórias e outros órgãos que formulam, colocam em ação e administram políticas que afetem a demanda e as condições de fornecimento em vários mercados. Tais relacionamentos, baseados em respeito mútuo, reconhecimento ou especialização profissional e na apreciação das responsabilidades respectivas e nos mandados políticos de diferentes organizações, facilitarão a comunicação e a pesquisa por alternativas que são menos prejudiciais à concorrência e ao bem-estar do consumidor.
- A promoção da concorrência geralmente envolve aparições institucionais e afirmações públicas para divulgar ou defender posições a favor da concorrência. Contudo, a promoção da concorrência precisa ser não-confrontadora; a oposição pública a outras agências é, às vezes, arriscada, difícil e contraproducente. Uma estratégia preferível é encorajar o debate e fornecer informações precisas com vistas a promover um processo decisório melhor e mais bem informado.
- A agência concorrencial deve ter uma especialização específica (ou deve ser capaz de adquiri-la de especialistas externos) em áreas nas quais procura intervir. A agência deve sugerir medidas políticas alternativas para conduzir os temas concorrenciais. Os compromissos podem geralmente ser assinados para que o governo possa alcançar outros objetivos socio-econômicos.
- A promoção da concorrência deve ser conduzida de forma aberta e transparente com vistas a salvaguardar a integridade e credibilidade da agência. Quando for necessária confidencialidade, a agência concorrencial deve publicar boletins explicando a razão.
- A promoção da concorrência tende a ser mais efetiva se a agência concorrencial for independente e isolada de interferências políticas e burocráticas.
- Uma imprensa especializada em negócios devidamente informada é essencial para promover os objetivos da política legal da concorrência. A agência concorrencial precisa estabelecer boas relações com a mídia e explicar o papel e a importância da política legal da concorrência como uma parte integral do quadro geral econômico do governo.

## ANEXO 1

# BARREIRAS À ENTRADA

A maioria dos casos de concorrência está relacionada com o poder de mercado, e as barreiras à entrada são necessárias ao exercício deste poder. Em alguns casos, o poder de mercado é criado por meio de fusões ou acordos entre concorrentes, vedando a competição. Em outros, o foco dá-se no abuso de um poder de mercado preexistente, através, por exemplo, de acordos verticais restritivos e preços predatórios. De fato, a maior parte dos abusos do poder de mercado é conseqüência de tentativas de preservá-lo ou expandi-lo.

As empresas possuem um poder de mercado individual ou coletivo quando os compradores não têm uma escolha adequada de fornecedores alternativos independentes. Em uma economia de mercado livre, os consumidores podem comprar de qualquer empresa, pois empresas em geral podem entrar em qualquer mercado. Assim, nunca poderá haver um poder de mercado quando o ingresso for fácil. Tão logo uma empresa ou um grupo de empresas tente elevar os preços ou diminuir a qualidade, ou ambos, a despeito dos níveis competitivos, uma nova empresa pode emergir para servir ao mercado.

Não é de surpreender que muitos casos ensejam uma avaliação em relação às barreiras à entrada. Se estas são altas, o poder de mercado é possível. Se elas são baixas, pode-se esperar que os novos entrantes restaurem o equilíbrio competitivo. Este capítulo oferece diretrizes para a avaliação das barreiras à entrada nos casos de defesa da concorrência.[1]

A análise das barreiras à entrada é pertinente em dois pontos em um caso de defesa da concorrência. O primeiro é no estágio de definição de mercado. Se a lei determina que o mercado relevante deve ser definido

---

Este anexo foi escrito por Thomas Ross, com a colaboração e materiais fornecidos por vários membros da equipe.

1. Um longo estudo com mais detalhes de literatura teórica e alguma revisão sobre o trabalho empírico no tópico podem ser encontrados em Geroski, Gilbert e Jacquemim (1990).

com a inclusão dos entrantes potenciais (substituição do lado do fornecimento), em qualquer análise das barreiras à entrada será necessário determinar quais empresas estão no mercado relevante.[2] Por exemplo, na fusão das únicas duas empresas fabricantes de pneus para automóveis em um país, as que fazem pneus para caminhões podem ser consideradas como parte do mercado relevante – se elas puderem facilmente começar a produzir pneus para automóveis caso os preços aumentem acima dos níveis competitivos.

Mais comumente, entretanto, a análise das barreiras à entrada surge depois que o mercado foi definido. Resta a questão: qual a probabilidade de que um novo entrante controle o comportamento anticompetitivo em um mercado? Nesse caso, mesmo uma empresa com grande participação de mercado terá um poder de mercado limitado se uma nova companhia ingressar neste mercado, logo após qualquer tentativa de elevar os preços acima dos níveis competitivos.[3] Uma fusão, mesmo se dela resultar uma empresa com uma grande participação de mercado, não pode levar ao aumento de preços, se estes atraírem novos entrantes. Mesmo nos casos nos quais as barreiras à entrada não são tecnicamente necessárias para justificar uma ação antitruste, a análise das barreiras pode ser útil para desconsiderar casos com poucas conseqüências anticompetitivas. Por exemplo, a abordagem do preço predatório adotada nas linhas mestras da Agência Canadense de Concorrência sugere uma investigação com o propósito de verificar se essa precificação poderia funcionar no mercado em análise.[4] É improvável que o preço predatório tenha sucesso se tentativas de recuperar perdas de uma guerra de preço forem frustradas pela entrada de novas empresas (ou mesmo o retorno ao mercado das

---

2. Esse pode ser o caso sujeito aos termos do guia de aplicação de leis de fusão do Canadá, por exemplo, embora a substituição por sucedâneo não tenha um papel tão grande na definição do mercado sob as linhas atuais do guia dos Estados Unidos.
3. Certamente, é possível que empresas escolham diminuir o nível e/ou a qualidade do serviço em vez de aumentar preços. Todos esses itens envolvem aumentos na relação ajuste de preços–qualidade enfrentados pelos consumidores.
4. Canada, Bureau of Competition Policy (1992). A idéia de usar um modelo estrutural para os casos de ação predatória foi sugerida por Joskow e Klevorick (1979).

empresas prejudicadas).

Qualquer análise das barreiras à entrada envolve dois passos básicos. Primeiro, identificar os entrantes mais prováveis. Estes podem ser empresas do mesmo setor, mas em áreas diferentes; empresas na mesma área, mas em setores diferentes (embora relacionados); empresas no início da cadeia produtiva (a montante – *upstream*) (fornecedores) ou a jusante (consumidores) verticalmente integradas, formalmente ou por meio de uma aliança estratégica com outra empresa, ou mesmo empresas novas no mercado. Barreiras à entrada, entretanto, realmente significam impedimentos às empresas com maior probabilidade de entrar. Outras empresas podem enfrentar barreiras diferentes.[5] O segundo passo é a avaliação da magnitude das barreiras que os entrantes potenciais enfrentam.

## Definições

As discussões sobre barreiras à entrada são difíceis pela falta de consenso quanto a uma correta definição.[6] O termo barreiras geralmente refere-se a condições ou comportamentos que restringem a mobilidade do capital para dentro e para fora do mercado, em resposta às realizações de lucros acima e abaixo do normal.[7] Essa abordagem leva em conta o que às vezes é chamado de barreiras à saída como um tipo de barreira à

5. Isto é, em muitos casos barreiras importantes são específicas à indústria e relacionam-se às condições estruturais ou de produção, como os custos irrecuperáveis. A necessidade de grande volume de capital em mercados de capital imperfeitos pode ser um exemplo de barreiras que afetarão alguns entrantes potenciais (por exemplo, pequenas empresas) mais do que outras (por exemplo, empresas grandes).
6. Conforme Viscussi, Vernon e Harrington (1992, p. 153): o conceito de barreiras à entrada necessitava de esclarecimentos e ninguém nunca está seguro do que fazer com elas... E o que é mais grave é que alguns economistas e advogados em direito concorrencial jogam o termo "barreiras à entrada" ao esmo como se existisse uma definição aceita e significante, quando na verdade não há.
7. Isso corresponde ao que Geroski, Gilber e Jacquemim (1990) chamam de "barreiras à mobilidade", um termo que eles preferem pela falta de consenso na definição de "barreiras à entrada".

entrada, visto que qualquer coisa que limite a capacidade de um investidor mover o capital para fora de um setor quando os lucros são baixos reduzirá o interesse em investir naquela indústria. Essa abordagem também considera apenas a entrada que traz capital para um setor e não o ingresso pela aquisição, que é meramente a transferência da propriedade de um capital existente. Já que aquele procedimento não muda o número ou tamanho das empresas no mercado, não há razão para esperar que o ingresso no mercado por meio de aquisição leve a uma diminuição dos preços.[8]

Ao definir barreiras à entrada, a pergunta-chave é: os preços supracompetitivos no mercado relevante atrairão uma entrada que puxará os preços para baixo, em níveis competitivos? Se a resposta for não, temos uma barreira à entrada.

Provavelmente o primeiro a adotar um estudo cuidadoso das barreiras à entrada, Bain (1968) considerava as barreiras como um fator que permite que empresas estabelecidas mantenham preços acima dos custos sem induzir à entrada. Ele sugeriu que são barreiras[9] as economias de escala, as vantagens sobre os custos absolutos, a diferenciação de produto e a necessidade de grande volume de capital.

Stigler (1968), entretanto, viu as barreiras somente como assimetrias entre empresas – custos que tiveram de ser suportados por entrantes, mas não pelas empresas já estabelecidas.[10] Então, enquanto Bain concluiu que as economias de escala e a necessidade de grande aporte de capital

8. Isso não quer dizer que a entrada pela aquisição não possa ter um efeito competitivo importante em alguns casos.
9. No seu conceito de "barreiras à mobilidade", Gilbert (1989) sugeriu que uma barreira existe quando uma empresa aufere renda como conseqüência de sua participação no mercado.
10 Parte do problema em concordar com uma definição deriva do fato de que o termo "barreira à entrada" sempre teve uma conotação negativa. Algumas barreiras, entretanto, podem ser socialmente desejadas. Por exemplo, as patentes são necessárias para criar incentivos para as invenções e inovações. Se avaliarmos os custos ou valores sociais das barreiras à entrada com o propósito de recomendar políticas para aumentá-las ou reduzi-las, uma abordagem normativa seria claramente desejável. Para a análise dos casos de concorrência, entretanto, tipicamente tomamos as barreiras como se condições à entrada que visamos alterar, fossem dadas e nos preocupamos

eram barreiras, Stigler (considerando que os entrantes tinham acesso à mesma tecnologia e mercados de capital) não pensava da mesma maneira.

Diante desse quadro, qual o espaço deixado para a autoridade de defesa da concorrência avaliar as condições de entrada? Para casos de defesa da concorrência, quatro questões precisam ser respondidas:

- Se os preços subirem acima dos níveis competitivos, isso atrairia a entrada e traria capital novo ao mercado?
- Se houver entrada, ela seria suficiente em escala e escopo para reduzir os preços aos níveis competitivos?
- Quanto tempo levaria para que os preços retornassem aos níveis competitivos?
- Se não houver entradas, se a entrada não for suficiente em escala e escopo para pressionar os preços para baixo, em níveis competitivos, ou se for levar um longo tempo para que a entrada possa ser considerada suficiente, o que impediu uma entrada mais significativa e rápida?

Tanto as definições de Stigler quanto as de Bain contribuem para o tratamento antitruste das barreiras. Com Bain, o foco é no que impediu as entradas de erodirem os lucros monopolísticos. A abordagem de Stigler, entretanto, dá-nos uma idéia melhor de onde procurar as barreiras que impedirão a entrada, ou seja, procurar por assimetrias entre as empresas. Assim, por exemplo, não deve haver preocupações sobre a possibilidade de as economias de escala (como no raciocínio de Bain) deterem as entradas na indústria do aço; ao contrário, deve-se prestar atenção no tamanho dos custos irrecuperáveis dos investimentos iniciais. É essa quantidade, já disposta pela empresa estabelecida, mas não ainda pelo entrante, que representa o que este arriscou e o que pode deter a entrada em última instância.

## Quais são os efeitos das barreiras estruturais?

Algumas barreiras são devidas exclusivamente às condições fora

somente com a forma pela qual elas influenciam a probabilidade de entrada. Colocado de outra forma, não são as condições à entrada que visamos alterar, mas o foco de nossas considerações encontra-se no controle de comportamentos anticompetitivos com vistas a potencializar a entrada.

do controle dos participantes do mercado – custos básicos de produção, adequação do mercado de capitais e atividades dos governos e dos órgãos reguladores.

*Barreiras regulatórias à entrada*

Os governos interferem com relação à entrada de diversas formas, algumas intencionalmente, outras não. Muitas barreiras regulatórias não são facilmente visíveis. Políticas governamentais com freqüência afetam somente por via indireta a facilidade de entrada; ainda assim isso pode fazer toda a diferença entre um mercado com altas barreiras e outro com baixas.

Barreiras regulatórias explícitas

A barreira mais explícita e direta à entrada vem de restrições regulatórias sobre a própria entrada. Se for necessário obter uma permissão especial ou licença para atuar em um mercado particular e se isso for difícil ou impossível, é menos provável que haja novos entrantes para pressionar os preços para baixo, em níveis competitivos. Os governos podem assumir o controle da entrada por muitas razões, algumas boas, outras ruins.

Algumas barreiras regulatórias são explicitamente direcionadas para o bloqueio completo da entrada. Por exemplo, muitos mercados de transporte têm historicamente regulações à entrada, muito embora estas tenham sido diminuídas em muitos países. Quando aplicadas, essas regulações podem ser uma barreira absoluta à entrada.[11] É ainda possível que existam alternativas não regulamentadas que forneçam alguma disciplina de mercado. Por exemplo, em muitas cidades táxis regulamentados concorrem com ônibus, veículos privados, transporte solidário (*car pools*) e bicicletas.

Em alguns casos, a entrada pode requerer permissões que são obtidas sem custo das autoridades regulatórias, mas que levam tempo

11. Geralmente, as regulamentações à entrada são combinadas com a regulamentação dos preços e o setor pode nem se sujeitar à investigação antitruste.

para serem processadas. Essa regulamentação não irá barrar a entrada, apenas retardá-la. Muito embora alguns prefiram o termo "impedimentos à entrada" para essas restrições, devemos reconhecer que elas têm muito em comum com as barreiras à entrada – quer dizer, elas conferem às empresas estabelecidas algum tipo de proteção em relação às forças competitivas.[12]

Regulações que influenciam o uso de alguns insumos também podem se tornar barreiras à entrada. Às vezes, essa intenção é explícita, outras não. Por exemplo, restrições atinentes ao zoneamento podem evitar um entrante de usar os melhores locais para o seu negócio. Uma lei sobre a relação de emprego pode forçar um empregador a contratar trabalhadores com qualificações que não são necessárias para o trabalho desejado. Se essas regulamentações elevarem os custos para o atendimento do mercado e reduzirem os lucros potenciais, elas representarão um desestímulo à entrada.

Às vezes, essas restrições não são igualmente aplicadas às empresas estabelecidas e às entrantes, como quando as estabelecidas evitam as regulações novas e mais estritas por meio de disposições protecionistas. Os custos mais altos para os novos entrantes protegem as empresas estabelecidas de eventuais ingressos, desde que elas cobrem um preço mais baixo do que o custo dos novos entrantes. Se a regulamentação aumentar os custos para todas as empresas na mesma medida, elas podem não permitir que as empresas estabelecidas tenham lucros positivos sem encorajar a entrada; ainda assim, elas evitam que os entrantes joguem os preços abaixo dos níveis competitivos.[13]

O exemplo clássico de políticas governamentais que favorecem fornecedores já estabelecidos no mercado às expensas dos potenciais

12. Certamente, o atraso em si pode ser muito dispendioso a um entrante ansioso para aproveitar uma oportunidade importante, mas de vida curta. Se for assim, um atraso não é somente um impedimento à entrada, visto que pode efetivamente evitar a entrada.

13. Embora, para ser claro, na maioria dos casos concorrenciais esses custos não constituirão importantes barreiras à entrada. Se os entrantes puderem pagar os mesmos custos extras que as empresas estabelecidas (e não houver outras barreiras), então as empresas que se fundiram ou se combinaram não podem aumentar o preço sem convidar novos entrantes.

entrantes está no comércio internacional. Entrantes potenciais de outros países são freqüentemente impedidos de ingressar no mercado em função da aplicação de tarifas, quotas ou outras barreiras não-tarifárias. As tarifas são geralmente impostas para gerarem renda a governos com alternativas limitadas, mas têm sido usadas cada vez mais para proteger empresas nacionais contra a concorrência internacional, tipicamente às expensas dos consumidores nacionais.[14] Nesta era de globalização, nenhuma revisão das condições de entrada seria completa sem a consideração da real e potencial função da concorrência internacional no mercado e das outras barreiras ao comércio que podem limitá-la.

A importância geral das barreiras regulatórias explícitas em relação à entrada varia de país para país. Os longos anos de controle governamental do mercado em economias anteriormente planificadas deixam-nas com muitas dessas restrições à concorrência, que são freqüentemente as barreiras mais significativas à entrada. Considerando que muitas dessas regulamentações não são mais desejáveis, os órgãos de defesa da concorrência desses países devem buscar reformas que abrirão espaço para a concorrência por meio de novas entradas.

### Barreiras regulatórias implícitas

Em muitos casos, regulações que são adotadas por razões não relacionadas à entrada ou à concorrência ainda assim limitam a atratividade da entrada. Veja, por exemplo, a política ambiental, que pode influenciar decisões de entrada pelo menos de duas formas. Em primeiro lugar, políticas que determinam a diminuição dos níveis de poluentes emitidos ou efluentes impõem custos às empresas. Mesmo que os custos sejam impostos igualitariamente para todos, eles reduzem os lucros e tornam os setores afetados menos atrativos para os investidores.

14. Em alguns casos as restrições à concorrência internacional podem até ajudar as empresas estrangeiras, deixando os consumidores nacionais como os únicos prejudicados. Há boas evidências de que as restrições voluntárias à exportação imposta pelos fabricantes japoneses de automóveis sob pressão dos Estados Unidos e Canadá de fato aumentaram os lucros que as empresas japonesas tiveram na América do Norte ao causarem um corte dos automóveis japoneses e forçando substancialmente os preços para cima.

Freqüentemente haverá um componente de custo irrecuperável substancial, que as empresas não poderão reaver caso elas deixem o mercado.

Em segundo lugar, as políticas ambientais prejudicam a entrada se elas favorecerem empresas já estabelecidas em relação às novas entrantes. Quando novos limites de emissão de poluentes e padrões de efluentes são adotados, não é incomum que as instalações mais antigas sejam protegidas – ou, ao menos, sejam beneficiadas com um tempo maior para se adaptarem. Espera-se, entretanto, que as novas instalações cumpram os padrões mais elevados desde o começo.[15] Isso dá às empresas estabelecidas uma vantagem absoluta de custos. Elas têm espaço suficiente para aumentar os preços tanto por meio de colusões quanto por fusões, sem atrair novos entrantes.

Outros exemplos do modo como diferentes políticas públicas afetam indiretamente a entrada podem ser encontrados em leis trabalhistas, leis falimentares, regulamentações de telecomunicações e leis de segurança do trabalho.

*Custos irrecuperáveis (*sunk costs*)*

Custos irrecuperáveis são custos que as empresas não podem evitar ao retirar-se do mercado. Eles são uma espécie de taxa de entrada, já que representam o custo da entrada, seguida por uma saída rápida. Os custos irrecuperáveis são por isso investimentos totalmente inseridos no mercado que, uma vez efetuados, somente manterão seu valor enquanto pertencentes àquele mercado.

Os custos irrecuperáveis representam o investimento colocado em risco pelo entrante. Dessa maneira, o seu montante claramente irá influenciar a decisão de uma empresa sobre a entrada ou não em um mercado. Os lucros prospectivos de uma entrada bem-sucedida devem ser sopesados em relação aos custos de uma entrada frustrada. Se os

---

15. Enquanto essa abordagem considera igualmente novas fábricas, quer tenham sido construídas por empresas estabelecidas ou entrantes , pode haver claramente um efeito desproporcional a um entrante que não possua uma fábrica mais antiga.

custos irrecuperáveis forem zero, uma entrada malsucedida não será dispendiosa e espera-se que os entrantes possam responder rapidamente às oportunidades de lucro num mercado não-competitivo. Mesmo uma entrada bate-e-volta (*hit and run entry*) pode ser lucrativa nessas condições. Quando esses custos são altos, no entanto, os entrantes potenciais serão muito mais cautelosos.

Muitas das recentes reconsiderações sobre o tipo de barreira definida por Bain podem ser exemplos de investimentos irrecuperáveis. Dixit (1980) e Baumol, Panzar e Willig (1982) demonstraram que as economias de escala condicionadas por altos custos fixos podem desencorajar a entrada enquanto permitem que as empresas estabelecidas possam auferir lucros supra-normais, mas somente se parte dos custos fixos for irrecuperável. A subsunção da diferenciação de um produto à classe das barreiras à entrada depende em grande medida de quão comprometido está o investimento, a fundo perdido, em marcas necessárias para criar a diferenciação.[16] Os custos de mudança, freqüentemente vistos como impedimentos às tentativas de entrada, representam um investimento irrecuperável (por exemplo, na aquisição de informação) necessário para uma dada relação comprador-vendedor funcionar eficientemente (veja Klemperer, 1995). Finalmente, muitas das assim chamadas barreiras regulatórias são simplesmente problemas de custos irrecuperáveis. Se as regulamentações não bloqueiam a entrada, mas meramente acrescentam condições (por exemplo, testes de segurança de produtos), os custos para satisfazer as regulamentações serão em grande medida irrecuperáveis.

## Custos irrecuperáveis e custos fixos

16. Von Weizsacker (1980) afirma que com a diferenciação de produtos podemos, de fato, ter muito mais marcas de uma perspectiva de bem-estar social, sendo difícil categoricamente classificá-la como uma barreira à entrada. Demsetz (1982) reforça que o investimento para criar uma marca não é só gastar dinheiro. Em geral, essa atividade tem um valor social na medida em que confere aos consumidores mais informações, maiores possibilidades de escolha e, talvez, maior segurança sobre a qualidade dos produtos. Assim sendo, os gastos com a criação de uma marca não são diferentes dos gastos em adquirir outros ativos.

Nem todos os custos fixos são irrecuperáveis. Custos fixos de longo prazo são aqueles que devem ser incorridos em qualquer nível positivo de produção. Se duas cidades são servidas por uma linha de ônibus, os custos fixos de longo prazo devem ser o custo de um ônibus. Mas se esse ônibus puder ser vendido pelo seu preço de compra (ou o arrendamento mercantil puder ser desfeito sem ônus), então esses custos fixos não serão irrecuperáveis.[17] Similarmente, parte do preço devido ao aluguel de espaço pode ser um custo fixo: se não for possível operar a partir de instalações menores na medida em que a empresa reduz sua produção, o aluguel será ao menos parcialmente um custo fixo. Se o aluguel puder ser cancelado a qualquer tempo, entretanto, esse custo fixo não é irrecuperável.[18]

### Custos irrecuperáveis e economia de escala

As economias de escala existem somente quando os custos unitários caem na medida em que a produção aumenta. A maior fonte de economias de escala em muitos setores é a dispersão de custos fixos substanciais sobre um maior número de unidades produzidas, embora possa haver outras. Se um setor é caracterizado por substanciais economias de escala

17. Devemos muito a Baumol e Willig (1981) e a Baumol, Panzar e Willig (1982) pelo trabalho de definir os custos irrecuperáveis e descrever as importantes implicações da diferença entre custos fixos e irrecuperáveis. Os economistas não têm tido muito cuidado com essa distinção. Por exemplo, gerações de estudantes de microeconomia têm sido informados que empresas em perfeitas condições concorrenciais em face de um preço abaixo da média total de custos continuarão a operar a curto prazo desde que o preço supere a média dos seus custos variáveis, pelo que ele realiza alguma contribuição em relação aos custos fixos. Mas isso só pode ser verdade se os custos fixos forem irrecuperáveis. Se não forem irrecuperáveis, eles podem ser evitados pelo fechamento das portas. Pela sua definição, investimentos a fundo perdido não precisam ser fixados e custos fixos não precisam ser irrecuperáveis.
18. A curto prazo, certamente, muitos outros custos serão fixos. Por exemplo, a curto prazo os produtores podem estar presos à fábrica existente e a trabalhadores já contratados mesmo se eles não são apropriados para a produção em curso. Novamente, esses custos fixos não precisam ser irrecuperáveis se eles puderem ser evitados na saída.

(relativas ao tamanho do mercado), haverá espaço somente para algumas poucas empresas eficientes, e isso levou muitos economistas a preverem situações sem concorrência nesses setores. Se o mercado é "duvidoso", contudo, este não precisa ser o caso: se não há custos irrecuperáveis ou outras barreiras à entrada, espera-se que a entrada potencial possa disciplinar o comportamento dos preços (veja Baumol, Panzar e Willig 1982).[19] Uma empresa ou um grupo colusivo de empresas que estivesse elevando os preços rapidamente encontrar-se-iam deslocados por um entrante oferecendo preços mais baixos.

Embora haja uma distinção teórica entre economias de escala e custos irrecuperáveis, eles são empiricamente relacionados. Substanciais economias de escala são freqüentemente o resultado de grandes custos fixos associados com as instalações e equipamentos (entre outras coisas) combinados com custos marginais relativamente constantes ou variáveis.[20] Alguns desses custos fixos serão irrecuperáveis. Raramente todos os ativos amealhados para a entrada conseguem ser revendidos sem prejuízo ou os aluguéis podem ser cancelados sem custos adicionais.

Essa distinção tem uma implicação importante pela forma com que as autoridades da defesa da concorrência deveriam avaliar as economias de escala como uma barreira potencial à entrada. Uma atenção especial deveria particularmente ser dada à magnitude dos componentes dos custos irrecuperáveis ou dos custos fixos, quer dizer, as economias de escala deveriam ser vistas como um indicador da possível presença de substanciais custos irrecuperáveis.

19. Existem outras cautelas necessárias para criar verdadeiros mercados contestáveis nos quais o entrante possa ingressar, reduzindo sensivelmente os preços das empresas estabelecidas, antes que elas possam reagir com a diminuição dos próprios preços. Junto com uma verificação de inexistência de investimentos a fundo perdido, significa que uma entrada bate-e-volta pode ser uma forma lucrativa de entrantes manterem seus preços em níveis competitivos.
20. No jargão comum, o custo médio (ou unitário) é a soma da média dos custos fixos e a média dos custos variáveis. Com os custos constantes variáveis por unidade, a média total dos custos cai quando os custos fixos são espalhados a um grande número de unidades.

### Fontes de custos irrecuperáveis

Os custos irrecuperáveis podem decorrer, por exemplo, de parte dos investimentos de capital físico e humano, e nas perdas com o início do negócio (*start up losses*), perdas estas necessárias antes que a operação se torne lucrativa. Mais comuns são os investimentos em capital especializado (maquinário, por exemplo) que tem um valor de revenda limitado. Um robô programado para desempenhar uma função altamente especializada em uma linha de montagem pode ser inútil quando removido desse lugar. Muito do dinheiro usado para adquirir esse robô será irrecuperável. Similarmente, uma peça cara de maquinário agrícola desenvolvida para a utilização em um tipo particular de cultura, em uma localização específica, pode não ter valor em outro lugar.

Os problemas normais na dissolução de um negócio serão agravados e os custos irrecuperáveis serão aumentados se não houver um bom mercado de revenda para o equipamento liberado como resultado da saída daquela empresa que acabara de entrar no mercado.[21] Esse problema tende a ser maior em economias nas quais os mercados ainda estão em desenvolvimento.

Os custos de prédios e outras estruturas podem ter um componente irrecuperável significativo se eles forem personalizados ou se eles tiverem uma localização especial. Uma represa construída como parte de uma hidroelétrica é um claro exemplo. Uma fusão recente no Canadá mostrou que um mecanismo utilizado no processamento de carnes é tão específico para esse tipo de atividade que é quase inútil para qualquer outro uso. Nesses casos, o valor de revenda será substancialmente menor do que o custo de construção.

Ativos "intangíveis" (*soft assets*), como o conhecimento alcançado com uma pesquisa e desenvolvimento ou com a sedimentação de marcas

21. Um problema relacionado pode surgir se o mercado de revenda for fraco, quer dizer, há relativamente poucos compradores e vendedores em qualquer tempo dado. Sob essas condições, os preços podem flutuar consideravelmente dependendo da extensão com a qual os atuais compradores superem numericamente os atuais vendedores ou vice-versa. Essa variação é um outro risco que o entrante deve suportar.

ao longo de campanhas publicitárias caras, também têm um componente irrecuperável significativo. Muito do aprendizado ou do aviamento acumulado (com um custo) no tempo gasto no mercado não terá valor após a saída. Nesse mesmo sentido, um software específico com uma aplicação limitada fora do ambiente para o qual foi programado pode representar um investimento irrecuperável.

Outro importante ativo intangível pode envolver aprovações por autoridades reguladoras. Em muitos casos a regulamentação requer que os entrantes obtenham permissões antes de serem autorizados a suprir o mercado, por exemplo, leis referentes ao abastecimento e produtos farmacológicos exigem que os produtos sejam eficazes e seguros. Em contraste com as barreiras regulatórias que proíbem de forma absoluta a entrada, essas leis acarretam condições à entrada que, embora ofereçam freqüentemente benefícios sociais, elevam os custos de entrada.[22] O cumprimento das condições regulatórias é dispendioso e esses gastos são em grande parte irrecuperáveis.[23]

Menos óbvios, mas ainda assim importantes, são os custos irrecuperáveis relacionados aos recursos humanos. O tempo gasto no planejamento e construção da empresa tem um valor que é perdido se essa empresa sair do mercado.[24] O mesmo é verdade em relação à educação e treinamento pertinente a uma empresa. Em alguns setores, o recrutamento, a seleção e o treinamento de empregados são os maiores investimentos e esses custos podem ser substanciais mesmo quando o trabalho não é qualificado. Em algumas ocupações de menor qualificação, como na entrega de jornais e propagandas, o desafio do empregador é selecionar

22. Se as condições não são socialmente benéficas, o fato de que eles aumentam os custos de entrada sugere um papel para a agência concorrencial para lutar em favor da remoção dessas condições.

23. Em economias nas quais a autoridade pública requer suborno para processar pedidos de cumprimento de condições regulatórias para ingressar em alguns mercados, esses subornos representam exemplos desses investimentos a fundo perdido.

24. Se levei um ano planejando e desenvolvendo um novo entrante quando eu poderia ter ganho um salário de US$ 100,000, então minha expectativa de renda pode ser vista facilmente como um investimento irrecuperável em uma nova empresa.

empregados potenciais para encontrar pessoal honesto e confiável.

Em economias emergentes esses problemas tendem a ser especialmente agudos. Um mercado diversificado ainda está em formação, e a infra-estrutura ainda é subdesenvolvida. Isso pode significar, por exemplo, que um novo entrante precisará fabricar muitos de seus próprios insumos, obter por seus próprios meios ativos importados e dar aos trabalhadores conceitos básicos de sua atividade. Em uma economia industrial, muitos desses serviços poderiam ser fornecidos mais rapidamente e com eficiência por empresas ou escolas especializadas. Em uma economia com mercados menos desenvolvidos tudo leva mais tempo, e este é muito valioso para o entrante.

Um outro tipo pouco reconhecido de custo irrecuperável envolve os gastos iniciais de um entrante na tentativa de se estabelecer no mercado. Raramente mesmo um negócio bem-sucedido consegue obter lucros a partir do primeiro dia. Tipicamente, empresas passam por um período inicial em que os custos excedem as receitas. O espaço ocupado pela área administrativa ou produtiva é comprado ou alugado, funcionários são colocados na folha de pagamentos, a divulgação começa, e amostras de produto são produzidas para consumidores potenciais, tudo antes de ter uma única unidade vendida. Essas perdas são propriamente vistas como um investimento a ser recuperado quando uma certa quantidade de negócios for gerada. Elas representam um investimento irrecuperável em razão da entrada, e quando ele é substancial relativamente ao ganho prospectivo de uma entrada bem-sucedida, entrantes potenciais serão desencorajados.

Alguns setores têm algumas características especiais que fazem os custos iniciais serem elevados. Por exemplo, quando há um elemento considerável referente à aprendizagem ao longo do processo produtivo, a produção será freqüentemente oferecida ao mercado em valor menor do que os custos de produção, para que seja possível a venda de quantidades suficientes para promover o aprendizado necessário (veja Spence, 1981). A diferença entre o preço recebido por unidade e o seu custo atual de produção pode ser considerado como um investimento irrecuperável na produtividade futura.

Dificuldades de coordenação envolvendo os clientes também podem tornar a entrada mais difícil, uma vez que ampliam o período dentro do qual um novo entrante terá que suportar perdas antes de atrair um volume de negócios suficiente para gerar lucros. Isso ocorre quando o valor que um cliente atribuiu a um produto (e portanto a sua vontade de comprar) depende de quantos outros consumidores estão adquirindo aquele produto. Um simples exemplo: no caso "Southam" o Tribunal Concorrencial Canadense apontou explicitamente a importância das perdas com o início do negócio como um investimento irrecuperável, colocado em risco por um entrante na área de jornais comunitários. Ele também reconheceu que essas perdas são ampliadas por problemas com a coordenação: anunciantes querem divulgar seu negócio onde outros anunciantes divulgam,[25] então preços atrativos para os anúncios podem não trazer anunciantes para um jornal, se aqueles não consideram que outros anunciantes também irão mudar de veículo. O único caminho para um novo jornal prospectivo lidar com esse fato é começar com preços especiais e introdutórios baixos e aos poucos ir solidificando o negócio. O tribunal reconheceu isso como o "estabelecimento de credibilidade". A constatação da importância das perdas com o ingresso como uma barreira à entrada composta por custos irrecuperáveis foi fundamental para a análise do caso Southam, porque elas eram as únicas barreiras reais. Se ele não tivesse propriamente reconhecido esses custos como uma barreira, o tribunal provavelmente teria concluído que a entrada era fácil.[26]

Nível da barreira do custo irrecuperável

Não há como identificar o momento preciso em que os custos

25. Existem no mínimo duas razões para isso. A primeira é que é uma estratégia segura: se você divulga no mesmo local que seu concorrente, sua publicidade pode ser tão ineficiente quanto a dele (abstraindo o conteúdo da publicidade). Muito embora você possa se sair melhor anunciando em outro lugar, a mudança do seu negócio envolve algum risco. A segunda é que os consumidores acabam por procurar propaganda em certos lugares; então, se você mudar o seu negócio eles podem não lhe encontrar. Isso encoraja anunciantes concorrentes a colocarem as propagandas nos mesmos locais. As mesmas forças encorajam lojas de antiguidades, joalherias e negociantes de automóveis (entre outros tipos de comércio varejista) a se concentrarem num dado local.

26. Foram obtidas evidências de que essas perdas com o início do negócio eram grandes em relação à possível lucratividade de uma entrada bem-sucedida.

irrecuperáveis serão altos o suficiente para representarem uma barreira significativa à entrada. Na prática, as informações sobre custos irrecuperáveis devem ser combinadas com informações sobre todas as outras barreiras para decidir sobre a probabilidade da entrada.

O modelo da contestabilidade vê os custos irrecuperáveis como custos para as entradas que são seguidas de retiradas (*hit and run entry*). Se esse for o caso esperado para as entradas, os custos irrecuperáveis necessários podem ser comparados aos lucros prospectivos a partir da entrada.

A maioria das entradas, entretanto, não é vista como uma variação do método de entrada seguida de retirada (*hit and run entry*). Na maior parte dos casos os entrantes planejam (ou ao menos esperam) permanecer no mercado. Os custos irrecuperáveis passam, então, a interessar, porque a entrada é arriscada. Ela pode falhar, levando à perda dos investimentos irrecuperáveis. Nesse modelo os custos irrecuperáveis são mais como um bilhete de loteria que paga bem se a entrada obtém êxito. Assim, sozinho, o nível absoluto do custo irrecuperável seria uma medida ineficaz do tamanho da barreira por ele representada. O que importa é o nível dos custos irrecuperáveis relativos aos ganhos prospectivos da entrada bem-sucedida e a probabilidade de que a entrada possa ter sucesso. Por exemplo, o custo irrecuperável de $1,00 é irrisório para alguém que contemple a entrada na indústria automobilística dado o fato de que o sucesso resultaria em lucros anuais em milhões de dólares, ou mais. Mas $100,00 destes custos seriam proibitivos para uma barraca de limonada que, se bem-sucedida, ganharia $25 por ano.

Similarmente, quanto maior a probabilidade de o entrante assegurar um lugar permanente no mercado, menos importante é o tamanho do investimento irrecuperável. Se o sucesso é certo, os custos irrecuperáveis não são diferentes dos outros custos fixos. Assim, os custos irrecuperáveis deterão a entrada somente se eles forem grandes, em relação aos ganhos prospectivos da entrada bem-sucedida.

### Informações sobre os custos irrecuperáveis

Assim como outras barreiras à entrada, os profissionais de dado setor econômico que detenham informações privilegiadas (incluindo consultores) são provavelmente a fonte primária de informações sobre custos irrecuperáveis. Entrantes potenciais, quando solicitados a descreverem como eles agiriam para entrar no mercado, freqüentemente apontarão obstáculos que podem ser interpretados como custos irrecuperáveis. Os profissionais próximos às operações de dado setor também podem fornecer esclarecimentos sobre tentativas recentes de entrada, bem-sucedidas ou não. Em muitos casos envolvendo equipamentos ou maquinários em alta escala (equipamentos de transporte, por exemplo), existe um mercado organizado de revenda com negociantes de produtos de segunda mão ou corretores que podem dar informações valiosas sobre os valores de revenda.[27]

*Outras barreiras estruturais*

Além dos custos irrecuperáveis, existem outros fatores estruturais que podem dar ensejo a barreiras à entrada.

Vantagens de custos absolutos

Obviamente, se alguma empresa estabelecida possui algumas vantagens de custos absolutos sobre outros entrantes, e estes têm conhecimento desse fato, a entrada será problemática. A fonte das vantagens pode ser real, no que toca às qualidades superiores da firma estabelecida ou de suas capacidades; ou ela pode ser artificial, criada por política governamental ou por ações anticoncorrenciais adotadas pela empresa estabelecida, em desvantagem das entrantes.

Uma vantagem absoluta e real decorre do acesso facilitado aos recursos naturais chave, tal como uma mina produtiva ou uma localização privilegiada para a venda ao varejo. Outras decorrem de recursos humanos superiores, como em uma equipe de gerência que não pode ser copiada por um entrante. Uma curva íngreme de aprendizado pode dar a empresas estabelecidas uma vantagem de custos absolutos. A maior experiência das empresas mais antigas significa que elas ajustaram as

27. Tendo em vista que pessoas empregadas no entorno da indústria podem ter um interesse no resultado do caso analisado, deve-se sempre desconfiar das informações fornecidas. Retornaremos a este ponto mais adiante.

atividades para alcançar todas as possíveis eficiências.

Todas as vantagens de custos absolutos dão às empresas estabelecidas espaço para a elevação de preços acima dos níveis competitivos antes que elas atraiam a entrada. Embora não haja boas razões para punir uma empresa por ser melhor que as outras na produção, as autoridades têm o dever de verificar o exercício da concorrência onde puderem para maximizar a eficiência de mercado.

### Economias de escala

As economias de escala na produção existem quando o custo unitário da produção cai com o incremento da produção. Economistas, desde Bain, têm discutido que economias de escala podem ser uma barreira à entrada porque elas encarecem a entrada em pequena escala. Stigler questionou por que a entrada precisaria ser em pequena escala: se o entrante teve acesso à mesma tecnologia de produção que a empresa estabelecida, por que ele não pôde fazer uma entrada em grande escala? A literatura dos "mercados contestáveis", descreve um modelo no qual as economias de escala não dão às empresas estabelecidas nenhuma possibilidade de elevar os preços mesmo um pouco acima do custo médio. Se elas o fizerem, a entrada será imediata e as empresas estabelecidas perderão o seu mercado.

A maioria das entradas, no entanto, não é em larga escala, e a maioria dos mercados não é perfeitamente contestável. As empresas provavelmente escolhem ingressar em uma escala pequena por diferentes razões, muitas das quais estão indubitavelmente relacionadas aos riscos associados com a entrada em larga escala em mercados onde alguns dos custos de entrada são irrecuperáveis e, portanto, sem a possibilidade de reavê-los na saída.[28] Adicionalmente, entradas em larga escala aumentam a probabilidade de uma resposta mais agressiva da empresa estabelecida.

---

28. Enquanto a maioria das discussões anteriores tratava os investimentos a fundo perdido como uma categoria de custos fixos, os investimentos a fundo perdido podem, de fato, variar até o ponto em que a entrada passa a ser considerada. Quer dizer, uma entrada em pequena escala pode envolver níveis menores de investimentos irrecuperáveis do que uma entrada em larga escala.

As economias de escala podem ser vistas como um tipo de indicador da presença dos custos irrecuperáveis ou outras barreiras. A esse respeito, várias propostas têm avançado para medir a extensão das economias de escala na produção. Uma, a escala mínima de eficiência (algumas vezes chamada de tamanho mínimo eficiente das instalações), é geralmente definida como a menor fração da demanda total do mercado que poderia ser produzida por uma empresa completamente eficiente (ou planta). As estimativas para um setor podem ser feitas por estudos econométricos, de engenharia ou por estudos sobre os sobreviventes no setor. Os estudos sobre os sobreviventes analisam o tamanho do que sobreviveu em um setor com relação a determinado período de tempo e considera que a sobrevivência é prova de eficiência.

A escala mínima de eficiência, entretanto, não mede diretamente qualquer barreira real à entrada. Ela também peca ao não prover importantes informações sobre economias de escala de relevância específica para novos entrantes. Ela diz quão grande a empresa deve ser para alcançar todas as eficiências, mas não revela quão menos eficientes empresas menores serão – e isso é crucial. A maioria dos mercados não agrega empresas idênticas produzindo produtos homogêneos. Há freqüentemente capacidade para algumas empresas terem custos mais altos do que outras, particularmente se seus produtos têm um apelo particular para alguns compradores. Em um mercado como este pode haver espaço para um entrante com custos mais altos se a penalidade dos custos para produção sub-eficiente não for tão alta. Uma medida alternativa é a escala mínima de viabilidade de Salop (1987). Ela mede as vendas totais que um entrante precisaria para ganhar somente o lucro suficiente para justificar sua entrada. Não se trata de um conceito puramente estruturalista, visto que seu cálculo dependerá em parte de conceitos sobre os preços de mercado, alcançados somente após a entrada. Mas pode ser uma forma melhor de capturar o significado de economias de escala para um entrante potencial.

Necessidade de grande capital

O ingresso em algumas áreas de mercado requer um volume substancial de capital. Em alguns casos isso se deve ao fato de existirem grandes economias de escala e altos custos para produção ineficiente, implicando que as entradas eficientes necessitam da capacidade de fornecimento a uma grande parte do mercado. Embora esse fato constitua uma barreira à entrada, de acordo com Bain (1968), o mesmo não ocorre com a doutrina de Stigler (1968), a menos que possa ser determinado que os entrantes tinham um custo de capital maior do que as empresas estabelecidas. Então, haveria apenas uma vantagem de custos absolutos. Mas não há razões para geralmente acreditar que as empresas estabelecidas possuem custos mais baixos de capital do que as entrantes.[29]

Está claro que a necessidade de grande volume de capital está freqüentemente associada a substanciais investimentos irrecuperáveis, questão que pode impor preocupações a potenciais entrantes e seus investidores financeiros. Se não há custos irrecuperáveis, por que os investidores ou agentes de crédito de potenciais entrantes se preocupariam com o tamanho do empréstimo necessário para financiar a entrada?

Tudo isso depende implícita e criticamente da existência de um mercado de capitais em bom funcionamento. Se não há mercado de capitais, então claramente a entrada ocorrerá somente se os entrantes potenciais tiverem por si próprios recursos suficientes. As necessidades de volume maior de capital tornam a entrada menos provável, visto que menos entrantes potenciais terão os recursos necessários.

Em muitos países em desenvolvimento e economias em transição, os mercados de capital são subdesenvolvidos e o financiamento da entrada pode ser um grande problema,[30] podendo este ser exacerbado pela falta de uma infra-estrutura industrial. Isso significa que o entrante necessita ainda mais de capital, porque ele precisa estar preparado para fazer mais coisas, como cuidar de sua própria distribuição, manufaturar insumos etc. Como resultado, é importante para as autoridades concorrenciais que analisam o caso perguntar se os entrantes mais prováveis têm

29. Os entrantes podem apenas ser novos no mercado em questão. Eles podem ser empresas muito grandes, talvez até com operações semelhantes nas suas localizações.

30. Em alguns países as leis falimentares dão pouca proteção aos agentes de crédito, tornando-os relutantes a emprestar altas somas. Sem uma forma de prioridade em casos de falência, a contribuição do credor pode efetivamente parecer mais como um custo irrecuperável, mesmo quando usada para financiar a entrada em um setor industrial sem custos dessa natureza.

recursos suficientes para financiar a entrada e, se não, se eles podem levantar os fundos necessários.

Mesmo quando economias de escala e a necessidade de grande volume de capital não criam barreiras à entrada, a necessidade da criação de instalações grandes e caras significa que a entrada não pode ser imediata. Em muitos setores, entre uma decisão pelo ingresso e o tempo para que as instalações sejam erguidas e entrem em funcionamento pode levar um ano ou mais. No que se refere às autoridades de defesa da concorrência em relação à agilidade das entradas (com o fim de garantir vida curta ao poder de mercado), elas têm uma outra razão para ver a entrada potencial como uma força com menos poder em setores com estas características.

Redes de indústria (*Network industries*)

Redes de indústrias são aquelas nas quais as empresas que são normalmente concorrentes dividem algum equipamento industrial relevante. As empresas podem possuir esses equipamentos e instalações, como no caso de linhas férreas, ou elas podem alugá-los, possivelmente do governo. Exemplos clássicos incluem transporte e comunicação, mas há também alianças em outros setores industriais. As redes de industrias colocam desafios especiais para a política de defesa da concorrência por no mínimo duas razões. Primeira, a operação eficiente dessa aliança freqüentemente requer alguma cooperação entre concorrentes para gerenciar e desenvolver o equipamento comum. O desafio aqui é o de encontrar uma forma de permitir a cooperação quando há eficiência, sem perder as vantagens de uma concorrência vigorosa.

Segunda, pode ser difícil fazer parte das redes de indústrias . Se for recusada a entrada a um entrante potencial, sua única opção é estabelecer uma aliança própria. O problema é que as alianças tendem a ser mais valiosas quanto mais membros elas tiverem, e qualquer nova rede sofrerá significativas desvantagens. Adicionando as externalidades próprias das alianças (*network*) às prováveis e significativas economias de escala, incluindo os altos custos irrecuperáveis , cria-se uma substancial barreira à entrada.[31] Não está claro se as empresas participantes que controlam as instalações escolheriam negar acesso aos novos entrantes, tendo em mente os benefícios acarretados pela aliança. É uma resposta possível, para a qual as autoridades antitruste devem estar preparadas.[32]

## Quais são os efeitos das barreiras comportamentais?

Atenção crescente tem sido direcionada nos anos recentes para a teoria das barreiras endógenas, ou seja, as barreiras levantadas pelas empresas estabelecidas para se protegerem da entrada. Embora algumas dessas idéias sejam antigas, ao menos tão antigas quanto os trabalhos de Bain, outras devem muito ao modelo teórico recente da imperfeição dos mercados competitivos.

*Resposta das empresas já estabelecidas à entrada*

Uma preocupação central no cálculo que os entrantes potenciais fazem dos lucros esperados com a entrada é a resposta que eles esperam que a entrada arranque das empresas já estabelecidas. Se elas responderem à entrada com a concentração das vendas, será mais fácil do que se fosse deflagrada uma guerra de preços predatórios para excluir o rival. As empresas estabelecidas tipicamente querem que o entrante acredite (acertadamente ou não) que a entrada será recebida com uma resposta agressiva. Há ações que as empresas estabelecidas podem

31. Devemos ser cuidadosos em não exagerar o problema, entretanto. Há algum tempo, os economistas acreditavam que, economicamente, poderia haver somente uma rede de telefonia a longa distância em uma área geográfica. Agora muitos países possuem mercados de longa distância e a concorrência está chegando também aos serviços locais.

32. Como o propósito aqui é rever como identificar barreiras à entrada e não como eliminá-las, soluções para os problemas de alianças estão além do escopo deste trabalho. Mas, em casos nos quais a recusa é vista como ineficiente, há pelo menos duas abordagens que foram tiradas. A primeira é simplesmente uma instrução regulatória para prover o acesso em termos razoáveis. Considerando que algumas alianças de indústrias como as telecomunicações são reguladas na maioria dos países, essa opção fica disponível somente em alguns casos. A segunda abordagem é para ver a recusa como um abuso de posição dominante (ou um abuso conjunto de posições dominantes se os acusados são múltiplos) e tentar determinar as providências de acesso por meio das ações que a lei concorrencial prevê.

adotar, com a possibilidade de ensejar um tipo de mensagem dessa natureza, algumas com mais credibilidade do que as outras.

### Limitação de preço *(Limit pricing)*

A limitação de preço é a prática adotada pela empresa estabelecida de manter os preços tão baixos, que, dada a economia de escala em um mercado, não haveria espaço para um entrante se ele acreditasse que a empresa estabelecida manteria os mesmos níveis de produção pré-praticados a despeito de sua entrada.[33] Com base nessas considerações, as empresas estabelecidas poderiam proteger-se da entrada de um rival, mesmo mais eficiente, ao estabelecerem os preços em patamar suficientemente baixo. Com economias de escala, esse preço-limite ainda excederá os custos médios da estabelecida, deixando-a com lucros.

Há algumas objeções em considerar a limitação dos preços como uma barreira à entrada. Primeiro, a limitação dos preços pode funcionar somente se há economias de escala, e talvez estas sejam as reais barreiras. Uma outra visão é de que o esforço de manutenção da produção é a barreira decisiva.

Outra objeção relaciona-se às premissas adotadas pelo modelo, principalmente a de que o entrante assumirá que a empresa preestabelecida manterá o mesmo nível de produção preexistente após a entrada. (conhecido como o postulado de Sylos). Embora seja possível que daquele cenário resultem muitos novos duopólios posteriores à entrada, a ameaça de manter a da produção não terá credibilidade sem alguma coisa que a sustente. A maioria dos modelos de duopólio preveria alguma partilha de produção no equilíbrio, com a empresa estabelecida concentrando ou retraindo-se para acomodar a entrada.

Uma objeção relacionada à relevância empírica do modelo pode ser mais complicada. O modelo de limitação de preço, como normalmente descrito, tem uma empresa preestabelecida, mas a maioria dos setores industriais possui mais de uma empresa. Então, seria o modelo suficientemente forte para uma situação em que há várias empresas instaladas? A coordenação necessária para fazer o sistema de limitação de

33. Veja a famosa exposição desse modelo por Modigliani (1958).

preços funcionar quando há mais de uma empresa estabelecida sugere que ela não será comum.

As teorias de limitação de preços ganharam mais respeito recentemente graças a dois desenvolvimentos teóricos importantes. O primeiro reconhece que os potenciais entrantes raramente têm informações perfeitas sobre as empresas que irão enfrentar, caso entrem no mercado (veja Milgrom e Roberts 1982a). Quer dizer, se um entrante não sabe se uma empresa é enxuta e eficiente ou inflacionada e ineficiente, e se a entrada seria lucrativa somente contra uma empresa ineficiente, mesmo uma empresa inflacionada poderia praticar baixos preços para fazer o concorrente crer que ela é eficiente. Note-se novamente que deve haver algum outro tipo de barreira, como custos irrecuperáveis, para que isso funcione; de outro modo, não há custo para entrar mesmo se a empresa precisar sair logo em seguida.

O segundo desenvolvimento envolve o reconhecimento de que as empresas estabelecidas algumas vezes têm maneiras de tornar mais crível seu engajamento na manutenção da produção. Essas teorias focalizam-se em fatores como o custo de mudança de hábitos do consumidor (*customer–switching costs*), excesso de capacidade e o oferecimento de termos equivalentes pelo entrante como forma de manter seus consumidores.

Embora esses desenvolvimentos possam ter revitalizado a teoria da limitação dos preços, eles não forneceram argumentos a favor da consideração dessa prática como uma barreira à entrada. E mais, eles apenas reforçam o fato de que custos irrecuperáveis ou contratos restritivos, por exemplo, realmente são as fontes das barreiras à entrada.

### Preços predatórios

Se o entrante potencial acredita que sua entrada será recepcionada com uma reação predatória, ele pode optar por não entrar no mercado. O problema da empresa estabelecida é fazer o entrante acreditar nesse fato quando este não se constituir em uma ameaça crível. Os preços predatórios (estabelecimento de preços tão baixos que a atividade só daria lucro se ela induzisse a saída do concorrente, seguida por preços substancialmente mais altos) são dispendiosos e às vezes uma forma arriscada de concorrer. Não está claro quem ganhará a guerra de preços

– a empresa estabelecida, grande empresa cobrando preços abaixo do custo em grande volume de unidades, ou o pequeno entrante que pode ficar à margem, vendendo pouco e assistindo o predador perder dinheiro. Argumentos como estes, incrementados por McGee (1958) e outros membros da Escola Antitruste de Chicago, persuadiram a muitos que empresas geralmente não adotarão táticas predatórias e que, portanto, seria irracional para os entrantes esperar uma reação agressiva. Mais recentemente, entretanto, trabalhos teóricos forneceram importantes exemplos de ambientes nos quais os preços predatórios podem ser racionais e, portanto, algo com o que os entrantes devem se preocupar.

Se a empresa estabelecida tem grandes reservas e o entrante está financeiramente comprometido, pode ser lucrativo para a estabelecida adotar respostas predatórias à entrada e para o entrante em potencial (que sabe disso) recusar-se a entrar. As imperfeições do mercado de capitais que deixam o entrante financeiramente comprometido podem se basear em problemas de informação. Se você não pode convencer um agente creditício potencial que você tem um produto excelente, o agente pode relutar em financiar uma guerra de preços. Muitos acordos de empréstimo prevêem a possibilidade de o empréstimo vencer Antecipadamente caso o desempenho financeiro do tomador esteja abaixo das expectativas. Sabendo disso, um entrante com atividades em curso em outros mercados financiados pelo capital do agente pode colocá-los em risco com a entrada em uma guerra de altos preços causada por esse ingresso. Sabendo dessa fraqueza, a empresa estabelecida pode optar pela prática dos preços predatórios.

Uma empresa que opere em mercados múltiplos pode introduzir preços predatórios em prejuízo dos novos entrantes em um mercado, mesmo se for impossível se recuperar integralmente das perdas de uma guerra de preços elevados depois da derrota do entrante. Os benefícios decorrem da construção de uma reputação recalcitrante que pode deter a entrada em outros mercados no qual a empresa opera. O importante dessa teoria é que a informação não é exata. Há algo sobre a empresa estabelecida que o entrante não sabe. Pode ser que o entrante acredite que é improvável que a empresa estabelecida não seja totalmente racional e avalie a dominação do mercado como um fator mais importante que o lucro. Pode ser também que a empresa estabelecida tenha custos tão baixos que os preços que possam parecer predatórios sejam maximizadores de lucros (e lucrativos) para a empresa estabelecida após a entrada (veja Kreps e Wilson 1982; Milgrom e Roberts, 1982b).

A agressividade da resposta, predatória ou não, da empresa estabelecida à entrada dependerá em parte de sua capacidade de focalizar a redução de preços somente em relação àqueles consumidores propensos a serem perdidos para a entrante. É menos dispendioso derrotar uma tentativa de entrada se a empresa precisa tão-só cortar os preços para um número reduzido de consumidores sensíveis aos preços, enquanto ela mantém os altos preços para os outros. Se isso for possível, a capacidade de focalizar-se na redução de preços reforçará a credibilidade das ameaças da empresa estabelecida para recepcionar a entrada com uma resposta agressiva.

Como resultado deste mais recente trabalho, configurar-se-ia possível que as empresas algumas vezes desejem adotar estratégias predatórias, sendo razoável aos entrantes temer esse tipo de reação.

#### Excesso de capacidade

Uma forma de sustentar consistentemente que uma empresa manterá altos níveis de produtividade depois da entrada é manter um excesso de capacidade que pode ser operado com baixos custos marginais. Dessa forma, um mercado competitivo após uma entrada pode levar a preços tão baixos que não permitiriam a recuperação dos custos fixos. Se alguns desses custos fixos forem irrecuperáveis, ambas as empresas podem sofrer perdas. Se o entrante potencial puder prever esse resultado, ele pode não entrar.

A elasticidade da demanda também tem seu papel. Se preços mais baixos aumentam muito a quantidade demandada, a capacidade extra pode ser necessária antes que os preços caiam muito. Uma vez que a capacidade é totalmente utilizada, a pressão dos preços para baixo é diminuída. Os tipos de mercados nos quais os entrantes podem geralmente esperar uma resposta mais forte (não predatória) à entrada são, portanto, aqueles de produtos homogêneos com substancial excesso de capacidade após a entrada e com uma demanda relativamente inelástica.[34]

### *Diferenciação de produtos e propaganda*

A distinção entre produtos é às vezes vista como uma característica estrutural do mercado, derivada do gosto do consumidor por variedade. É também ocasionalmente considerada como uma característica estratégica endógena de um modelo no qual a distinção é criada, geralmente por meio da propaganda, mas também por meio de outros fatores, tais como a construção de uma reputação.

A relação entre a diferenciação de produtos e barreiras à entrada de novos concorrentes é complexa e permite poucas generalizações. Em alguns casos, a distinção entre produtos parece dificultar essa entrada; em outros, parece torná-la mais fácil.

O fato de o produto de uma empresa não ser visto como idêntico a outros sugere que essa empresa, já estabelecida em um mercado, tem uma espécie de vantagem preemptiva. Por exemplo, enquanto a primeira empresa de um mercado tem de convencer os consumidores a experimentarem o novo produto, a segunda empresa deve persuadi-los de que o seu produto é ainda melhor. Se isso facilitará ou dificultará a missão da segunda empresa no mercado, variará de caso a caso.

Algumas das vantagens de ser a primeira empresa a se instalar no mercado podem estar relacionadas aos custos irrecuperáveis. Se os consumidores têm de suportar certos custos quando mudam sua preferência por um produto/marca, eles precisarão ser convencidos de que terão um substancial desconto nos preços. As perdas a que se deve incorrer para quebrar a lealdade do consumidor a um determinado produto/marca podem, desse modo, ser interpretadas como espécie de investimento irrecuperável no capital representado pela marca. Se tais investimentos forem maiores do que aqueles feitos pela marca pioneira para conquistar seus consumidores, a empresa estabelecida estará experimentando uma vantagem de custos absolutos. Argumentos similares podem ser utilizados com relação à construção de uma reputação, pela produção de produtos ou serviços de alta qualidade, e pelo alcance de custos mais baixos por meio da experiência e aprendizado na área explorada.

Quando a distinção entre produtos é encarada como uma caracte-

34. Se os produtos comercializados são homogêneos, a chegada de um novo entrante não implica na expansão da demanda do mercado.

rística estrutural do mercado, ela torna a entrada de novos competidores menos ameaçadora às empresas estabelecidas no mercado. O aumento na variedade trazido pela entrante expande a demanda e, ademais, devido ao fato de os produtos não serem idênticos, a competição pós-entrada será normalmente menos intensa. Ameaças da empresa pioneira de praticar preços predatórios terão ainda menos credibilidade; uma vez que o rival vende um produto diferente, o qual alguns consumidores realmente pre-ferem (a preços iguais), o preço predatório irá requerer cortes, ainda mais profundos, de preço. Do outro lado, entretanto, está o fato de que a entrada de novos competidores é menos propensa a pressionar os preços para baixo em mercados de produtos diferenciados. Por isso, enquanto a barreira à entrada pode não ter tanta importância, a disciplina trazida ao mercado pela ameaça de concorrência também é menos poderosa.

Schmalensee (1978) e outros argumentaram que, com produtos diferenciados, empresas estabelecidas podem ser incentivadas a preencher o espaço de mercado disponível com suas próprias marcas, para que não haja campo suficiente para novos competidores. Trata-se apenas de uma versão da diferenciação de produtos do preço-limite , e pode ser contestado do mesmo modo. Aqui, o desafio de manter a produção com preço-limite é substituído por um compromisso de não abandonar marcas/produtos não-lucrativos. Outros têm apontado que esta pode ser também uma falsa ameaça (Judd, 1985). Novamente, se a proliferação de marcas pode deter a entrada de novos competidores, sua eficácia se deve à presença de custos irrecuperáveis.

Alguns economistas sugeriram que a distinção entre produtos pode ser criada por meio de propaganda, e que isso causa uma barreira à entrada de novos competidores (a respeito, Sutton, 1991). É difícil avaliar esse argumento sem saber o que realmente a propaganda faz para promover distinção entre produtos. Se simplesmente constrói a identidade de uma marca por disseminar informação sobre o produto, ou contribui para a construção de uma reputação de excelência, a propaganda pode ser tratada como um custo irrecuperável. Novamente, se a propaganda realizada em momento posterior for menos eficiente que a feita anteriormente, também causará ao entrante uma desvantagem de custos absolutos.

A propaganda é também vista como uma importante ferramenta de competição; por exemplo, entrar em novos mercados será mais difícil se não houver a possibilidade de utilizar a propaganda para informar consumidores sobre novo produto e, diga-se, de seu preço mais baixo. Campanhas publicitárias vultosas, contudo, podem aumentar significativamente o capital necessário para ingressar no mercado, o que pode deter a entrada de novos competidores. Nesses casos, a falta de informação do mercado sobre o novo produto é a verdadeira barreira à entrada de novos competidores, e o custo da publicidade é a medida da altura dessa barreira; a propaganda ainda é, desse modo, parte da solução do problema, mas sua existência é a marca e o tamanho da barreira que representa.

Não há regras gerais quanto a ser mais fácil ou mais difícil entrar em mercados de produtos diferenciados. Ainda que haja razões para se esperar que a diferenciação de produtos afete o modo pela qual empresas tentam entrar no mercado, assim como a maneira pela qual empresas já estabelecidas respondem a essas tentativas, a avaliação sobre a possibilidade da diferenciação criar barreiras extras à entrada deve ser determinada caso a caso.

*Restrições verticais*

Em determinados mercados, a relação vertical entre empresas pode complicar a entrada de novos competidores: um exemplo extremo é o de setores nos quais as empresas se encontram plenamente integradas verticalmente. Por exemplo, suponha-se que todos os produtores tenham integrado a seus próprios processos o sistema de distribuição; um novo competidor com grandes recursos produtivos pode considerar necessário integrar um sistema de distribuição próprio aos seus processos produtivos, uma vez que seus rivais podem não estar propensos a distribuir seus produtos. Isso pode impedir a entrada do novo competidor, se representar aumento nos custos irrecuperáveis ou se elevar a quantia de capital necessário à entrada. Pode, ainda, forçar o novo competidor a seguir por áreas em que ele não seja tão competente, levando a desvantagem de custos absolutos. Consideremos alguns exemplos.

Fechamento do mercado e exclusão

Se o entrante necessita de insumos disponibilizados somente por um fornecedor verticalmente relacionado (por contrato ou integração) com um de seus concorrentes, ele poderá temer não ser capaz de comprar esses insumos. Esse comportamento excludente pode violar as leis de defesa da concorrência; porém, passemos à análise do papel que ele pode desempenhar com relação ao impedimento de entrada de novos competidores.

Trabalhos teóricos recentes têm demonstrado que algumas empresas irão recusar o acesso ou excluir os concorrentes mesmo quando poderiam vender seus produtos a eles por preços bastante altos. Em outros casos, os recursos serão fornecidos, mas a preços tão altos que geralmente inviabilizam o negócio, tornando remota a probabilidade de sucesso da entrada.[35]

Para que isso constitua um problema sério, a empresa estabelecida deve possuir um virtual monopólio no fornecimento dos insumos. Isso não chega a representar um problema em economias bem desenvolvidas. Ela surge, entretanto, em muitas redes de empresas em mercados parcialmente regulados, sugerindo que esses problemas podem ser mais comuns em economias emergentes de um controle estatal, com muitas grandes empresas dominando importantes setores industriais.

### Táticas para aumentar os custos das rivais

Muito próximas do comportamento de fechamento de mercado estão as estratégias, possíveis para algumas empresas estabelecidas, de aumentar os custo das entrantes. Essa teoria é controversa visto que as ações que a empresa adota para elevar os custos das rivais irão normalmente aumentar os seus próprios custos, e ainda não se sabe ao certo o quanto isso pode ser lucrativo (veja Salop e Scheffman, 1986; Krattenmaker e Salop, 1986, e Brennan, 1988). A chave para uma estratégia bem-sucedida

35. Uma das idéias deste trabalho é que se um entrante mais eficiente se der bem, haverá ganhos de eficiência a serem produzidos, fornecendo insumos críticos. A questão é, pode a titular capturar o suficiente desses ganhos para torná-los lucrativos para fornecer ou os ganhos fluirão para o entrante? Será lucrativo executar ou recusar a negociar se a titular não capturar o bastante daquele novo benefício.

é, pois, a identificação de uma maneira para o aumento dos custos dos rivais. As táticas que podem funcionar incluem a compra dos recursos escassos para elevar seus preços para as rivais, acordos com sindicatos, que prejudicarão os entrantes que empregarem uma tecnologia dependente de mão-de-obra intensiva, além da adoção de padrões que favoreçam os produtos da empresa estabelecida.

Ainda não está claro se essa teoria acrescenta algo de útil à análise das barreiras à entrada nos casos de concorrência. Se o aumento dos custos das rivais já tiver sido empregado, haverá simplesmente maiores custos para entrantes potenciais do que teria havido de outra forma. Num certo sentido isso pode ter pouca importância na avaliação de como os custos dos entrantes devem ser. Na avaliação da probabilidade da entrada, o ponto importante é o que são aqueles custos.

As condições são mais interessantes se uma estratégia ainda não tiver sido aplicada, mas existem preocupações de que ela possa ser adotada após a entrada para tentar encorajar a saída. Se os entrantes potenciais se importarem com isso, haverá uma diferença. Mas com o conceito definido de forma ampla, não será possível precisar em qual oportunidade ele poderá ser efetivamente utilizado.

### Contratos como barreira à entrada

Assim como acontece com a integração vertical, algumas relações contratuais verticais podem prejudicar os novos entrantes. Em muitos casos a criação de barreiras à entrada pode não ter uma intenção específica por trás das contratações. De fato, cada contrato pode ser uma resposta eficiente às condições de mercado.

Contratos de exclusividade que requerem que um cliente receba todo o seu fornecimento de um único vendedor, entretanto, podem efetivamente trancar um mercado. Para impedir uma entrada, os contratos de exclusividade terão tipicamente que se firmar por um prazo razoavelmente longo, além de cobrirem uma parcela grande do mercado. De outra forma, o entrante poderia construir seu mercado usando clientes não comprometidos e aqueles capazes de rescindir os contratos.

Sem necessariamente serem exclusivos, muitos contratos são de longo prazo, fazendo com que se torne mais difícil aos entrantes entrarem no negócio. Por exemplo, quando uma empresa assina um contrato para o fornecimento de insumos, e a obtenção do fornecimento por fontes alternativas é inviável, ela conferiu efetivamente uma exclusividade. Alguns exemplos mais simples são os serviços de auditoria, de limpeza e a produção de algumas peças especializada.[36] Esses acordos irão deter a entrada por diminuírem a velocidade com que o entrante possa conquistar participação do mercado. Isso é importante na presença de economias de escala e de custos irrecuperáveis: aumentam-se os investimentos irrecuperáveis em razão de perdas iniciais, sem elevar de qualquer forma os ganhos com uma entrada bem-sucedida.

Nem todos os contratos com exclusividade criarão importantes barreiras à entrada. Aqueles que são de longa duração, que incluem cláusulas de renovação automática (algumas vezes chamadas de cláusulas *evergreen*), ou que impõem penas excessivas para a rescisão (com evidentes poderes de execução pela empresa estabelecida), causarão maiores problemas para o entrante.

Contratos de venda casada também podem impedir a entrada. A venda casada envolve a imposição, pelo vendedor, da aquisição de um segundo produto, ao comprador, como condição para a compra de um produto principal. O entrante pode tentar vender aos clientes que não querem adquirir o produto secundário ou podem tentar entrar em ambos os mercados. Assim como a integração vertical, isso pode elevar os custos irrecuperáveis para a entrada, ela irá aumentar as necessidades de capital para a entrada, podendo colocar o entrante numa desvantagem absoluta de custos caso ele não seja tão eficiente na produção do outro produto.

## Quais são as fontes de informações sobre as barreiras?

Se houver provas de que uma empresa estabelecida tem sido muito lucrativa por um longo período sem perder participação no mercado para entrantes, isso sugere que a entrada não é fácil. No entanto, se muitas empresas têm entrado e algumas sobrevivido, as barreiras não são

36. Nesses casos, os compradores tipicamente olhariam para uma empresa para fornecer todas as suas necessidades de produto ou serviço. Assim, mesmo se um contrato não for formalmente exclusivo, ele pode muito bem ser exclusivo nos seus efeitos.

insuperáveis.

Se houver tentativas malsucedidas de entrada, demonstra-se que há investidores querendo assumir os riscos associados existentes. Eles precisam acreditar que as barreiras possam ser superadas. Seu fracasso, entretanto, sugere que há alguma coisa impedindo o sucesso. Talvez haja algo sobre o setor que o torna atrativo para entrantes potenciais pouco sofisticados, que subestimarão os custos de entrada ou superestimarão a probabilidade de sucesso.

Contudo, um mercado no qual tenha havido pouca entrada e saída durante um longo período não é necessariamente protegido por barreiras à entrada. A falta de entrada e saída é própria de um setor competitivo no qual as empresas mantêm os preços próximos aos custos. Nesses setores pode não haver espaço para entrada, particularmente se o mercado for estável ou estiver em declínio.

### *Participantes do mercado*

Os principais participantes do mercado são normalmente a fonte mais importante de informações sobre barreiras à entrada.[37] Ninguém conhece melhor um mercado do que aqueles que estão nele – vendedores, compradores e fornecedores de insumos. O perigo, entretanto, é que a maioria terá algum interesse no resultado do caso de concorrência, de forma que suas informações devem ser filtradas. Visto que suas opiniões podem ser influenciadas por interesses próprios, eles devem ser encorajados a fornecer tantas informações objetivas quantas possíveis sobre:

- Divisão de mercado.
- Os entrantes com maior probabilidade de entrada.
- Condições gerais da demanda.
- Histórico das entradas e saídas do mercado.
- Lucratividade das empresas estabelecidas nos últimos anos.
- Custos iniciais de operacionalização e a fração destes que é irrecuperável.

37. E sobre muitos assuntos relevantes na maioria dos casos de concorrência. Uma discussão muito mais detalhada sobre a busca de informações pode ser encontrada neste volume.

- Economias de escala.
- Custos de capital da entrada e fontes de financiamento.
- Tempo necessário para construir instalações eficientes e para a aquisição de equipamento.
- Importância da diferenciação e divulgação do produto.
- A capacidade de financiamento das empresas estabelecidas.
- As restrições verticais.

Algumas informações podem ser encontradas em fontes independentes, como nas associações comerciais, nas publicações mercantis ou agências estatísticas. Em muitas economias em transição ou em desenvolvimento, entretanto, essas informações podem não estar disponíveis, e as barreiras à entrada terão de ser avaliadas informalmente. Nesses casos, alguma orientação pode vir de um estudo dos mesmos setores em outras economias similares, nas quais melhores informações encontram-se disponíveis.

Como uma entrada será muito mais fácil com o apoio do mercado, dever-se-ia perguntar aos clientes se eles estariam preparados para mudar os seus negócios para uma nova empresa e em que termos. Pode-se também perguntar sobre o limite em que eles ativamente procurariam cooperar com um novo entrante, por exemplo, oferecendo contratos com garantia por tempo suficiente com o propósito de ajudar o entrante a cobrir a maior parte dos (ou todos os) custos irrecuperáveis. Novamente, os clientes podem ter um interesse no resultado da ação de defesa da concorrência, devendo-se questioná-los à respeito de quaisquer provas objetivas para sustentar suas respostas. As provas de que os compradores auxiliaram a entrada no passado neste ou em outro mercado relacionado seriam de grande utilidade.

*Entrantes potenciais*

Os entrantes potenciais podem vir de muitos lugares:

- Clientes ou fornecedores atuais que se integraram verticalmente.
- Empresas ativas no setor, mas em uma região geográfica diferente (até mesmo de um país diferente).
- Empresas ativas em mercados próximos e relacionados.

- Novas empresas criadas para obter vantagens de oportunidades do mercado, possivelmente envolvendo pessoal com experiência no mercado.
- Empresas com nenhuma conexão próxima com o mercado.

Uma vez identificados os agentes com maior probabilidade de entrada, eles podem ser questionados sobre suas intenções de ingressar no mercado. Mesmo quando uma empresa está considerando entrar, ela pode estar relutante em apresentar essa informação publicamente. Dessa forma, a falta de um interesse declarado em relação à entrada não deve necessariamente ser levada a sério. Essas empresas podem, entretanto, fornecer várias informações sobre o que seria necessário para o ingresso no mercado com alguma chance de sucesso. Se as discussões com os diversos entrantes potenciais produzirem respostas similares, a informação tende a ser confiável. Essas empresas devem ser argüidas não somente sobre os custos que constituem barreiras à entrada, mas sobre os impedimentos que reduzem a velocidade com que elas possam entrar (tempo de construção, atrasos relativos à obtenção de permissões etc.). Mesmo quando se chega à conclusão de que não há barreiras sérias à entrada, se um entrante levar, pelo menos, digamos, dois anos para ter a produção no mercado, pode-se tratar de um caso de intervenção pelas autoridades de defesa da concorrência.

Os entrantes potenciais deveriam ser argüidos sobre como eles acham que as empresas estabelecidas reagiriam à sua entrada. Eles prevêem que haverá guerra de preços, uma acomodação do entrante ou algo intermediário? Essa informação pode não ser facilmente obtida, mas ocasionalmente entrantes potenciais podem sustentar suas declarações referindo-se ao comportamento das empresas estabelecidas (ou empresas como elas) nesse mercado ou em outro relacionado. Isto é, eles podem ser capazes de fornecer provas objetivas para sustentar sua percepção de que a empresa estabelecida tem uma reputação pela recalcitrância.

*Especialistas*

Existem vários especialistas nos setores que podem ser úteis para a compreensão das barreiras à entrada:

- Um consultor que atua regularmente no setor

- Um acadêmico que estuda o setor industrial.
- Um empregado sênior de uma empresa no mesmo setor, mas não no mercado em questão.
- Um funcionário de uma associação comercial.
- Um antigo participante do mercado que está agora aposentado ou que trocou de atividades.[38]

Se a indústria for de tamanho considerável e regularmente recorrer aos mercados financeiros, pode haver bancos ou instituições financeiras que possuem boas informações sobre o funcionamento interno da indústria. O propósito de usar esses especialistas é para obter informações imparciais.

Um outro tipo de especialista que pode vir a ser útil é aquele que pode fornecer um estudo de engenharia dos custos que um entrante incorreria para construir uma nova instalação. O especialista poderia ser alguém que tivesse sido consultor ou tivesse construído para esse setor anteriormente. Isso seria obviamente preferível, visto que os custos de comissionamento de um novo estudo de engenharia para avaliar a entrada tendem a ser muito grandes em relação aos benefícios potenciais.

Um terceiro tipo de especialista, os economistas, também pode ser de valia.[39] O papel do economista é tentar compreender suficientemente bem a estrutura e a conduta do mercado para indicar aos investigadores as direções que eles devem seguir nas suas investigações para encontrar quaisquer barreiras. Os economistas não tendem a ser qualificados para agir como um especialista do setor, a menos que ele tenha estudado o setor por algum tempo. O economista combina dados sobre a existência de alguns custos ou comportamentos com a teoria que explica por que alguns fatores são importantes para fornecer uma descrição mais completa

---

38. Mesmo especialistas industriais podem ter um interesse no resultado (por exemplo, consultores podem trabalhar para empresas sob investigação); entretanto, eles devem ser selecionados e suas informações usadas com cuidado.
39. Neste momento refiro-me aos economistas com uma expertise geral em assuntos concorrenciais, não a alguém que, baseado em pesquisas passadas, é um especialista no setor industrial em questão. Esse tipo de especialista será visto mais adiante.

do mercado. Dessa forma, as previsões sobre a probabilidade da entrada[40] podem ser feitas com mais precisão.

## Qual o tamanho das barreiras à entrada?

Um órgão de defesa da concorrência sempre enfrentará o problema de combinar informações para responder à questão: Qual a probabilidade de uma entrada efetiva e em tempo razoável promover o disciplinamento competitivo no mercado? Não há uma resposta precisa a essa questão – ela dependerá de quais são as posições do órgão sobre efetividade, a velocidade que uma entrada deve ter para ser considerada oportuna e o nível de certeza que se considera como suficiente para caracterizar a tendência à promoção da disciplina do mercado.

As perspectivas norte-americanas e canadenses têm visto a entrada efetiva como aquela que restaura os preços em níveis competitivos (ou níveis anteriores às fusões) e consideram a entrada oportuna se ocorrer dentro de dois anos. Além disso, a linha de orientação norte-americana indica que a entrada será provável se for lucrativa pela prática de preços anteriores à fusão e se a escala de entrada é tal que os preços anteriores à fusão possam ser sustentados após essa entrada.

Outros órgãos podem definir esses termos de forma diferente. Por exemplo, dados os problemas inerentes à projeção de uma entrada lucrativa, um órgão pode inadvertidamente decidir ir para o campo da não-intervenção, optando por ver a entrada como suficientemente provável caso haja alguma probabilidade razoável de que a entrada será lucrativa. Além disso, dada a necessidade de reestruturação em muitas economias de transição e a dificuldade que a entrada encontra para organizar rapidamente os recursos, seus órgãos de defesa da concorrência podem escolher uma política com uma perspectiva de prazo maior. Por exemplo, elas podem definir que para que uma entrada seja efetiva ela deve ocorrer num prazo de três anos.

40. Não estou sugerindo que os economistas devam se apresentar às cortes ou tribunais como assistentes técnicos. Dependendo do sistema legal e do tipo de caso, eles podem simplesmente ser empregados para ajudar a definir o caso.

Os pontos acima não devem ser interpretados como sugestões específicas às economias em transição. Eles apenas sugerem exemplos de diferentes caminhos que a aplicação dos postulados da defesa da concorrência pode ter. Cada órgão terá de decidir como definir esses termos, e a melhor abordagem aqui dependerá dos aspectos da lei de defesa da concorrência. Se, entretanto, a lei de defesa da concorrência do país incluir uma defesa de eficiência que proteja os esforços de reestruturação, talvez não haja necessidade de uma abordagem diferente para medir o tamanho das barreiras à entrada.

Uma abordagem um pouco diferente para medir o tamanho das barreiras às entradas reconhece que os entrantes (e funcionários dos órgãos antitruste) raramente sabem quão lucrativa será a entrada.[41] O entrante tentará estimar os custos anteriores e após a entrada e prever qual a participação do mercado que poderá ser atingida e a que preço, mas isso não será fácil. Se soubermos o quão lucrativa será a entrada se for bem-sucedida, e quanto seria perdido se a entrada fracassasse, uma questão poderia ser respondida: quão provável deve ser a chance de sucesso antes que os lucros esperados da entrada sejam positivos?

Considere um simples exemplo: suponha que um entrante saiba que, se ele conseguir conquistar uma certa participação do mercado, seus lucros serão de $ 1 milhão. O entrante também sabe que há uma chance de sua tentativa fracassar por conta dos altos custos ou da relutância dos consumidores em mudarem de marca, e que a entrada, seguida de uma rápida saída, deixá-la-ia com perdas de $ 500 mil. Então, se a probabilidade de sucesso for igual a 33%, a entrada apenas equilibraria as perdas e os lucros (*break even*), em relação ao valor esperado.[42] Se o órgão considerasse que as chances de sucesso fossem maiores do que 33%, ela poderia interpretá-la dizendo que as barreiras à entrada não são substanciais. Se a entrada for considerada como menos provável, então as barreiras seriam significativas. Dessa forma, a probabilidade de

41. Isso somente é sugerido para estimular o pensamento de outras abordagens alternativas. Não se sabe de nenhuma agência concorrencial que use uma abordagem como essa, proposta por Ross (1993) como uma forma de estimar o tamanho das barreiras dos custos irrecuperáveis.

42. Isto é, os lucros esperados da entrada seriam dados por: EP = ($ 1milhão x 1/3) + (- $500 mil x 2/3) = 0.

sucesso do ponto de equilíbrio pode ser interpretada como uma medida do tamanho das barreiras à entrada.[43]

Certamente, uma vez que a probabilidade de se chegar com sucesso a um ponto de equilíbrio for conhecida, há ainda uma tarefa imprecisa de determinar se isso é acima ou abaixo do que os entrantes potenciais vêem como a probabilidade que de fato eles terão de enfrentar. As vantagens dessa abordagem é que ela não presume que entrantes potenciais sabem com precisão quão lucrativa a entrada será, além de nos relembrar que o tamanho das barreiras à entrada deve ser sempre medido em relação aos ganhos prospectivos de uma entrada bem-sucedida.

## Resumo: lista de verificação[44]

Quais os passos que devem ser adotados para avaliar as barreiras à entrada em um caso concorrencial típico?

*1.º passo: Definição de mercado*

Os compradores e vendedores de um mercado devem ser determinados. Esse processo revelará tipicamente os outros vendedores que estão apenas fora do mercado, mas que estão melhor colocados para entrar caso uma oportunidade apareça. Em algumas abordagens sobre a definição de mercado, as empresas são nele incluídas se elas puderem facilmente começar a produzir. Nesses casos, algumas considerações podem ser feitas em relação aos custos desse ajuste, para que o órgão considere os impedimentos à entrada até mesmo para empresas inseridas no mercado.

43. Em termos mais gerais, se S representa os lucros de uma entrada bem-sucedida e F as perdas de uma entrada fracassada, a probabilidade de equilíbrio crítico de sucesso ($p^*$) será dada pela expressão: $p^*S + (1-p^*)(-F) = 0$. Podemos resolver esta expressão por $p^*$ : $p^* = F/(F+S)$. Assim, para tornar a entrada atrativa, o sucesso será mais provável quanto mais altas forem as perdas com uma entrada fracassada e mais baixos forem os lucros de uma entrada bem-sucedida.

44. Essa lista de tarefas, embora de alguma forma diferente em organização, foi inspirada em outra elaborada pelo Reino Unido (1994).

*2.º passo: Condições de mercado e histórico*

É importante determinar se o mercado está crescendo, estável ou em declínio. A entrada será sempre mais fácil se a demanda do mercado estiver crescendo. De fato, espera-se que uma nova capacidade de produção seja adicionada nesses casos. Entretanto, os setores em queda por um longo tempo não são locações atrativas para novos investimentos. Eles tendem a já estar sofrendo com o excesso de capacidade.

O histórico do mercado pode ser uma boa fonte indireta de informação sobre as barreiras:

- As empresas estabelecidas têm sido lucrativas nos últimos anos?
- Tem havido tentativas recentes de entrada e com que sucessos? Altos lucros sem tentativa bem-sucedida de entrada são um forte sinal da existência de importantes barreiras.
- Se tiver havido entradas, de onde elas vieram? Do mesmo setor em áreas geográficas diferentes, setores próximos, grandes clientes ou de fornecedores integrados verticalmente?
- Como as empresas estabelecidas respondem a essas novas entradas – agressivamente ou passivamente? As empresas estabelecidas têm sido forçadas a saírem do negócio por novos entrantes bem-sucedidos?

Certamente, o histórico de uma indústria será menos relevante se houver grandes mudanças recentes, por exemplo, liberalizações comerciais significativas, desregulamentações ou privatizações.

*3.º passo: Barreiras estruturais*

Há várias barreiras estruturais a serem consideradas:

- Um bom lugar para começar é com as barreiras regulatórias, porque elas podem ser tão conclusivas que estudos adicionais não serão necessários. As barreiras regulatórias que devem ser investigadas incluem barreiras explícitas representadas por licenciamentos obrigatórios, e pelas barreiras tarifárias e não-tarifárias ao comércio. Estas são normalmente óbvias. Mais difíceis de mensurar são as muitas barreiras regulatórias indiretas que detêm a entrada apenas como um subproduto de alguma outra atividade regulatória. Com mais freqüência essas regulamentações têm o efeito de conferir uma vantagem absoluta de custo às empresas preestabelecidas, como quando regulamentações ambientais são mais restritivas a novas empresas, ou quando as normas de segurança forçam as empresas a um maior investimento irrecuperável em treinamento e equipamento de segurança.

- Se os entrantes não têm acesso aos mesmos insumos e tecnologia ao mesmo preço que as estabelecidas, eles sofrerão uma desvantagem absoluta de custos, que prejudicará sua capacidade de concorrer e reduzirá seu incentivo para entrar. As diferenças de custos absolutos tendem a ser encontradas com mais facilidade em economias relativamente sem concorrência no mercado de insumos. Há muitas fontes possíveis de vantagens absolutas de custos, incluindo a propriedade de um recurso natural especialmente produtivo pelas empresas estabelecidas (por exemplo, das mais ricas minas, o solo mais fértil), a posse de capital humano especializado e de propriedade intelectual que não é facilmente duplicada.
- Os custos irrecuperáveis podem ser, das barreiras à entrada importantes a mais freqüente, pelo menos em economias industriais. Os custos irrecuperáveis podem vir na forma de maquinário especializado, instalações, propriedade intelectual e capital humano e das despesas esperadas com o início de operação. Eles, como todas as barreiras, devem ser medidos em relação aos ganhos prospectivos de uma entrada bem-sucedida.
- Quando a estrutura do mercado de capital não é perfeita, o nível de investimento de capitais necessário para entrar em uma escala viável mínima ou maior pode ser uma barreira à entrada. Portanto, o nível de capital requerido e a facilidade com a qual os entrantes mais propensos possam receber esse capital devem ser objeto de estudo.
- Visto que eles podem apontar para a necessidade de grande volume de capital ou custos irrecuperáveis (ou ambos), é sempre recomendável estudar as economias de escala associadas com a produção para o mercado relevante. Grandes economias de escala, que necessitam de uma entrada em larga escala, serão também importantes na previsão da reação das empresas estabelecidas à entrada. Embora elas possam estar inclinadas a recepcionar uma entrada em pequena escala, elas podem ser mais ameaçadas por uma entrada em larga escala, particularmente se o mercado não estiver crescendo. Nesse caso, pode-se esperar que as firmas estabelecidas respondam de forma mais agressiva.

*4.º passo: Barreiras comportamentais*

De novo, há um número de barreiras comportamentais a ser considerado:

- Como a firma estabelecida responderá à entrada? Há alguma razão para acreditar que ela será particularmente agressiva, até mesmo predatória? Ela tem uma reputação por ser recalcitrante? Ela tem motivos para criar dita reputação – quer dizer, ela quer usá-la no mercado para enviar um sinal para outros mercados? Ela tem feito ameaças a entrantes potenciais? A empresa estabelecida tem capacidade financeira maior do que a dos entrantes potenciais líderes? A empresa estabelecida pode reduzir os preços de tal forma a prejudicar os entrantes entrementes com custos menores para si? A empresa estabelecida está contratualmente obrigada a manter sua produção por meio de cláusulas de alinhamento com a concorrência (*meeting-competition clauses*). E, também de grande importância, a empresa estabelecida tem capacidade ociosa necessária para atender à demanda de mercado a preços mais baixos?
- A publicidade no mercado é importante? Caso positivo, há alguma razão para acreditar que o entrante terá mais dificuldade para fazer publicidade do que a empresa estabelecida?
- Há restrições verticais no mercado que tornarão a entrada mais difícil? Por exemplo, todos os clientes encontram-se vinculados por contratos de exclusividade com fornecedores existentes, e qual o prazo desses contratos? As empresas estabelecidas vinculam a compra de um bem a de algum outro que elas controlam e para o qual não há concorrência? Similarmente, os fornecedores de algum insumo crítico estão comprometidos com as empresas estabelecidas e não estão livres para fornecer ao entrante?
- Existem estratégias, tais como o aumento dos custos do rival, disponíveis às empresas estabelecidas de forma que elas possam utilizá-las para encorajar uma saída rápida do entrante?

*5.º passo: Outros tipos de impedimento à entrada*

Existem outros fatores que reduzirão a velocidade da entrada?

Colocado de outra forma, se a entrada for bem-sucedida, quanto tempo isso levaria? Ela poderia levar seis meses, um ano, três anos ou mais para construir uma fábrica, treinar a mão-de-obra e estabelecer uma rede de distribuição – os quais devem ser feitos antes de uma nova concorrência ser estabelecida pelo entrante. Algumas revisões desses outros impedimentos são importantes para compreender o problema. Poderia ser que, mesmo na falta de quaisquer barreiras tradicionais à entrada, esta pode ser considerada como um contrapeso insuficiente ao poder de mercado simplesmente porque ela leva muito tempo para se organizar.

## Referências Bibliográficas

BAIN, J. *Industrial organization*. New York: Wiley, 1968.

BAUMOL, W.; WILLIG, R. Fixed costs, sunk costs, entry barriers and sustainability of monopoly. *Quarterly Journal of Economics* 96 (3): 405-31, 1981.

_____; _____; PANZAR, J.; . *Contestable markets and the theory of industry structure*. New York: Harcourt Brace Jovanovich, 1982.

BRENNAN, T. Understanding "raising rivals costs". *Antitrust Bulletin* 33 (1): 95-113, 1988.

CANADA, BUREAU OF COMPETITION POLICY. *Predatory pricing enforcement guidelines*. Ottawa: Minister of Supply and Services Canada, 1992.

DEMSETZ, H. Barriers to entry. *American Economic Review* 72 ( 1): 47-57, 1982.

DIXIT, A. The role of investment in entry deterrence. *Economic Journal* 90 (357): 95-106, 1980.

GELMAN, J.; SALOP, S.. Judo economics: capacity limitation and coupon competition. *Bell Journal of Economics* 14 (2): 315-25, 1983.

GEROSKI, P.; GILBERT, R.; JACQUEMIN, A. *Barriers to entry and strategic competition*. Chur: Harwood Academic Publishers, 1990.

GILBERT, R. Mobility barriers and the value of incumbency. In: SCHMALENSEE, R.; WILLIG, R. (Ed.). *Handbook of industrial organization*. New York: North Holland, 1989.

JOSKOW, P.; KLEVORICK, A. A framework for analyzing predatory pricing policy. *Yale Law Journal* 89 (2): 213-70, 1979.

JUDD, K. Credible: spatial preemption. *Rand Journal of Economics* 16 (2): 153-66, 1985.

KATZ, M.; SHAPIRO, C. Network externalities, competition and compatibility.

*American Economic Review* 75 (3): 424-40, 1985.

KLEMPERER, P. Competition when consumers have switching costs: an overview with applications to industrial organization, macroeconomics, and international trade. *Review of Economic Studies* 62 (4): 515-39, 1995.

KRATTENMAKER, T.; SALOP, S.. Anticompetitive exclusion: raising rivals' costs to achieve power over price. *Yale Law Journal* 96 (2): 209-93, 1986.

KREPS, D.; WILSON, R. Reputation and imperfect information. *Journal of Economic Theory* 27 (2): 253-79, 1982.

MCGEE, J. Predatory price cutting: the Standard Oil (NJ.) case. *Journal of Law and Economics* 1 : 137-69, Oct. 1958.

MILGROM, P.; ROBERTS, J. Limit pricing and entry under incomplete information: an equilibrium analysis. *Econometrica* 50 (2): 443-59, 1982a.

______ ; ______ .Predation, reputation and entry deterrence. *Journal of Economic Theory* 27 (2): 280-312, 1982b.

MODIGLIANI, F. New developments on the oligopoly front. *Journal of Political Economy* 66: 215-32, 1958.

ROSS, T. Sunk costs as a barrier to entry in merger cases. *University of British Columbia Law Review* 271 (1): 75-92, 1993.

SALOP, S. Symposium on mergers and antitrust. *Journal of Economic Perspectives* 1 (1): 3-12, 1987.

———; SCHEFFMAN D. Raising rivals' costs. *American Economic Review* 73 (2): 267-71, 1983.

SCHMALENSEE, R. Entry deterrence in the ready-to-eat breakfast cereal industry. *Bell Journal of Economics* 9 (2): 305-327, 1978.

SPENCE, M. The learning curve and competition. *Bell Journal of Economics* 12 (1): 49-70, 1981.

STIGLER, G. *The organization of industry*. Homewood: Richard D. Irwin, 1968.

SUTTON, J. *Sunk costs and market structure: price competition, advertising, and the evolution of concentration*. Cambridge: MIT Press, 1991.

UNITED KINGDOM OFFICE OF FAIR TRADING. *Barriers to entry and exit in U.K. Competition policy*. Office of Fair Trading, London, 1994.

VISCUSI, W K.; VERNON, J.; HARRINGTON, J. *Economics of regulation and antitrust*. Toronto: D.C. Heath, 1992.

ANEXO 2

# DEFESAS DE EFICIÊNCIA

O propósito fundamental das leis de defesa da concorrência é assegurar o uso eficiente dos recursos por meio de uma concorrência vigorosa. Pode haver, entretanto, circunstâncias nas quais as aparentes restrições à concorrência podem significar o uso de recursos com mais eficiência. De modo geral, estas correspondem a duas categorias. A primeira é composta pelas restrições pró-competitivas. Os exemplos incluem:

- Um acordo ou uma fusão entre dois pequenos concorrentes que podem se tornar concorrentes mais efetivos contra os rivais maiores.
- Um acordo entre concorrentes sobre padrões de produção que possam aumentar o tamanho do mercado e, assim, atrair mais concorrentes, ajudando o desenvolvimento de novos mercados para produtos complementares.
- UM ACORDO ENTRE FABRICANTES E DISTRIBUIDORES DE UM PRODUTO DE MARCA QUE POSSA RESTRINGIR A CONCORRÊNCIA INTRA MARCAS (POR EXEMPLO, DANDO A CADA DISTRIBUIDOR UM TERRITÓRIO EXCLUSIVO), MAS QUE TAMBÉM MELHORE A ENTRADA DA MARCA E AUMENTE A CONCORRÊNCIA COM AS OUTRAS MARCAS.
- Uma *joint venture* entre dois concorrentes potenciais para desenvolver um novo produto. Embora cada qual pudesse desenvolver o produto, nenhum o faria se houvesse a concorrência do outro. Sem o acordo, o produto talvez pudesse nunca ser desenvolvido.

A segunda categoria é de fusões ou acordos que restringem a concorrência, mas que resultam no uso mais eficiente dos recursos. Os exemplos incluem:

- Dois concorrentes ou concorrentes potenciais, fazem uma fusão para

Este anexo foi preparado por Donald McFetridge, com a colaboração e comentários de outros membros da equipe.

obterem vantagens de economias de escala na produção. Os custos são mais baixos, mas a margem de lucro, os lucros e (possivelmente) preços são maiores.

- Dois concorrentes potenciais fazem uma *joint* venture para desenvolver um novo produto e eliminar a duplicidade de pesquisa e desenvolvimento (R &D), evitando os custos da corrida para ser o primeiro no mercado. Entretanto isso atrasa a introdução do produto e reduz as escolhas disponíveis aos compradores potenciais.
- Dois concorrentes em múltiplos produtos concordam em especializar a produção, cada um suprindo as necessidades do outro. Ambos economizam, pois reduzem os custos de modernização de equipamento e de estoque, utilizando pessoal e equipamento mais especializado. O acordo também elimina a concorrência em relação à qualidade entre as duas empresas. Além do mais, como conhecem reciprocamente os respectivos custos, elas concorrem com menos agressividade com relação ao preço, de forma a que as margens, e os próprios preços, sobem.

Na primeira categoria, reconhece-se que as práticas que aparentemente restringem as escolhas podem, de fato, aumentá-las quando vistas de uma perspectiva mais ampla ou no longo prazo. Na segunda categoria, a concorrência é de fato restringida. A questão é de custo/benefício (*trade off* ) entre os ganhos de uma produção mais eficiente contra as perdas originadas pela restrição à concorrência.

## Eficiências na lei concorrencial

A política de defesa da concorrência trata fundamentalmente (mas não exclusivamente) da busca da eficiência. Conseqüentemente, a eficiência deve ser considerada, de várias formas, durante a aplicação das leis de defesa da concorrência nacionais. Essas considerações são incorporadas na análise das fusões, acordos horizontais e verticais e casos de abuso de posição dominante.

### *Fusões*

Alguns países (Austrália, Canadá, Nova Zelândia, Reino Unido e Estados Unidos) têm disposições tanto legais quanto administrativas para as defesas ou exceções de eficiência. As provas de eficiências podem ser empregadas junto com outras provas para determinar se uma fusão é anticompetitiva, ou na defesa de uma fusão anticompetitiva. Em outras jurisdições, essas considerações entram na avaliação de forma menos direta.

*Restrições horizontais*

Muitos países prevêem com maior ou menor intensidade a defesa ou exceção de eficiência para restrições horizontais que não atinjam o grau de uma fusão. A Austrália e a Nova Zelândia prevêem essencialmente as mesmas defesas em casos de fusão. A Itália permite defesa limitada para acordos horizontais, mas não para fusões.

A União Européia (EU) permite a isenção para alguns acordos anticompetitivos que tragam benefícios econômicos, como a melhora da produção ou distribuição de bens, a promoção do progresso técnico ou econômico. Os benefícios devem suplantar a redução de competitividade para se qualificarem como causa de isenção, que não pode ser aplicada a acordos que eliminem a concorrência efetiva, que ocorre quando o domínio do mercado é alcançado. A fixação de preço ou cota, ou a divisão de mercado são tidas como práticas especialmente restritivas da concorrência e tendem a não ser suplantadas pelos ganhos de eficiência.

No Canadá, por exemplo, a lei de defesa da concorrência prevê a mesma possibilidade de defesa de eficiência para acordos especializados e que tenham sido registrados, como para fusões. A lei também prevê a defesa para *joint-ventures* em pesquisa e desenvolvimento, envolvendo um programa de pesquisa específico que de outra forma não aconteceria. Os acordos com concorrentes visando a troca de estatísticas, definições de padrão de produtos, troca de informações sobre crédito, definições terminológicas, cooperação em pesquisa e desenvolvimento, restrições de propaganda, tamanho e formato de embalagem, uso de medidas métricas e de medidas de proteção ambiental não são condutas criminais, a menos que elas reduzam indevidamente a concorrência com relação a preços, produção, mercados, clientes ou distribuição. Não há previsão de defesa para essas condutas no Canadá.

Nos Estados Unidos a eficiência desempenha um papel importante para determinar se um acordo horizontal será tratado como ilegalidade *per se* ou pela regra da razão. Quando um acordo não resulta em eficiência, reforça a integração da atividade econômica e envolve restrições, como a alocação do mercado, a fixação de preços e boicotes pelas empresas com poder de mercado, a regra per se será aplicada. Nos demais casos, será utilizado o tratamento pela regra da razão. Quando a regra da razão se torna aplicável, é importante uma avaliação das eficiências para determinar se o acordo é pró-competitivo ou anticompetitivo e, portanto, ilegal. As decisões judiciais nos Estados Unidos têm reconhecido duas categorias amplas de acordos que reforçam a eficiência: aqueles que reduzem os custos de fornecimento de um produto ou aumentem sua qualidade e aqueles que são necessários para que o produto seja fornecido.

Qualquer restrição que reforce a eficiência envolverá alguma integração econômica (como os acordos de parceria) entre os participantes que vai além da mera coordenação de preços ou produção e isso facilita a realização das eficiências. As restrições horizontais, como os acordos de especialização e a celebração de *joint ventures*, envolvem integração econômica e são avaliados com base na regra da razão. Essas restrições podem ser razoavelmente necessárias para alcançar um objetivo que é em última instância pró-competitivo. Por exemplo, um acordo que resulte no desenvolvimento de um novo produto ou novos mercados pode ser visto como pró-competitivo.

*Restrições verticais*

Em alguns países as eficiências também desempenham um papel na avaliação das restrições verticais não relacionadas a preços. As restrições verticais não relativas a preços incluem o franqueamento exclusivo, os contratos de negociação ou obrigação exclusiva ou vinculados e vendas casadas ou agrupamentos (*bundling*). Nos Estados Unidos, por exemplo, as restrições territoriais na concorrência intramarcas a jusante (*downstream*) impostas por um fornecedor a montante (*upstream*) podem ser justificada com base na eficiência trazida em relação à promoção de concorrência entre marcas e irá além da simples compensação de efeitos contrários da redução da concorrência intramarca. Os mesmos princípios podem ser aplicados à negociação exclusiva. Venda casada (*tying*) ou agrupamento (*bundling*) também são analisados com base na regra da razão, a menos que seja demonstrado que o produto vinculante tenha grande poder de mercado. Mesmo quando isso é comprovado, a defesa de uma justificação de negócio legítima é possível para os acusados. Os acordos vinculativos que assegurem ou reforcem a qualidade da produção, atendam as preferências dos consumidores ou ajudem a introduzir um novo produto têm sido considerados legítimos.

*Abuso de posição dominante*

As eficiências podem ter um papel importante na definição de abuso de posição dominante nas leis de defesa da concorrência. No Canadá, a Lei da Concorrência requer que se considere, explicitamente, se a exclusão de concorrentes de um mercado é conseqüência de um desempenho competitivo superior da empresa dominante. As empresas dominantes não são obrigadas a manter o preço alto (*pricing umbrella*) para proteger as rivais menos eficientes.

Se as práticas de exclusividade pelas empresas dominantes podem ser defendidas porque elas são em suma pró-competitivas ou porque elas aumentam os benefícios totais (quer dizer, aumentam os lucros mais do que reduzem os benefícios do consumidor), trata-se de uma outra questão. Em algumas jurisdições, não há defesa de nenhum tipo. A União Européia não prevê nenhuma defesa para ações de exclusividade praticadas por uma empresa dominante (quer dizer, uma com uma participação do mercado de 40% – 45% ou mais). Provavelmente não seria um argumento de defesa em qualquer jurisdição para uma empresa dominante alegar que suas práticas de exclusividade permitiram-na realizar economias de escala.

Ainda assim, as considerações sobre a eficiência tendem a se tornar mais proeminentes no julgamento dos casos de abuso de posição dominante no futuro. Nos Estados Unidos, uma defesa com justificativa comercial para acordos vinculativos pode ser feita por acusados com uma participação de mercado de 30%. Têm surgido preocupações em relação às conseqüências de eficiência de acesso obrigatório a redes ou padrões dominantes.

## Definições de ganho de eficiência

Um ganho de eficiência é o mesmo que um ganho de produtividade. Ele também resulta na economia por unidade, podendo envolver o uso de:

- Menos recursos para produzir a mesma quantidade de bens e disponibilidade de serviços.
- Menor qualidade de recursos para o mesmo nível de produção.
- Os mesmos recursos para produzir mais.
- Os mesmos recursos para produzir bens e serviços de melhor qualidade.
- Os mesmos recursos para produzir uma maior variedade de produtos ou serviços.

Um ganho de eficiência ocorre quando a razão da qualidade–produção ajustada em relação à qualidade–insumos ajustados aumenta. A economia de recursos ou reduções de custos não implica, por si mesma, aumento de eficiência. Os recursos economizados pela redução de produção, variedade e qualidade, ou pelo aumento da procura do consumidor, transporte e custos de estoque ou tempo de espera não são ganhos de eficiência. Os recursos economizados pela deterioração das condições de trabalho ou danos ao meio ambiente não são igualmente ganhos de eficiência. A economia dos custos unitários alcançada pela pressão sobre os fornecedores para reduzir as margens de lucro também está excluída.

Um ganho estático de eficiência pode ser visto como um aumento isolado na produtividade ou uma redução isolada dos custos unitários.

Um ganho dinâmico de eficiência significa uma melhora no crescimento anual da produtividade ou a redução da razão do custo unitário. O ganho dinâmico de eficiência pode envolver:

- O uso de menos recursos, ou de recursos de menor qualidade, enquanto mantém o mesmo crescimento de produção e a mesma razão de aprimoramento de qualidade e introdução de novo produto.
- Aumento do crescimento anual da renda e melhora da qualidade e a introdução de um novo produto enquanto utiliza os mesmos recursos.

Tal como com as eficiências estáticas, o crescimento de produtividade deve ser definido em termos amplos, compatibilizando a qualidade, variedade, busca de clientes, tempo de espera, custos de transporte, assim como condições de trabalho e de proteção ao meio ambiente. Mas os ganhos dinâmicos de eficiência são geralmente mais difíceis de comprovar do que os ganhos estáticos.

## Ganhos de eficiência e interesse público

Algumas leis de defesa da concorrência nacionais ou guias de fusão sugerem que o interesse público deve ser levado em consideração na análise das fusões. O interesse público inclui mais do que a preservação e a defesa da concorrência e dos ganhos dinâmicos e estáticos de eficiência. Por exemplo, a Lei Comercial da Nova Zelândia, de 1975, incluiu benefícios públicos explícitos que devem ser levados em consideração, como o aumento da atividade de exportação, emprego, valor agregado e comércio exterior. Contudo essa lista foi omitida da lei de 1986. Entretanto, embora a lista seja considerada por alguns como uma espécie de precedente que permanece, as diretrizes da Comissão de Comércio dizem que o aumento do emprego, das exportações e da atividade econômica em regiões em crise não podem ser consideradas geralmente como benefício público.

Outros países, incluindo a Austrália, Alemanha e Reino Unido, têm cláusulas de interesse público nas leis de defesa da concorrência. Na Austrália, a conduta anticompetitiva (incluindo as fusões) pode ser isenta da Lei de Práticas Comerciais de 1974 se a Comissão de Práticas Comerciais concluir que há benefícios públicos compensatórios. Na Lei Alemã contra as Restrições à Concorrência permite-se a isenção à uma fusão, baseada nas vantagens econômicas ou no interesse público primordial. Entre 1973 e 1991 houve seis isenções concedidas por razões de energia, emprego, tecnologia e competitividade (Crampton 1992).

No Reino Unido, os acordos restritivos e as fusões podem ser encaminhados à Corte de Práticas Restritivas e, então, para a Comissão de Monopólios e Fusões para avaliarem se elas são contra o interesse público. A Comissão de Monopólios e Fusões é orientada pela Lei de Comércio de 1973 para buscar os efeitos positivos na distribuição de indústria e emprego, nas importações domésticas e exportações, assim como na concorrência e nos ganhos dinâmicos e estáticos de eficiência. Uma declaração ministerial de 1984 determinou que as preocupações sobre a concorrência deveriam ser fundamentais. Ainda assim, a balança de pagamentos, a competitividade internacional e o argumento sobre questões relativas ao emprego continuam sendo recepcionados. Das 40 decisões da Comissão de Monopólios e Fusões entre 1984 e 1990, as melhoras na balança de pagamentos e o aumento da taxa de empregos foram considerados como benefícios à economia em cinco casos (Weir 1993, p. 951).

As considerações sobre a competitividade podem ser encontradas em muitas outras decisões. Em 1987, a Comissão considerou que um dos benefícios da fusão da British Airways e a British Caledonian era uma forma de reforçar a posição de defesa da concorrência da British Airways contra as grandes transportadoras norte-americanas (Finbow e Parr 1995, p. 252). Da mesma forma, uma das razões da comissão para aprovar a aquisição de produtora de cabos submarinos STC pela Alcatel em 1994 foi a de que a fusão preservaria a presença da STC no Reino Unido como uma grande exportadora e empregadora em termos de tecnologia de ponta em telecomunicações (Finbow e Parr, p. 253).

A Comissão de Monopólios parece ter levado em consideração os benefícios públicos muito além da promoção da exportação e dos empregos. Em 1991, em um caso de fusão de duas empresas britânicas de prestação de serviço, a Comissão definiu o interesse público como composto, primeiro, pela necessidade de eficácia e confiança na prestação dos serviços; segundo, que a prestação não polua indevidamente o meio ambiente e, terceiro, que a indústria seja economicamente eficiente. A Comissão concluiu que, apesar do domínio do mercado, o grupo que havia passado pelo processo de fusão havia satisfeito aqueles critérios (Comissão de Monopólios e Fusões, 1985, p. 88-92).

No Canadá, a Lei da Concorrência determina que os efeitos da fusão no valor real das exportações e substituição de importação sejam considerados ao decidir se as eficiências resultantes de uma fusão tendem a equilibrar os efeitos de uma concorrência reduzida. Isso não implica que a exportação e a substituição das importações são ganhos de eficiências ou benefícios de uma fusão em si (Canadá, Diretor de Investigação e Pesquisa, Lei da Concorrência, 1991, 5.6). Ao contrário, o aumento na exportação e substituição de importação é visto como relevante somente se oferecerem melhores provas de um aumento da eficiência na produção doméstica.

## Mensurando eficiência e ganhos de bem-estar

Para que os ganhos possam ser qualificados como argumento de defesa de eficiência ou de uma isenção, devem suplantar os efeitos anticompetitivos potenciais de uma fusão ou de um acordo. Mas qual o tamanho necessário dessas eficiências para contrabalançar os efeitos anticompetitivos? A resposta depende das definições de "suplantar" e "efeitos anticompetitivos".

Há duas abordagens. A primeira aceita uma menor concorrência desde que seja acompanhada por um aumento líquido no benefício total (lucros mais benefícios do consumidor) – ou, em termos mais simples, desde que os ganhos dos acionistas sejam maiores que as perdas dos consumidores. Essa é informalmente chamada de abordagem Williamson, a abordagem do benefício total, a abordagem do bem-estar econômico agregado, a análise de custo/benefício (*tradeoff analysis*) . Ela ignora as conseqüências redistributivistas do exercício do poder de mercado.[1] Ela permitiria que uma fusão ou acordos horizontais ou verticais que aumentassem os preços fossem consumados, desde que os benefícios perdidos pelos consumidores, para fora do mercado pelos preços mais altos, (perdas de peso morto – *deadweight loss*) fossem menores do que os ganhos de eficiência realizados pelas partes no acordo ou fusão. Essa abordagem é consistente com os princípios da análise do custo-benefício, que geralmente ignora as questões distributivas. A consistência com o propósito legislativo que inspira os ordenamentos de defesa da concorrência nacionais, é assunto vivamente discutido, pelo menos nos Estados Unidos.

A segunda abordagem aceita as fusões que aumentem a concentração no mercado e alguns acordos restritivos entre os concorrentes desde que eles sejam acompanhados de eficiências que as equilibrem de tal forma que o efeito líquido é o de reforçar, ou pelo menos

1. Uma variante desse teste permite que algum peso seja dado aos efeitos redistributivos. Ela define o efeito de diminuição da concorrência resultante de uma fusão ou acordo em termos de perda de benefícios econômicos (peso morto e transferência) tendente a ser experimentada pelos consumidores no mercado relevante. De um extremo, isso trata o benefício da redistribuição econômica dentro da economia da mesma forma que a perda completa de benefício à economia. Essa abordagem limita as considerações sobre ganhos de eficiências a casos especiais.

não inviabilizar, a concorrência. Essa comparação dos efeitos pró e anticompetitivos é chamada de teste dos efeitos competitivos.

Essa abordagem requer que os efeitos líquidos aumentem ou pelo menos não reduzam os do consumidor. Ela é chamada de benefícios do consumidor ou de padrão dos benefícios puros do consumidor porque evita qualquer redistribuição dos benefícios de clientes (consumidores) às partes em uma fusão ou acordo. Ela também é conhecida como padrão de preços por não permitir que uma fusão ou acordo eleve os preços materialmente. Ela requer que as eficiências subseqüentes a uma fusão ou acordo sejam grandes o suficiente para impedir o aumento de preço em função da qualidade[2] no mercado relevante. Sob a ótica de benefício puro do consumidor, a fusão ou acordo que melhorar a economia como um todo (quer dizer, aumentar a soma do benefício do produtor e consumidor), mas aumentar os preços significativamente no mercado relevante, seria proibida.

Nem decisões judiciais nem administrativas fornecem uma orientação precisa em relação ao nível que os ganhos de eficiência devem atingir na prática para que possa ser reconhecido o equilíbrio com os efeitos anticoncorrenciais. No Reino Unido, as partes na fusão entre Elders IXL – Grand Metropolitan sustentaram que a operação levaria à economia de custos em até 15%. A Comissão de Monopólios e Fusões concluiu que essa economia de custos seria insuficiente para "compensar" os efeitos adversos da fusão identificados (Finbow e Parr, 1995, p. 250). No Canadá, o Diretor de Investigação e Pesquisa (autoridade responsável

2. Uma variante da abordagem do padrão do benefício puro do consumidor é a chamada abordagem do repasse, que tem diferentes interpretações. Uma diz que todos os ganhos de eficiência devem ser repassados aos consumidores das empresas contratantes ou em processo de fusão. Ela tem sido chamada de "qualificação assassina", pois pode ser cumprida somente por fusões ou acordos que não possuem efeitos anticompetitivos. Uma interpretação menos extrema da obrigação de repassar é a que o cliente deve dividir os benefícios de um acordo ou fusão. Isto é, as eficiências resultantes de uma fusão ou acordo devem ser tais que o ajuste de preço pela qualidade no mercado relevante cai e o benefício do consumidor aumenta. Os ganhos de eficiência necessários para reduzir os preços são obviamente maiores do que aqueles necessários para evitar que eles aumentem.

pela aplicação da lei de defesa da concorrência[2], declarou em 1991, depois de quatro anos de experiência com a lei, que ele não presenciou um único caso no qual os ganhos de eficiência fossem suficientes para equilibrar os efeitos da redução substancial da concorrência.

## As formas de defesas de eficiência

Existem muitas questões a serem consideradas na definição das defesas de eficiência. Elas incluem a forma que a defesa deve ter, suas características operacionais e o foro em que os pedidos, com base nas eficiências, devam ser julgados. Estes assuntos serão discutidos a seguir.

### *A defesa afirmativa ou o teste dos efeitos competitivos*

As eficiências podem ser usadas como uma defesa afirmativa, uma vez que se tenha estabelecido que uma fusão ou um acordo reduz a concorrência substancialmente. Essa é a abordagem adotada na avaliação das fusões no Canadá. Da mesma forma, a Nova Zelândia utiliza esse ponto de vista na análise das fusões e acordos restritivos. Isso se encontra ilustrado na decisão da Comissão de Comércio da Nova Zelândia em Health Waikato LTD/ Midland Health (Decisão 275, agosto de 1995).

As provas de eficiência podem também ser levadas em consideração para determinar se um acordo ou fusão tende a reduzir a concorrência, quer dizer, a elevar os preços ou reduzir a qualidade. Essa abordagem dos efeitos competitivos é empregada pelos tribunais nos Estados Unidos na análise das restrições horizontais (que também ocorre na Itália, onde os acordos restritivos podem escapar da proibição somente se puder ser demonstrado que eles melhoram as condições de fornecimento e beneficiam substancialmente os consumidores) Foi sugerido o seu uso na avaliação das fusões pela Comissão Federal de Comércio dos Estados Unidos (1996).[3]

3. O relatório oficial argumenta: as eficiências que tendem a ser obtidas por meio de uma fusão podem aumentar a competitividade de uma empresa fundida e melhorar (ou não prejudicar) a performance competitiva do mercado no

*Avaliação quantitativa* versus *avaliação qualitativa*

A defesa de eficiência envolve o equilíbrio dos efeitos positivos e negativos de uma fusão ou acordo para determinar seus efeitos líquidos nos consumidores ou no bem-estar econômico agregado. Esse equilíbrio pode ser qualitativo ou quantitativo, ou uma mistura dos dois.

Um equilíbrio puramente quantitativo envolveria a medida de ambos os efeitos anticompetitivos e das eficiências resultantes. Os efeitos anticompetitivos potencialmente quantificáveis incluem perdas de peso morto (*deadweight loss*) e transferências de recursos do exercício de poder de mercado. Grande parte dos ganhos de eficiências é quantificável, em princípio, embora uma estimativa precisa dos ganhos dinâmicos, tais como os resultados atingidos com a pesquisa e desenvolvimento, seja virtualmente impossível. Uma defesa de eficiência puramente quantitativa seria bem sucedida se o valor atual das eficiências excedesse o valor presente dos efeitos anticompetitivos (para um exemplo ilustrativo de uma análise de custo/benefício puramente quantitativos (*trade-off analysis*), veja Pittman, 1988).

O equilíbrio dos efeitos positivos e negativos pode ser parcialmente quantitativo e parcialmente qualitativo, o que parece ser a regra entre os países com defesas de eficiência. Há, entretanto, muitas formas nas quais as comparações quantitativas e qualitativas podem se combinar. Em alguns casos (casos de fusão no Canadá, por exemplo) há um papel significativo e bem estabelecido para as comparações quantitativas de eficiências e os efeitos anticompetitivos.[4] Freqüentemente, entretanto, a quantificação é limitada à estimativa das eficiências estáticas no curto

---

qual a fusão opera, resultando em última instância em preços mais baixos, aumento da produção e/ou produtos de melhor qualidade ou serviço para consumidores ou outros compradores. Uma justificação de eficiência permitiria, assim, eficiências confiáveis a serem avaliadas por sua contribuição aos efeitos competitivos globais da fusão no mercado relevante – a questão central de mérito. Isso é semelhante ao foco da investigação da Corte Suprema sob o Sherman Act, quando ela analisa as eficiências argüidas obtidas por meio de restrições horizontais. "O critério a ser usado para julgar a validade de uma restrição é o seu impacto na concorrência." Desta forma essa justificação de eficiência proposta constituiria uma réplica, não uma defesa administrativa (capítulo 2.III.C.).

prazo.[5] As eficiências dinâmicas ou de longo prazo e os efeitos anticompetitivos permanecem em termos qualitativos. Sob essas circunstâncias, a comparação das eficiências com os efeitos anticompetitivos deve ser, ao menos parcialmente, qualitativa.[6]

*Zonas isentas (*safe harbors*) versus a análise caso a caso*

Uma forma de levar em consideração os ganhos de eficiência é definir as situações do mercado onde os ganhos tendem a equilibrar os efeitos anticompetitivos e designá-las como zonas isentas. Haveria, então, uma presunção de que quaisquer efeitos anticompetitivos nas situações de mercado definidas como não pertencente às zonas imunes não seriam equilibrados pelos ganhos de eficiência que os acompanhassem. Isso iria simplificar o processo de aplicação da legislação de defesa da concorrência, mas também resultaria em mais erros.

Pode ser que as zonas isentas nas práticas correntes em fusões constituam um reconhecimento apropriado da probabilidade de que as eficiências equilibrarão os efeitos anticompetitivos em algumas situações de mercado. Na União Européia, aceitam-se as eficiências que equilibram

4. Uma interpretação do requerimento da Lei Concorrencial do Canadá de que as eficiências sejam maiores e equilibrem os efeitos anticompetitivos de uma fusão é a de que as eficiências quantificáveis devam ser maiores do que os efeitos anticompetitivos quantificáveis e que as eficiências qualitativas devam equilibrar os efeitos anticompetitivos qualitativos.
5. No Reino Unido, um estudo concluiu que as empresas raramente quantificam as reclamações de eficiência, que a Comissão de Monopólios e Fusões tende a desacreditar as reclamações quantificadas em qualquer caso, e que a análise geral das comissões dos benefícios públicos líquidos é quase inteiramente qualitativo.
6. Na Nova Zelândia, a comparação das eficiências e dos efeitos anticompetitivos é em grande medida qualitativa, embora tanto a Comissão de Comércio como os tribunais tenham encorajado a quantificação quando possível. A comissão tem notado, entretanto, que isso pode propiciar a recolocação do peso excessivo dado aos fatores quantificáveis como os ganhos de eficiência produtivos de curto prazo à custa da dificuldade de medir, mas potencialmente importante para os fatores alocativos e de eficiência dinâmica, como a redução dos incentivos para inovar e redução de incentivos para controlar os custos.

os efeitos anticompetitivos em todas as fusões que não resultem na dominação do mercado. Uma vez que se tenha cruzado a zona limítrofe, da dominação do mercado, entretanto, não há defesa de eficiência.

Nos Estados Unidos, o Guia de Fusões Horizontais estabelece que a linha limítrofe para a aplicação da lei é tal que, na maioria dos casos, as empresas poderão ser capazes de atingir as eficiências disponíveis por meio de uma fusão sem a interferência das autoridades antitruste. No entanto, os argumentos sobre a eficiência também são considerados para fusões que, de outra forma, seriam contestadas pelas autoridades. Assim, há alguma possibilidade para a análise da eficiência caso a caso.

A questão de saber se as zonas existentes delineiam as condições do mercado sob as quais as eficiências tendem a se sobrepor aos efeitos anticompetitivos gira, em parte, sobre a abordagem adotada: a do bem-estar econômico agregado ou a do excedente do consumidor. A primeira abordagem implica proteções legais mais generosas do que a segunda.

*Discrição administrativa* versus *aplicação judicial*

Foi sugerido que um equilíbrio formal quantitativo das eficiências contra os efeitos anticompetitivos talvez seja muito complexo para os tribunais, mesmo os especializados, sendo, assim, apropriado restringir as considerações sobre as eficiências e o equilíbrio das análises das compensações aos órgãos antitruste.[7] Se for constatado que as eficiências equilibram os efeitos anticompetitivos, as autoridades não apresentarão acusações.

A complexidade da análise depende de como as considerações sobre a eficiência estão incorporadas no processo. Embora uma comparação quantitativa de perdas de peso morto e economia de custos esteja além da capacidade dos tribunais, mesmo daqueles especializados, os tribunais dos Estados Unidos e de outras jurisdições rotineiramente introduzem as considerações sobre eficiências na análise com base na regra da razão

7. Na Nova Zelândia uma defesa de eficiência é possível somente no requerimento para autorização da Comissão do Comércio (um tribunal especializado) para uma fusão ou uma conduta proposta que é ou possa ser anticompetitiva. Não é possível requerer a defesa das eficiências ante os tribunais tanto em ações públicas ou privadas.

dos acordos horizontais e verticais. Foi sugerido também que um teste similar dos efeitos competitivos poderia ser aplicado pelos tribunais nos casos de fusão (Comissão Federal de Comércio dos Estados Unidos 1996, capítulo 2, 111 c).

*Defesas limitadas* versus *defesas absolutas*

As defesas de eficiência podem ser limitadas de várias maneiras. A primeira refere-se às circunstâncias de mercado, nas quais elas são permitidas. Por exemplo, uma defesa de eficiência em casos de fusão pode ser permitida somente em mercados em declínio ou saturados, nos quais as fusões racionalizam de forma crível o excesso de capacidade. Tem-se atribuído importância considerável aos argumentos sobre a reorganização, por exemplo, nas recentes fusões ocorridas no setor de defesa norte-americano,[8] bem como discutido que as autoridades norte-americanas antitruste considerarão seriamente a defesa de capacidade de reorganização para fusões de hospitais, tendo em vista o limite de saturação do setor hospitalar nos Estados Unidos.

As defesas de eficiência também podem ser limitadas em relação aos tipos de eficiência aceitos. Estes podem ser restritos, por exemplo, às eficiências relacionadas a economias de escala, economias de linha de produção ou racionalização da capacidade. Da mesma forma, as economias gerenciais podem não ser consideradas tanto porque elas são difíceis de verificar porque uma fusão ou um acordo restritivo é geralmente visto como desnecessário para alcançá-las. Tem-se debatido que economias de custos fixos ou gerais não devem ser considerados.[9] Embora as fontes de eficiências afetem sua plausibilidade, é preferível

8. A aquisição de uma divisão de mísseis da General Dynamics pela Hughes Aircraft é um exemplo. A decisão das agências antitruste de não enfrentarem as transações foi aparentemente influenciada pelas economias potenciais de custos que poderiam se realizar pela combinação de duas divisões de mísseis. Visto que os requerimentos de confidencialidade precluíram discussões detalhadas entre as duas empresas, as economias potenciais de custos não foram quantificadas.
9. A justificativa dada é que, para a maximização do lucro da empresa, a produção e o preço dependem mais dos custos marginais do que dos fixos. Uma economia dos custos fixos não reduzirá o preço de maximização dos lucros e,

analisá-las conforme se apresentam do que descartar algumas.

Uma defesa pode também ser limitada na magnitude das eficiências necessárias. As eficiências podem ser consideradas, por exemplo, somente se elas forem anormalmente grandes ou se elas estiverem orientando a fusão ou acordo propostos.

## Análise das provas de eficiência

Há muitos fatores a serem considerados ao determinar se a economia dos custos experimentada pelas participantes de uma fusão ou acordo é relevante para os propósitos de uma defesa de eficiência. A natureza e qualidade das provas de eficiência necessárias devem também ser determinadas. Estes temas serão discutidos a seguir.

### *Ônus da prova*

As defesas de eficiência ou as exceções impõem às partes envolvidas a prova de que sua fusão ou acordo irá produzir os ganhos de eficiência necessários. Isso é apropriado, uma vez que as empresas são mais bem informadas do que as autoridades antitruste a respeito das eficiências decorrentes da transação.

### *Padrões de provas*

Em alguns países, há um elevado padrão probatório para as

---

portanto, não conseguem equilibrar os efeitos de menos concorrência. Outros têm dito que os custos fixos são um fenômeno de curto prazo. Em longo prazo, todos os custos são variáveis. Enquanto um ganho de eficiência puder manifestar-se em economia de custos fixos em curto prazo, ela pode resultar em uma mudança no segmento inferior nos custos marginais e, assim, reduzir o preço de mercado a longo prazo. Assim, o horizonte de tempo sobre o qual os efeitos competitivos são realizados é importante. Sem dúvida, a economia de custos fixos aumenta os benefícios totais quando resultar em uma redução do preço de mercado ou não. De uma perspectiva do padrão de benefício total, as economias de custo fixo é um ganho de eficiência tanto a curto quanto a longo prazo.

alegações de eficiência. No Reino Unido, por exemplo, a Comissão de Monopólio e Fusões considera os pedidos de eficiência com ceticismo. O mesmo também ocorre nos Estados Unidos. Embora isso não esteja explicitamente consubstanciado no Guia de Fusões do Departamento de Justiça/Comissão Federal de Comércio, de 1992, é necessário que as provas que sustentam os pedidos de eficiência sejam "claras e convincentes".

Um padrão mais elevado de provas pode ser apropriado quando as evidências relevantes estiverem nas mãos das partes que propuseram a fusão ou acordo, bem como quando for difícil de verificá-las. Por outro lado, tem-se sugerido que um padrão mais elevado de provas pode não ser necessário, se as provas de eficiência forem consideradas na determinação dos efeitos competitivos de uma fusão ou acordo (isto é, se ela reduzir a concorrência), em vez de ser a base de uma defesa afirmativa que tem se revelado a causa do enfraquecimento substancial da concorrência (Comissão Federal de Comércio, 1996, capítulo III H).

*Realização por meios menos anticompetitivos*

Jurisdições que permitem defesas de eficiência em casos de fusão limitam as hipóteses de análise do contingente das eficiências na fusão proposta. As eficiências que poderiam ser realizadas por meios alternativos, menos anticompetitivos, são desconsideradas.[10] Alternativas para uma fusão podem incluir outra fusão, crescimento interno, contratações com terceiros ou um acordo de *joint venture* ou de cooperação. Um tema-chave é o de quão viável a alternativa deve ser.

No Canadá, as eficiências são contingentes na fusão proposta se não for possível realizá-las através de meios menos anticompetitivos. As alternativas à fusão só são possíveis apenas quando são ou tenham sido utilizadas, ou quando a utilização tenha sido seriamente considerada, nos setores envolvidos. Fusões ou aquisições alternativas são limitadas àquelas

10. Embora as alternativas possam ser menos competitivas, elas podem ainda ter conseqüências anticompetitivas. Ao escolher uma fusão ou acordos alternativos anticompetitivos entre cada uma das eficiências empregadas, a melhor alternativa é aquela com o maior excesso de eficiências sobre os efeitos anticompetitivos.

que tenham sido propostas. A mera existência de alternativas práticas à fusão, entretanto, não anula necessariamente a alegação de eficiência. Elas, no entanto, limitam, as eficiências atribuíveis àquela fusão ao excesso dos ganhos realizados sobre os ganhos realizados pela melhor alternativa.

Nos Estados Unidos, o Guia de Fusões Horizontais estabelece que os ganhos de eficiência serão levados em conta se a fusão for "razoavelmente necessária" para alcançá-los. A maioria das pessoas tem interpretado essa condição como uma obrigação de que as eficiências sejam únicas ou específicas em relação à fusão (Yao e Dahdouh 1993). Por sua vez, "única" foi diversas vezes interpretada de forma a significar a ausência de alternativas lógicas plausíveis ou tecnicamente viáveis para a realização das eficiências (Muris 1995,9). Comentários recentes pelos órgãos reguladores parecem ser mais condescendentes. Eles sugerem que as eficiências devem ser consideradas únicas ou específicas se as formas alternativas não forem nem práticas nem viáveis em termos comerciais e forem significativamente menos anticompetitivas.

Outros países variam na forma de considerar as alternativas práticas à fusão. No Reino Unido a Comissão de Fusões e Monopólios é normalmente muito cética em relação à impossibilidade de obtenção de benefícios atribuídos às fusões por meios menos anticompetitivos. No caso AAH-Medicopharma, a Comissão rejeitou o argumento de que a fusão era necessária para uma racionalização porque uma das partes já havia planejado uma forma de racionalização que seria conduzida sem a fusão (Finbowand Parr, 1995, p. 259). Na Nova Zelândia, a Comissão de Comércio enunciou que a realização de economias de escopo e escala por meio do crescimento interno, não é uma boa alternativa para fusões em países pequenos da forma que seria em grandes países. Em geral, tende a existirem melhores alternativas para fusões como uma maneira de realizar os ganhos de eficiência em países maiores e mais desenvolvidos.[11]

A análise dos acordos restritivos, pela regra da razão, geralmente se centraliza nos termos dos acordos mais do que nas alternativas. Nesse

11. Por exemplo, argumentos de que uma fusão facilita o acesso ao talento gerencial ou financeiro não tendem a ser persuasivos nos Estados Unidos, mas podem ser persuasivos em países com mercados menos desenvolvidos para capital financeiro e humano. Para a perspectiva norte-americana, veja Comissão Federal de Comércio (1996, Capítulo 2, seção III F).

caso, a questão é saber se as restrições são essenciais para realizar as eficiências. As jurisdições divergem sobre se as restrições devem ser estrita ou apenas razoavelmente necessárias.

Os Estados Unidos exigem que as restrições sejam razoavelmente necessárias. As restrições não precisam ser as menos intensas ou praticáveis, mas é fundamental que elas resultem em uma integração da atividade econômica. Um exemplo seria um acordo de parceria que restrinja a concorrência entre os parceiros, mas facilite o fornecimento conjunto de serviços e, conseqüentemente, aumente a concorrência com outros fornecedores do serviço.

O equilíbrio envolve a comparação das eficiências alcançadas com os efeitos anticompetitivos das restrições. As eficiências que não são contingentes nas restrições nos acordos não são incluídas no processo de avaliação do equilíbrio. Em alguns casos, pode haver escopo para negociação conforme aplicado na Austrália ou no Reino Unido, sob o qual algumas cláusulas inclusivas ou restritivas devem ser excluídas de um acordo para a preservação dos ganhos de eficiência.

### *Economias reais de recursos*

Para que possa ser qualificada como uma defesa da eficiência, a economia de custos deve refletir a economia real de recursos. A economia de custos às expensas de outras reservas na economia são transferências e não economias de recursos. Por exemplo, a economia resultante do uso de maior esforço de barganha para forçar os fornecedores a aceitarem menores margens de lucro, são transferências. A economia no pagamento de imposto de renda de pessoa jurídica é transferência (do governo), entretanto as economias em impostos sobre o consumo e sobre a propriedade imobiliária não o são.[12]

### *Novos produtos*

12. Qualquer economia com propriedade ou redução de impostos em função do uso mais eficiente de insumos são ganhos de eficiência. A razão é que a importância que os usuários alternativos querem pagar pela terra e outros insumos liberados pela fusão ou acordo (o custo de oportunidade destes recursos) inclui quaisquer taxas cobradas deles.

Uma fusão, *joint venture* ou acordo cooperativo pode liberar recursos para a utilização em outras áreas da economia, ou pode atrair recursos de outro uso para um de maior valor. A segunda situação ocorre quando uma fusão ou acordo é necessário para criar ou aprimorar um produto. Dessa forma, os benefícios para os consumidores são os excedentes advindos do novo produto. O benefício à economia é a soma do excedente do consumidor mais quaisquer lucros obtidos com o novo produto

*Economia líquida de recursos*

Quaisquer custos de transição ou de ajuste devem ser deduzidos das economias de custo qualificáveis como defesa de eficiência. Estas incluem os gastos com investimentos que não teriam ocorrido se não fosse pela fusão ou acordo. Elas podem também incluir os pagamentos de indenização trabalhista.[13]

*Realização dentro do mercado relevante*

As agências nos Estados Unidos exigem que as eficiências sejam alcançadas dentro do mercado relevante do produto. Essa exigência está de acordo com o teste dos efeitos competitivos, sob os quais as eficiências são relevantes somente até o momento em que elas aumentam a concorrência no mercado relevante e ajudam a evitar a elevação dos preços naquele mercado. Entretanto, se as eficiências podem ser utilizadas como uma defesa afirmativa, não importa onde essas eficiências sejam realizadas, desde que elas sejam contingências na fusão ou acordo. O

13. Ao se considerar que as indenizações trabalhistas são compensações pela perda de tempo de trabalho e esforço de procura de emprego para os servidores liberados pela fusão, há um argumento para a redução dos ganhos de eficiência líquidos pela quantia de pagamentos. Pode-se também argumentar que, entretanto, as indenizações trabalhistas são simplesmente um componente do pacote de salários individuais. Alguns podem escolher um pacote com um alto salário e menor ou nenhuma compensação na demissão. Vistas dessa forma, as indenizações trabalhistas podem não ser deduzidas dos ganhos de eficiência.

Guia Canadense para Fusões adota essa perspectiva (Canadá, Diretor de Investigação e Pesquisa, Lei da Concorrência 1991, p. 47).

*Realização dentro da economia nacional*

As eficiências reconhecidas são, geralmente, limitadas àquelas realizadas dentro da jurisdição envolvida. Tanto as eficiências quanto os efeitos anticompetitivos em outros países são ignorados.[14] Os ganhos de eficiência nacionais devem ser suficientes para equilibrar os efeitos internos anticompetitivos.

Essa abordagem pode levar a decisões inconsistentes sob uma perspectiva internacional. Veja o caso da proposta apresentada pelo produtor europeu de aeronaves, Alénia, em 1992, para adquirir o fabricante de aeronaves canadense de Havilland. Os ganhos de eficiência resultantes das transações teriam sido alcançados amplamente no Canadá, enquanto os efeitos anticompetitivos recairiam principalmente na Europa. As autoridades canadenses não contestaram a transação, mas as autoridades européias impediram-na.

*Nacionalidade da propriedade*

A distribuição da nacionalidade da propriedade das partes para uma fusão proposta ou acordo restritivo, geralmente, não representa uma parte direta no equilíbrio dos ganhos de eficiência contra os efeitos anticompetitivos.[15] Embora a transferência de um cliente interno das partes para seus acionistas estrangeiros seja um custo para a economia nacional, este geralmente é ignorado. Há diversas razões para tal. Primeiro, em

14. Por exemplo, para os propósitos da defesa dos benefícios públicos na Nova Zelândia, o "público" é a população da Nova Zelândia. Similarmente, de acordo com o Guia de Fusões do Canadá, somente os ganhos de eficiência propensos a serem criados no Canadá poderiam ser colocados contra os efeitos anticompetitivos da fusão.

15. Em alguns países (como o Canadá), não há menção à propriedade em guias de aplicação das leis concorrenciais. Em outros, há uma declaração específica sobre esses assuntos. Por exemplo, na decisão da Telecom, a Suprema Corte da Nova Zelândia explicitamente rejeitou o argumento de que os lucros

alguns países (como os Estados Unidos), que empregam o teste dos efeitos competitivos (a abordagem do benefício puro ao consumidor), uma defesa de eficiência pode prevalecer somente se os ganhos forem suficientes para evitar que os preços subam. Isso preclui qualquer transferência dos clientes internos para os acionistas estrangeiros, de forma que a questão não vem à tona.

Segundo, embora o assunto da nacionalidade apareça numa perspectiva do bem-estar econômico agregado, há diversas razões práticas para ignorá-la. Primeiro, pode ser difícil determinar as respectivas distribuições de propriedade das partes envolvidas e seus clientes. Segundo, em fusões envolvendo tanto empresas de capital nacional como estrangeiro, pode não ser fácil determinar a participação estrangeira dos efeitos redistributivos. Terceiro, pode haver benefícios residuais do país hospedeiro em impostos e efeitos secundários positivos nos lucros não repatriados das empresas de capital estrangeiro. Quarto, pode violar as obrigações internacionais a exigência que as empresas de capital estrangeiro, alcancem maiores ganhos de eficiência numa fusão, do que as de capital nacional, para que possa se qualificar como defesa de eficiência.

## Recursos potenciais dos ganhos de eficiência

### *Economias de escala*

Discussões sobre as defesas de eficiência têm, tradicionalmente, enfatizado as eficiências na produção, especialmente aquelas de realização de economias de escala nas instalações ou de especialização daquelas pelas empresas multiprodutos. Outras têm disputado a ênfase nas economias de escala de produção, que tem sido considerada difícil de realizar

obtidos pelas empresas de capital externo necessariamente drenam a economia local, mas também estabeleceu que os lucros supranormais creditados aos acionistas estrangeiros, seriam contados em detrimento do público. Isso parece implicar em todos os casos relevantes (quer dizer, nos quais há poder de mercado) a nacionalidade importa. No Reino Unido a Comissão de Monopólios e Fusões leva em consideração a nacionalidade das empresas que se fundem no limite de que ela pode afetar seus comportamentos de exportação e importação (Weir 1993).

a curto prazo dada a configuração das instalações em questão.

As economias de escala podem ser implementadas em outras áreas, incluindo compra, *marketing*, publicidade e pesquisa e desenvolvimento, assim como pela padronização dos tamanhos das embalagens, padrões técnicos, códigos comportamentais quanto pelo compartilhamento de informações. Dependendo das circunstâncias, a realização dessas economias pode requerer fusões ou restrições horizontais.

As economias de escala nas atividades não produtivas podem ocorrer mais rapidamente a curto prazo. Nos Estados Unidos os tribunais têm reconhecido as economias de compra e armazenagem conjunto das cooperativas de compradores pela análise da regra da razão.

### *Economias de racionalização e especialização*

Elas são também chamadas de economias de lote (*batch size*) ou de tempo de produção (*run length*). A racionalização pode envolver tanto a linha de produção quanto a especialização funcional. Ela economiza custos de instalação e de melhorias, bem como permite o uso de pessoal e equipamento mais especializado e, portanto, mais produtivo. Ela também pode reduzir os custos de estoque, os custos de estoque de peças de reposição e custos de equipamento sobressalente. Essas economias podem ser equilibradas com a elevação dos custos de transporte, uma vez que as indústrias especializadas precisam embarcar os produtos de uma maior distância. Se os custos de transporte dominarem, a racionalização pode envolver uma produção descentralizada em pequenos lotes para uso local.

### *Economias de escopo*

Estas podem ser alcançadas quando os custos de produção em conjunto de dois ou mais produtos ou serviços forem menores do que os seus custos de produção individual. Os exemplos podem incluir serviços financeiros, como custódia, contratação de seguro e serviços de corretagem por um intermediário financeiro único; ou a entrega de correspondências, pacotes e folhetos por um único serviço de entrega.

*Economias de capacidade de utilização e capacidade de expansão*

Uma fusão, joint venture ou acordo de cooperação podem facilitar a realização de economias de capacidade de utilização em mercados saturados ou em declínio. Por exemplo, atividades em duas instalações subutilizadas podem ser consolidadas em uma. A realização de economias de densidade por meio de contratos de cooperação (*pooling agreements*) para o transporte aéreo de passageiros é um bom exemplo.[16] Em setores industriais em crescimento, uma fusão, uma joint venture ou um acordo de cooperação podem adiar a necessidade de expansão da capacidade ou tornar possível sua expansão em uma escala mais eficiente, ou ambos.

*Sinergias*

As sinergias ocorrem quando duas empresas têm excesso de capacidade em diferentes atividades ou funções, e cada qual pode utilizar produtivamente o excesso de capacidade da outra. O potencial vai além do uso de instalações ou equipamentos ociosos para o emprego mais intensivo de ativos intangíveis, como o conhecimento e reputação. Uma fusão pode, por exemplo, facilitar a transferência tanto do *know-how* tecnológico quanto gerencial de uma parte para a outra e permitir a extensão da reputação de uma empresa pela credibilidade para produtos da outra.

Considere a aquisição da produtora canadense de laser Lumonics pelo Grupo Sumitomo. Essa aquisição previa economias de escopo resultantes da integração da venda dos lasers da Lumonics com o equipamento industrial da Sumitomo, bem como da extensão da reputação da Sumitomo para os produtos da Lumonics. Pode ter havido, também, uma sinergia de pesquisa e desenvolvimento considerando que cada empresa poderia se beneficiar do know-how da outra. Simplificando,

16. Um exemplo recente na Austrália foi um pedido para que a Comissão de Práticas Comerciais autorizasse, com base nos benefícios públicos realizados, um acordo de fixação de preço e divisão de mercado entre a Quantas e a British Airways em rotas entre a Austrália e a Inglaterra. A comissão autorizou um acordo de prestação conjunta de serviços sujeito a compromissos direcionados à manutenção de tarifas competitivas (veja Baxt e Spier, 1995 a).

cada empresa teve tanto insumos públicos quanto quase-públicos (insumos que não são completamente utilizados) que a outra poderia colocar em uso.

Alguns comentaristas consideraram as eficiências decorrentes da exploração de sinergias como o ganho de eficiência relacionado à fusão mais convincente. Os efeitos sinérgicos são potencialmente poderosos nas defesas de eficiência por não serem mais propensos a se realizarem por meios alternativos do que economias de outras fontes. Não há grandes possibilidades de a mesma queda de capacidade e disponibilidade de capacidade ser permitida em outras fusões. A contratação para divisão dos serviços de insumos especializados pode ser perigosa, e as sinergias não são necessariamente realizadas com o crescimento interno.

*Economias de custos de transação*

Essas considerações são importantes para a análise da regra da razão em acordos e fusões tanto horizontais quanto verticais. Os custos de transação incluem os custos de negociação dos contratos, monitoramento dos desempenhos e aplicação das medidas e respostas para contingências não previstas. A essência da contratação eficiente é o alinhamento dos incentivos das partes contratantes, o que requer restrições nas atividades que cada parte pode assumir. Isso é mais freqüentemente visto como restrições verticais não-precificadas, como as vendas casadas, os territórios exclusivos e a negociação com exclusividade. A venda casada de peças de reposição pode ser a forma mais eficiente de assegurar a continuidade da qualidade e reputação de um bem durável. A contratação com exclusividade pode ser o caminho mais eficaz para garantir que um distribuidor realize os esforços apropriados para a venda de uma marca em particular. Por sua vez, as restrições territoriais podem ser o melhor meio de proporcionar a um distribuidor um incentivo para formar um mercado em particular.

As restrições horizontais podem também reduzir os custos de transação. Em um caso pioneiro dos Estados Unidos, a Suprema Corte reconheceu que o licenciamento coletivo dos titulares de direitos autorais resultou na economia de custos de transações, monitoramento e aplicação que tornaram o mercado mais competitivo, e não menos (Broadcast Music v. Columbia Broadcasting Sys., Inc., 441 U.S. 1,1979).

As fusões verticais, ou seja, as fusões entre empresas de estágios sucessivos da produção, podem diminuir os custos de transação entre elas. Como resultado, empresas integrando dois ou mais estágios da produção podem ser mais eficientes do que um número de empresas independentes, que atendem a um único estágio. As integrações verticais podem facilitar o fluxo de informações e coordenações entre os estágios sucessivos da produção. Isso pode, por sua vez, reduzir as necessidades de estoque e capacidade em épocas de pico. A integração vertical pode mitigar os problemas de agenciamento entre os fabricantes e distribuidores.

A economia dos custos de transação também pode ser alcançada em fusões horizontais. A entidade resultante pode ter um volume suficiente para fornecer alguns serviços para si mesma, evitando, dessa forma, os custos de transação associados com o uso de fornecedores externos ou distribuidores.

*Eficiências dinâmicas, pesquisa, desenvolvimento e tecnologia*

Existem diversas fontes de economia possíveis em pesquisa e desenvolvimento. A primeira é a economia de escala. Uma operação de pesquisa e desenvolvimento em larga escala pode fazer uso de pessoal e equipamento mais especializado. As economias de escala podem ser realizadas pela fusão, *joint venture*, um acordo cooperativo, ou por um contratado independente especializado na área (terceirizado). Na maioria dos casos, a obtenção dos serviços em pesquisa e desenvolvimento envolve uma grande quantia de custos de transação, e alguns acordos horizontais deverão ser considerados.

Pode haver também economias de escopo em pesquisa e desenvolvimento. As descobertas decorrentes das pesquisas podem ter mais aplicações dentro de uma grande empresa. Novamente, o licenciamento é uma alternativa para a extensão das aplicações das pesquisas, podendo ou não envolver concorrentes ou concorrentes potenciais.

A pesquisa e desenvolvimento oferece um grande potencial para as sinergias, pois duas empresas dentro do mesmo "mercado tecnológico" podem cada uma ter o conhecimento que a outra necessite. Os contratos de transferência de tecnologia freqüentemente envolvem trocas ou acordos de licenciamento cruzado. Esses acordos entre empresas concorrentes podem também ser anticompetitivos se as empresas elevarem os preços ao cobrar uma da outra taxas mais altas de *royalties*. A mensuração cuidadosa de sinergias de pesquisa e desenvolvimento contra esses efeitos anticompetitivos potenciais pode ser necessária.

Em reconhecimento das eficiências dinâmicas resultantes de medidas que facilitem a pesquisa e o desenvolvimento e a transferência de tecnologia, algumas leis nacionais da concorrência têm disposições especiais com relação a acordos envolvendo esses aspectos. No Canadá, por exemplo, a Lei da Concorrência prevê uma defesa específica para *joint ventures* de pesquisa e desenvolvimento abrangendo um programa de pesquisa que de outra forma não aconteceria. Os acordos entre concorrentes referentes à cooperação em pesquisa e desenvolvimento são isentos de tipificação criminal em relação à conspiração à evasão legal, a menos que eles reduzam a concorrência desnecessariamente com relação a preços, produção, mercados, clientes ou canais de distribuição, situações nas quais nenhuma possibilidade de alegação de defesa será disponível.

Os tribunais norte-americanos, conforme atribuição da Lei Nacional de Cooperativa de Pesquisa e Produção, devem julgar acordos de pesquisa e produção conjunta com base na regra da razão. Isso demonstra que restrições necessárias para um novo produto ser desenvolvido reforçam a eficiência, sendo, assim, potencialmente pró-competitiva (para maiores discussões, veja Arquit e Kattan, 1991). A lei também limita reparações em ações civis para danos efetivos quando as autoridades antitruste tiverem sido notificadas dos acordos de pesquisa e produção conjunta em questão, se a conduta questionada estiver inserta no escopo da notificação. Na União Européia, a proibição de acordos anticompetitivos no Tratado de Roma está sujeita a uma isenção de pena se o acordo também resultar em benefícios econômicos, como o progresso técnico ou econômico.

Em alguns casos, zonas isentas explícitas ou implícitas são prescritas para acordos de licenciamento de tecnologia. Nos Estados Unidos, o Guia Antitruste do Departamento de Justiça/Comissão Federal de Comércio para Licenciamento de Propriedade Intelectual adota como porcentagem de proteção a marca de 20% de participação de mercado para acordos de licença cruzada entre as empresas concorrentes. No Canadá, há uma espécie de zona imune na previsão de que os acordos horizontais devem reduzir indevidamente a concorrência para serem ilegais. Similarmente, na Nova Zelândia e Austrália um acordo deve reduzir substancialmente a concorrência para ser considerado ilegal.

Embora as leis de defesa da concorrência nacionais tenham disposições especiais para levarem as potenciais eficiências dinâmicas em consideração, tem havido uma preocupação, especialmente nos Estados Unidos, de que a efetividade da ação antitruste não é ainda suficientemente sensível a esses assuntos. A análise da eficiência tende a ser orientada pelos custos e abranger curto prazo. As provas de eficiência dinâmica freqüentemente não podem ser sustentadas pelas mesmas informações sobre os custos. Foi sugerido que as provas aceitáveis das eficiências dinâmicas, provenientes de pesquisa e desenvolvimento cooperativo, poderiam incluir a demonstração de que a propriedade intelectual e a proteção do segredo industrial de uma inovação visada por um acordo cooperativo são igualmente inadequadas; que o acordo reduz a duplicação de pesquisa, desenvolvimento e funções de comercialização; que as inovações concorrem ou irão concorrer em um mercado ou mercados que são caracterizados pela rápida renovação tecnológica; e que a inovação irá concorrer com outras tecnologias (para maiores discussões, veja Jorde, 1995).

Uma outra forma de obter uma melhor referência das eficiências dinâmicas é reconhecer que elas podem levar mais tempo para serem alcançadas do que as eficiências estáticas. Os Estados Unidos tipicamente exigem que as eficiências pró-competitivas prevaleçam sobre os efeitos anticompetitivos de uma fusão ou de um acordo dentro de um curto prazo (dois anos pelo Guia de Fusões Horizontais de 1992). Sustentou-se que outros países industriais concedem um período muito maior para que os efeitos das eficiências se manifestem, permitindo transações programadas para atingir os benefícios pró-competitivos em longo prazo que não poderiam ser realizadas sob a abordagem atual dos Estados Unidos (Rill e Victor 1995).

## Conclusão

A previsão legal para alguma forma de defesa de eficiências ou benefícios públicos para fusões ou acordos com conseqüências potenciais para o poder de mercado é atualmente mais comum. Há uma tendência crescente para interpretar os benefícios públicos em termos de eficiência econômica e, portanto, excluir outros objetivos políticos possíveis, como a promoção da exportação ou a criação de empregos.

Algumas jurisdições prevêem um tipo de defesa explícita nesse sentido, enquanto outras lidam com considerações sobre eficiências indiretamente para definir zonas isentas, nas quais as eficiências são supostamente predominantes, e "áreas de exclusão", em que os argumentos sobre as eficiências não serão aceitos. A tendência parece ser no sentido da defesa explícita.

Algumas jurisdições lidam com fusões e acordos restritivos do mesmo modo. A Nova Zelândia e a Austrália permitem que as eficiências sejam usadas como uma defesa afirmativa para fusões ou acordos que reduzam a concorrência. Os Estados Unidos estão se movendo na direção de testes de efeitos competitivos comuns, sob os quais as provas de eficiências são utilizadas com outras provas para determinar se uma restrição horizontal ou uma fusão é anticompetitiva.

O equilíbrio dos ganhos de eficiência e os efeitos anticompetitivos são, usualmente, qualitativos com uma necessidade geral de que os ganhos de eficiência sejam maiores quanto mais severas forem as restrições à concorrência. A maioria das jurisdições confia mais nos tribunais ou cortes especializadas do que na discricionariedade punitiva das agências regulatórias para esse equilíbrio.

Há duas abordagens gerais para a mensuração das eficiências contra os efeitos anticompetitivos. Uma considera as provas de eficiência somente quando afetem competitivamente uma fusão proposta ou um acordo. Requer-se que as eficiências sejam grandes o suficiente para evitar que o ajuste preço-qualidade dos produtos no mercado relevante aumente e que o benefício do consumidor caia. As eficiências exigidas para satisfazer esse padrão são grandes, ao menos em mercados concentrados, implicando um papel limitado para considerações sobre eficiência.

A outra abordagem aceita uma fusão ou acordo anticompetitivo quando ele for benéfico à economia como um todo (se aumentar o bem-estar econômico agregado). Ela requer que as eficiências excedam as perdas de peso morto no resultado decorrente da redução do ajuste de qualidade e produção (e aumento de preço). Numa ampla gama de circunstâncias, esse padrão pode ser atingido por ganhos de eficiência relativamente modestos (muito embora não-triviais), implicando um papel proeminente para considerações sobre a eficiência. Embora esse padrão seja preferível (conforme as maximizações do bem-estar econômico agregado), pode-se também exigir um padrão de evidências mais elevado, um aumento da quantificação e maior *expertise* judicial.

## Referências Bibliográficas

AREEDA, P.; TURNER, D. *Antitrust law*. Boston: Little Brown, 1980.

ARQUIT, Kevin J.; KATTAN, Joseph. Efficiency considerations and horizontal restraints. *The Antitrust Bulletin* 36 : 717-732, winter 1991.

BAXT, R.; SPIER, H. R. *Australian newsletter*. Canadian Competition Record 16: 33-36, spring, 1995a.

___________. Australian newsletter. *Canadian Competition Record* 16: 46-48, autumn, 1995b.

CANADA, DIRECTOR OF INVESTIGATION AND RESEARCH, COMPETITION ACT. *Merger enforcement guidelines*. Ottawa, 1991.

CRAMPTON, Paul S. *Non efficiency goals and alternative efficiency approaches to competition law: consumers' surplus, total surplus and total welfare*. Paper prepared for the Third Annual Workshop of the Competition Law and Policy Institute, August 7-9, Auckland, 1992.

DEYAK, T.; LANGENFELD, J.. Efficiencies in U.S. merger analysis. *International Merger Law: Events and Commentary* 25, 1992.

FEDERAL TRADE COMMISSION. *Competition policy in the high-tech, global marketplace*. Washington: U.S. Government Printing Office, 1996. v. 1.

FINBOW, R.; PARR, N. U.K. *merger control law and practice*. London: Sweet and Maxwell, 1995.

FISHER, A.; LANDE, R. Efficiency considerations in merger enforcement. *California Law Review* 71: 1580-1696, 1983.

JORDE, Thomas M. *Antitrust, innovation and competitor cooperation*. Paper presented at Federal Trade Commission Hearings on Global and Innovation-Based Competition, October 26, Washington, 1995.

MC DAVID, Janet L. Efficiencies, failing firms and the general dynamics defense. Paper presented at Federal Trade Commission Hearings on Global and Innovation-Based Competition, December 5, Washington, 1995.

MONOPOLIES AND MERGERS COMMISSION. *Animal waste*. London: Her Majesty's Stationery Office, 1985.

MURIS, Timothy J. The efficiency defense under Section 7 of the Clayton Act. *Case Western Reserve Law Review* 30 (3): 381-432, 1980.

______. *Statement of Professor Timothy J. Muris*. Made at Federal Trade Commission Hearings on Global and Innovation-Based Competition,

November 7, Washington, 1995.

NEW ZEALAND COMMERCE COMMISSION. Health Waikato Ltd./Midland Health. Decision 275, 1995.

PITOFSKY, R. Proposals for revised United States merger enforcement in a global economy. *Georgetown Law Journal* 81 (2): 195-250, 1992.

PITTMAN, R. Railroads and competition: why the Santa Fe/Southern Pacific merger had to die. *U.S. Department of Justice Antitrust Division, Economic Analysis Group Discussion Paper EAG 88-10*, Washington, 1988.

RILL, James F.; VICTOR, A. Paul. Here's to a more significant role for efficiencies in U.S. merger analysis. *Efficiency claims in mergers and other horizontal agreements. Competition Policy Roundtables* 4, Paris: Organization of Economic Co-operation and Development, 1995.

SALOP, Steven C. *Efficiencies in dynamic merger analysis*. Paper presented at Federal Trade Commission Hearings on Global and Innovation-Based Competition, November 2, Washington, 1995.

STOCKUM, Steve. The efficiency defense for horizontal mergers: what is the government's standard? *Antitrust Law Journal* 61 (3): 829-855, 1993.

U.S. DEPARTMENT OF JUSTICE ANTITRUST DIVISION AND FEDERAL TRADE COMMISION. Horizontal merger guidelines. *Federal Register* 57 (176): 41,552-563, 1992.

WEIR, Charlie. The implementation of merger policy in the U.K. 1984-1990. *The Antitrust Bulletin* 37: 943-967, winter, 1993.

WILLIAMSON, O. E. Economies as an antitrust defense: the welfare tradeoffs. *American Economic Review* 58: 18-36, 1968.

______. Economies as an antitrust defense revisited. *University of Pennsylvania Law Review* 125 (4): 699-736, 1977.

YAO, D.; DAHDOUH, T. Information problems in merger decision making and their impact on development of an efficiency defense. *Antitrust Law Journal* 62 (I): 23-45, 1993.

## ANEXO 3

# DIRETRIZES PARA UMA LEI DE DEFESA DA CONCORRÊNCIA

O objetivo primordial de uma lei de defesa da concorrência é aumentar a eficiência econômica para que consumidores se beneficiem de preços mais baixos, maior possibilidade de escolha e melhoria da qualidade dos produtos. Uma concorrência sustentável é a força que leva as companhias a serem eficientes e a repassarem os benefícios aos consumidores.

Uma finalidade mais específica da lei de defesa da concorrência é evitar que agentes econômicos distorçam o processo competitivo tanto por meio de acordos com outras empresas como mediante ações unilaterais programadas para excluir concorrentes reais ou potenciais. Dessa forma, a lei deve controlar os acordos entre empresas concorrentes – acordos horizontais – de preços ou outros aspectos importantes da sua interação competitiva. Acordos entre empresas em diferentes níveis do processo de produção ou distribuição – acordos verticais, por exemplo, entre um fabricante e um atacadista – tendem a prejudicar menos a concorrência. Entretanto, eles podem fazê-lo em certas circunstâncias, mais freqüentes em economias de transição ou em desenvolvimento. Sendo assim, elas também devem ser previstas no estatuto de defesa da concorrência.

É possível para uma empresa crescer muito a ponto de unilateralmente prejudicar a concorrência. Essas empresas dominantes devem sujeitar-se a disposições cuidadosamente elaboradas na lei de defesa da concorrência. Empresas que ganham a batalha da concorrência legalmente devem ser recompensadas por seu desempenho superior. Entretanto, não se deve permitir que empresas dominantes façam uso de suas vantagens para impedir a participação de concorrentes existentes ou potenciais.

---

Projeto especial da Divisão de Lei e Política da Concorrência da Diretoria de Assuntos Empresariais, Fiscais e Financeiros da OECD. Este anexo foi escrito por Gary Hewitt, John Clark e Bernard Phillips.

As empresas podem se decidir por uma fusão como forma de aumentar a eficiência, o que irá elevar a concorrência e, dessa forma, beneficiar os consumidores. Entretanto, algumas fusões podem ser anticompetitivas, com o objetivo de eliminar a concorrência e alcançar artificialmente uma posição dominante sem se basear num desempenho econômico superior. Alternativamente, uma fusão pode reduzir o número de concorrentes de tal forma que as empresas remanescentes prontamente coordenem suas atividades. Uma lei de defesa da concorrência efetiva deve, portanto, incluir disposições que evitem esse tipo de fusão.

As leis concorrenciais incluem, algumas vezes, disposições relacionadas à proteção do consumidor e a práticas negociais desleais. Para reduzir o potencial de sobreposição com outras leis, essas disposições devem se centralizar tanto quanto possível na preservação da concorrência justa. Elas devem também visar a proteção do processo competitivo mais do que dos concorrentes.

Este anexo fornece uma proposta de estrutura para leis concorrenciais, incluindo a redação de suas disposições substantivas. Algumas das disposições sugeridas encontram-se acompanhadas de um breve comentário. Deve ser enfatizado que as disposições estatutárias são apenas sugestões. As leis concorrenciais devem ser concebidas para respeitar o enquadramento legal e econômico de cada país.

## O escopo da lei de defesa da concorrência

A legislação de defesa da concorrência é uma parte essencial da constituição econômica de um país de economia de mercado. Ela deve, tanto quanto possível, ser aplicável a qualquer transação mercantil e a todas as entidades engajadas em transações comerciais, independentemente da propriedade ou da forma legal. Todas as exceções à aplicação da lei devem ser identificadas explicitamente na legislação pertinente.

Disposições sugeridas:
[Artigo _______] Propósito
Esta lei visa à manutenção e promoção da concorrência de modo a, em última instância, promover o bem-estar do consumidor.

[Artigo ______] Campo de aplicação

1. Esta lei deve ser aplicada em todo o território da República da __________ e aplica-se a todas as áreas de atividades econômicas comerciais. Esta lei deve ser aplicável a todos os assuntos especificados na [seção da lei que contenha as proibições aos acordos restritivos, abuso de posição dominante e revisão das fusões], tendo efeitos substanciais sobre a República da________________________incluindo aqueles que resultem de ações realizadas fora da República da ____________________________________ .

2. Esta lei não derroga o aproveitamento direto de privilégio e proteções conferidas por outras leis que protejam a propriedade intelectual, incluindo invenções, modelos de utilidades, marcas e direitos autorais. Ela se aplica ao uso de referidas propriedades que de tal forma causem efeitos anticompetitivos aqui proibidos.

3. Esta lei não deve ser aplicada nem a pactos ou atividades de trabalhadores ou empregados, nem a acordos ou ajustes entre dois ou mais empregadores, quando estas combinações, atividades, acordos ou ajustes forem destinados exclusivamente a facilitar uma negociação coletiva com relação às condições de emprego.

## Definições

A lei de defesa da concorrência deve definir termos comuns que são usados na lei e que necessitam ser interpretados consistentemente.

Disposições sugeridas:

"Concorrência" – o processo pelo qual os agentes econômicos, agindo independentemente em um mercado, limitam a capacidade uns dos outros de controlar as condições prevalecentes no mercado.

"Empresa" – qualquer pessoa física ou jurídica, ente governamental, sociedade ou associação de qualquer forma engajada, direta ou indiretamente em uma atividade econômica. Duas empresas, uma das quais é controlada pela outra, devem ser tratadas como uma única empresa. Duas ou mais empresas que são controladas por uma única empresa devem ser tratadas com uma só empresa. O órgão de defesa da concorrência deve adotar uma regulamentação estabelecendo o que constitui o controle.

"Bem" – toda propriedade, tangível ou intangível, e serviços.

"Mercado" – uma coleção de bens, entre os quais compradores gostariam de estabelecer trocas e um território específico, que pode ultrapassar as fronteiras da República da ______________, na qual encontram-se localizados os vendedores, com os quais os compradores gostariam de estabelecer trocas.

## Abuso de posição dominante

Disposições sugeridas
[Artigo _______ ] Abuso de posição dominante

1. "Posição dominante" – uma empresa tem uma posição dominante se, agindo sozinha, ela pode ser lucrativa e materialmente restringir ou reduzir a concorrência em um mercado por um período significativo de tempo. A posição de uma empresa não é dominante se sua participação de mercado não exceder 35%. Uma empresa que possui uma participação de mercado acima de 35% pode não ser considerada dominante dependendo da situação econômica naquele mercado, incluindo a participação de mercado da empresa, a participação de mercado das empresas concorrentes e a capacidade destas de expandir suas participações e o potencial para novas entradas no mercado.
2. Ações de uma empresa dominante – incluindo a criação de obstáculos à entrada de empresas concorrentes ou à expansão das concorrentes existentes ou a eliminação de empresas concorrentes do mercado – que tenham ou possam provavelmente ter como resultado uma limitação significativa da concorrência são proibidas.
3. O inciso 2 deste artigo não proíbe ações de uma empresa que cria obstáculos à entrada de novas empresas ou reduzam a competitividade de empresas em funcionamento somente pelo aumento de eficiência da empresa que adota estas ações, ou que repassem os benefícios da maior eficiência aos consumidores.

[Artigo _______ ] Poder de dividir uma empresa que abuse de sua posição dominante

1. Quando uma empresa tiver abusado de sua posição dominante e nenhuma outra medida legal desta lei ou dos estatutos regulatórios for suficiente para retificar a situação ou impedir a reincidência deste abuso, o órgão de defesa da concorrência deve reorganizar ou dividir a empresa desde que haja uma razoável chance de a entidade ou as entidades resultantes serem economicamente viáveis.
2. O poder de reorganizar ou dividir contido neste artigo deve ser exercido de forma a minimizar qualquer aumento dos custos de fornecer o bem.

O limite legal de segurança de 35% é encontrando em diversas leis concorrenciais de diferentes países tanto expressamente como no direito consuetudinário ou na prática. Embora 35% de referência seja de alguma forma arbitrária, é improvável que uma empresa com uma participação muito menor do mercado possa exercer com sucesso um poder no mercado unilateralmente. Há algumas razões válidas para o aumento dessa referência. Em um país pequeno, que é relativamente fechado ao comércio internacional e aos investimentos, a alta concentração pode ser necessária para que empresas possam crescer de tal forma a exaurir economias significantes de escala e de escopo.

Nas leis de alguns países uma participação de mercado de 65% a 70% cria uma presunção de dominação que uma empresa deve contestar. Muitos pensam que o melhor método é a transferência do ônus de prova da dominação ao órgão de defesa da concorrência. Uma fatia grande de mercado é uma condição necessária, mas não suficiente.

Essa disposição emprega um padrão legal geral: uma "limitação significativa da concorrência". Em termos econômicos, esse padrão refere-se tipicamente a restrições que permitiriam o preço subir acima do que prevaleceria em um mercado competitivo. Entretanto não é possível legalmente definir uma "significativa" limitação da concorrência porque a variação do aumento de um preço anticompetitivo pode se modificar de uma jurisdição para outra. Pode até mesmo variar ao longo do tempo em um mesmo país em resposta a mudanças nos recursos disponíveis para a promoção da política antitruste e para a eficiência do órgão de defesa da concorrência.

As leis de alguns países também listam tipos específicos de condutas, como o preço predatório, venda casada, contratos de exclusividade, que podem constituir um abuso de posição dominante. Essas disposições são mais comuns em países que aplicam o sistema legal do direito codificado, em oposição ao sistema do direito consuetudinário No entanto, é difícil definir essa conduta com acuidade ou ser abrangente o suficiente para incluir as condutas abusivas potenciais. Deve, também, continuamente ser lembrado que a conduta específica não é sempre abusiva ou anticompetitiva, mesmo se levada à cabo por uma empresa dominante.

## Acordos restritivos

Certos tipos de acordos horizontais, coletivamente descritos como acordos de cartel, estão sujeitos a um controle mais estrito do que outros. Em muitos países essa distinção não é encontrada na lei em si, mas na prática ou em regulamentações. Países que estão adotando leis concorrenciais pela primeira vez, entretanto, fazem melhor ao distingui-los explicitamente na lei. Dessa forma, ajudarão a assegurar que as empresas aprendam as sérias implicações das violações das medidas que proíbem cartéis e auxiliarão os empresários a compreenderem que, embora alguns acordos verticais possam prejudicar os concorrentes individuais, eles só são proibidos se afetarem negativamente a concorrência de forma ampla.

Nem todos os acordos horizontais são acordos de cartel. Os concorrentes podem integrar suas operações para obter melhor eficiência, e o resultado pode ser um equilíbrio pró-competitivo. Os acordos desse tipo incluem *joint ventures*, pesquisa e desenvolvimento conjuntos e a fixação de padrões comuns que beneficiem os consumidores. Esses acordos devem se sujeitar a um padrão legal mais leniente e diferenciado dos acordos de cartel na lei de defesa da concorrência.

Finalmente, alguns acordos horizontais e verticais podem ser prejudiciais à concorrência em certo sentido, mas podem gerar eficiências que os tornem benéficos no geral (os acordos de cartel, por definição, não podem gerar essas eficiências). É recomendável que a lei fixe padrões que orientem essa análise.

Disposições sugeridas:
[Artigo________] Acordos proibidos entre empresas
1. Um acordo, de qualquer formato, incluindo as práticas concertadas, entre empresas concorrentes (incluindo empresas que poderiam

facilmente se tornar concorrentes), está proibido se ele tiver ou puder ter como seu principal efeito:

a) fixação ou estabelecimento de preços, tarifas, descontos, sobretaxas, ou qualquer outra taxa;
b) fixação ou estabelecimento da quantidade de produção;
c) fixação ou estabelecimento de preços por leilão ou qualquer outra forma de lance, exceto para lances conjuntos identificados claramente como tal pelo solicitante;
d) divisão de mercado, seja por território, pelo volume de vendas ou compras, pelo tipo de produtos vendidos, por clientes ou vendedores ou por outra forma;
e) eliminação do mercado de vendedores ou compradores potenciais ou reais; ou
f) a recusa de firmar contratos com compradores ou vendedores reais ou potenciais.

2. Um acordo, diferente daqueles enumerados no inciso 1 deste artigo, firmados de qualquer forma, incluindo práticas concertadas, é proibido se ele tem ou possa vir a ter como resultado uma limitação significativa à concorrência.

   a) Um acordo entre empresas concorrentes, incluindo empresas que possam facilmente se tornar concorrentes, além daqueles acordos enumerados no inciso 1 deste artigo, não pode ser considerado como grande limitador da concorrência, a menos que as empresas que participem do acordo coletivamente excedam 20% do mercado afetado pelo acordo.
   b) Um acordo apenas entre empresas não-concorrentes não pode ser considerado como limitador significativo da concorrência, a não ser que:
   i) pelo menos uma das partes detenha uma posição dominante em um mercado afetado pelo acordo; ou
   ii) a limitação da concorrência resulte do fato de que acordos similares estão generalizados no mercado afetado pelo acordo.

3. a) Um acordo proibido conforme o inciso 2 deste artigo é, não obstante, legal se ele traz ou tende a trazer ganhos reais de eficiência, em

oposição a eficiência meramente pecuniária, que são maiores do que, ou mais do que, compensem os efeitos de qualquer limitação à concorrência que resultem ou tendem a resultar do acordo.

b) O ônus da prova conforme este inciso fica com a parte que busca uma isenção de pena e inclui a demonstração de que, se o acordo não fosse implementado, seria improvável que os ganhos de eficiência fossem realizados, de forma que ela iria limitar a concorrência a um nível menor do que o acordo.

O inciso 3, a, referindo-se a "ganhos reais de eficiência, em oposição a eficiência meramente pecuniária", visa excluir as considerações sobre benefícios, tais como as reduções em imposto de renda ou maiores quantidades de descontos obtidos somente por meio do exercício maior do poder financeiro de compra. Esses ganhos pecuniários são em verdade transferências, mais do que aumentos da capacidade econômica de satisfazer as necessidades do consumidor.

O inciso 3, b, não requer que as partes provem que o acordo é a única forma de realizar os ganhos reivindicados, mas que não há meios práticos e menos anticompetitivos de fazê-los.

O inciso 3, a, e uma cláusula idêntica no inciso 9 do artigo sobre concentrações, combinados com o artigo 1 (do objeto), implicitamente aplicam um padrão total de bem-estar às defesas de eficiência ou não-aplicação de penalidade. Isso ocorre por se dar peso igual tanto a consumidores quanto a produtores, ignorando assim qualquer outra transformação dos benefícios do consumidor aos benefícios do produtor que resultem do acordo. No inciso 3, a, permitem-se acordos nos quais as perdas de peso morto – que são os benefícios perdidos aos consumidores, mas não transformados em maiores lucros de produção – da queda no consumo devido ao aumento de preço sejam menores do que o valor dos recursos economizados em uma produção mais eficiente de produtos.

Em vez de um padrão total de bem-estar, alguns países preferem focalizar exclusivamente no bem-estar do consumidor, e, portanto, permitir uma defesa de eficiência ou não aplicação de pena somente em casos em que se espera que os ganhos de eficiência sejam tão grandes que os consumidores não serão prejudicados apesar do crescimento previsto do poder de mercado. Para articular esse padrão, o inciso 3, a, pode ter a seguinte redação:

3.(a) Um acordo proibido conforme o inciso 2 deste artigo é, não obstante, legal se ele traz ou tente trazer ganhos elevados de eficiência real – em oposição às meras eficiências pecuniárias que espera-se que o bem-estar dos consumidores seja aumentado como um resultado do acordo.

## Fusões e aquisições

As disposições de um estatuto de defesa da concorrência sobre as fusões devem ser permissivas. Em particular, não há necessidade de uma revisão sistemática e de aprovação de todas as fusões. Estas devem ser permitidas a menos que as autoridades concorrenciais possam demonstrar que elas irão limitar a concorrência de maneira significativa. Além do mais, a obrigação de notificar a autoridade de todas as fusões sobrecarregaria indevidamente as autoridades e imporia um custo e demora não razoáveis para as partes em processo de fusão. Apenas grandes fusões, que tendem a apresentar uma ameaça à concorrência, devem estar sujeitas à obrigação de notificação previamente a sua conclusão. Em países com alta inflação, recomenda-se estimar um limiar mínimo que acompanhe a inflação, por exemplo, um múltiplo de um salário mínimo padrão.

O mesmo teste de concorrência deve ser aplicável a todas as fusões, sendo ou não obrigatória a notificação. O órgão de defesa da concorrência deve assim ter o poder de requerer a dissolução de fusões menores e não notificadas. Para eliminar a incerteza criada pela possível dissolução das empresas em fusão, deve ser permitida a realização de notificações voluntárias.

Disposições sugeridas:
[Artigo __________ ] Revisão das concentrações

Definição
1. "Concentração" – verifica-se a ocorrência de concentração quando:
   a) duas ou mais empresas independentes se unam ou combinem o todo ou em parte seus negócios; ou

b) uma ou mais pessoas físicas ou jurídicas que já possuam o controle de pelo menos uma firma adquira, tanto pela compra de ações ou ativos como por contrato ou outra forma, o controle direto ou indireto do todo ou de partes de uma ou mais empresas.

2. "Controle" – para o propósito deste artigo, considera-se controle a capacidade de materialmente influenciar uma empresa, em particular por meio de:
   a) propriedade ou o direito de usar todo ou partes do patrimônio de um empreendimento; ou
   b) direitos ou contratos que confiram influência decisiva na composição, votação ou decisões dos órgãos de uma empresa.

Notificações

3. Quando um acordo ou oferta pública produzir uma concentração maior do que o tamanho mínimo, conforme estabelecido em regulamentos emitidos em acordo com o inciso 7 deste artigo, as partes do acordo ou oferta estão proibidas de consumar referida concentração até ____ dias depois de notificar o órgão de defesa da concorrência, na forma e contendo as informações especificadas no regulamento referido conforme o inciso 7.

4. Antes de expirar o período de ____ dias referido no inciso 3 deste artigo, o órgão de defesa da concorrência deve expedir um pedido por escrito por maiores informações. A expedição do referido pedido tem o efeito de estender o período dentro do qual uma concentração não pode ser consumada por _______ dias adicionais, a começar um dia após todo o pedido de informação substancial ter sido fornecido ao órgão de defesa da concorrência.

5. As partes de um acordo ou oferta pública não sujeitas à obrigação de notificar do inciso 3 deste artigo podem voluntariamente fazê-lo e, se elas o assim fizerem, sujeitar-se-ão aos mesmos procedimentos, restrições e direitos conforme aplicados aos casos de notificação compulsória.

6. Se antes da consumação da concentração o órgão de defesa da concorrência determinar que essas concentrações são proibidas pelo inciso 8 deste artigo e não se qualificam para isenção conforme o

inciso 9 deste artigo, o órgão de defesa da concorrência pode:

a) proibir a consumação da concentração;
b) proibir a consumação da concentração a menos que ou até que ela seja modificada por alterações especificadas pelo órgão de defesa da concorrência;
c) proibir a consumação da concentração a menos que ou até que a parte ou partes pertinentes assinem um acordo legalmente válido especificado pelo órgão de defesa da concorrência.

Regulamentações que envolvam concentrações

7. O órgão de defesa da concorrência deve, de tempos em tempos, adotar e publicar regulamentações estipulando:
   a) o tamanho ou tamanhos mínimos das concentrações sujeitas à obrigação de notificar do inciso 3 deste artigo;
   b) as informações que devem ser fornecidas para as concentrações notificadas;
   c) as exceções ou isenções da obrigação de notificar do inciso 3 para tipos específicos de concentrações;
   d) outras regras relativas aos processos de notificação dos *incisos* 3, 4 e 5 deste artigo.

Concentrações proibidas e permitidas

8. As concentrações que irão provavelmente levar a uma limitação significativa da concorrência são proibidas.

9. As concentrações proibidas constantes do inciso 8 deste artigo devem, não obstante, ser liberadas da proibição pelo órgão de defesa da concorrência se as partes estabelecerem que:
   a) a concentração traz ou tende a trazer ganhos reais, – em oposição às eficiências meramente pecuniárias, que são maiores ou mais do que compensem os efeitos de qualquer limitação à concorrência que resulte ou tenda a resultar de uma concentração; ou
   b) uma das partes da concentração enfrenta uma falência financeira iminente ou real, e a concentração representa a alternativa de uso menos anticompetitiva do patrimônio da empresa em vias de falência

O ônus da prova conforme este inciso é da parte que busca a isenção. A parte que pretenda se amparar na isenção especificada na alínea a deve demonstrar que se a concentração não for consumada, é improvável que ganhos de eficiência relevantes sejam realizados de forma a limitar a concorrência a um nível mais baixo do que a concentração.

Uma parte que pretenda se amparar na isenção especificada na alínea b deve:

i) demonstrar que medidas razoáveis foram adotados recentemente para identificar compradores alternativos para o patrimônio da empresa em falência;

ii) descrever completamente os resultados desta busca.

10. O órgão de defesa da concorrência pode determinar, no prazo de três anos após a consumação, que tanto uma concentração não notificada quanto uma concentração notificada, na qual as condições dos incisos 3 a 5 deste artigo não foram completamente cumpridas, levaram ou provavelmente levarão a uma limitação significativa da concorrência e não se qualificam para qualquer das duas isenções especificadas no inciso 9 deste artigo. Se assim ficar determinado, o órgão de defesa da concorrência pode:
    a) desfazer a concentração pela dissolução dos seus elementos constitutivos;
    b) requerer outras modificações da concentração, incluindo a venda de uma parte das suas operações ou patrimônio;
    c) requerer que a empresa ou empresas sobreviventes assinem um compromisso legal especificado pelo órgão de defesa da concorrência voltado à redução ou eliminação dos efeitos limitativos à concorrência decorrentes da concentração.

11. As concentrações notificáveis que o órgão de defesa da concorrência determinar serem proibidas pelo inciso 8 deste artigo e que não se qualificam para uma isenção do inciso 9 podem subseqüentemente ser autorizadas por uma decisão publicada do Governo da __________ por fortíssimas razões de política pública envolvendo uma contribuição única e significativa para ao bem-estar geral dos cidadãos de ___________.

Visto que o demora em consumar uma fusão pode gerar altos custos para as partes envolvidas e aumentar os riscos dos planos confidenciais de um negócio se tornarem de conhecimento público, é importante que os atrasos, definidos nos incisos 3 e 4, sejam o mais curto possível. Embora os incisos 6 e 10 forneçam tanto sanções estruturais quanto comportamentais, o órgão de defesa da concorrência deve favorecer aquelas estruturais. As sanções comportamentais são geralmente ineficientes, a não ser que elas sejam fáceis de monitorar e que o órgão de defesa da concorrência tenha meios efetivos de assegurar o cumprimento.

O fundamento para a defesa de eficiências ou isenções do inciso 9, a, será discutida no comentário acompanhando o artigo do acordo restritivo. Se, como discutido, decidir que um padrão de excedente do consumidor for aplicado a essa isenção, a disposição alternativa lá fornecida também pode ser utilizada neste artigo.

## Concorrência desleal

Para fazer cumprir essa rubrica da lei, o órgão de defesa da concorrência pode dispensar um tempo excessivo julgando disputas privadas que têm realmente pouca influência no processo competitivo. Para reduzir esse risco, a lei deve permitir a possibilidade de ações privadas. Todo o esforço deve também ser feito para assegurar que as disposições sobre a concorrência desleal sejam tão claras quanto possível. Observe que os países podem cuidar deste assunto na lei geral de proteção ao consumidor em vez de no seu estatuto de defesa da concorrência.

Disposições sugeridas:

[Artigo _____] Proibição de concorrência desleal

A concorrência desleal é proibida, incluindo:

1. A distribuição de informação falsa ou enganosa que seja capaz de prejudicar os interesses comerciais de outra empresa.
2. A distribuição de informação falsa ou enganosa aos consumidores, incluindo a distribuição de informação sem embasamento razoável, relativo ao preço, característica, método ou lugar de produção, propriedades, indicações de uso ou qualidade dos produtos.

3. Comparação falsa ou enganosa de produtos no processo de publicidade.
4. Uso fraudulento de nome comercial de outro, bem como de marca ou embalagem.
5. Uso ou disseminação não-autorizada de informação confidencial científica, técnica, de produção, de negócio ou comercial.

## Assuntos organizacionais e de aplicação da lei

Esta seção diz respeito à série de diversas disposições tendentes a aumentar a eficácia geral do estatuto de defesa da concorrência. Quando aplicáveis, os comentários serão seguidos de uma sugestão de nomenclatura para a lei.

### *Tribunais especializados e direito de recorrer*

Na maioria dos países o Poder Judiciário está envolvido na aplicação das leis concorrenciais. A autoridade de defesa da concorrência pode ser chamada a acatar as ordens judiciais para implementar suas decisões. Mais comumente, as decisões do órgão de defesa da concorrência podem ser contestadas no tribunal pelas partes envolvidas. Se as partes privadas têm o direito de abrir casos concorrenciais, estes podem ser trazidos para o Judiciário.

Visto que os Judiciários em economias em transição ou em desenvolvimento são inexperientes no trato de problemas de mercado livre, pode ser recomendável a constituição de tribunais especializados para decidir os casos concorrenciais. Estes tribunais devem atender todas as disputas comerciais ou ser especializados em atenderem apenas os casos concorrenciais. Ao concentrar a análise desses casos em juízes especialmente treinados para tal, deve-se aumentar a velocidade da aquisição de experiência e a produção de decisões mais consistentes e previsíveis. Os tribunais especializados da concorrência poderiam adotar procedimentos e regras de prova especificamente cabíveis para os casos concorrenciais. A composição do tribunal pode ser criada de maneira condizente com as necessidades dos casos concorrenciais. Por exemplo, ao menos um economista deve integrar cada tribunal.

*Ações de iniciativa privada*

Em alguns países as ações privadas visando o ressarcimento de danos resultantes de violações à lei de defesa da concorrência podem ser instituídas perante uma corte ou tribunal apropriado pelas pessoas prejudicadas. Essas ações privadas têm pelo menos dois benefícios: elas suplementam e reforçam a qualidade pública da lei de defesa da concorrência, bem como eximem a autoridade de defesa da concorrência de ressarcir as partes. Para facilitar o direito de ação privado, disposições podem ser adicionadas ao estatuto de defesa da concorrência para:

- Permitir os autores privados ajuizarem ações em tribunais por prejuízos que eles possam provar que sofreram como resultado de uma violação tanto do estatuto de defesa da concorrência como da incapacidade da parte de cumprir ordens emanadas dele, além de todos os custos razoáveis que eles devam ter incorrido na investigação e condução do caso.
- Permitir que autores privados possam ajuizar ações que pleiteiam medidas cautelares (como a proibição de fusões ou a determinação para cessar o uso de certos termos contratuais anticompetitivos).
- Requerer que o órgão de defesa da concorrência transfira aos autores privados todas as informações não-confidenciais amealhadas no curso das investigações do órgão.
- Facilitar o uso de elementos colhidos no tribunal nos casos conduzidos pela autoridade de defesa da concorrência como provas nas ações de danos privados.
- Permitir ações coletivas de reparação de danos em casos concorrenciais.

*Relacionamento entre o órgão de defesa da concorrência e outros órgãos governamentais*

A independência de outras partes do governo é importante para o funcionamento adequado do órgão de defesa da concorrência, cujas decisões podem afetar os interesses de empresas estabelecidas, que podem ter influência em um ou mais ministérios do governo. O órgão de defesa da concorrência deve estar livre de influências políticas desses interesses.

Disposições sugeridas:
[Artigo ______] Independência do órgão de defesa da concorrência

O órgão de defesa da concorrência está sob a autoridade do [Presidente da____________] e recebe seu orçamento diretamente dele e envia relatórios diretamente ao[ legislativo do __________].

O [presidente] do órgão de defesa da concorrência é indicado pelo [Presidente da __________], para um mandato renovável de [no mínimo de três] anos, e pode somente ser removido por um [voto do legislativo] por incapacidade evidente para desempenhar suas funções.

Embora o órgão de defesa da concorrência deva ser independente organizacionalmente de outras partes do governo, ele deve também ter poder para participar das decisões do governo que diretamente afetem a concorrência. O órgão de defesa da concorrência deve, portanto, ter poder para fazer recomendações ou representações e, em algumas situações, intervir quando os órgãos governamentais estiverem tomando decisões que afetem a política de defesa da concorrência.

Disposições sugeridas:
[Artigo _______] Representações e intervenções pelo órgão de defesa da concorrência.

1. O órgão de defesa da concorrência deve ter o direito de fazer sugestões às autoridades administrativas estatais engajadas na definição ou administração legislativa ou regulamentações que possam afetar a concorrência em qualquer mercado na [República da ____________________]. Por ocasião das audiências realizadas com relação à adoção ou administração destas leis ou regulamentações, o órgão de defesa da concorrência deve ter o direito de intervir nestes procedimentos.
2. O órgão de defesa da concorrência deve ter o direito de publicar as sugestões e intervenções referidas no inciso 1 deste artigo, ressalvando que as informações confidenciais não serão divulgadas.

*Proibições e ordens para cessação da prática anticompetitiva*

A medida apropriada para muitos tipos de práticas anticompetitivas é simplesmente determinar que a parte ofensora cesse de praticar a conduta ou adote outras medidas para eliminar o efeito da prática ilegal. A punição também é apropriada se a conduta for grave. Mas alguns danos concorrenciais não são evidentes para empresários que podem ter adotado a conduta inicialmente de boa-fé. Esses casos podem incluir os acordos restritivos não-cartelizantes, alguns abusos de posição dominante e alguns atos de concorrência desleal. A lei de defesa da concorrência deve dar poder ao órgão de defesa da concorrência de proibir a conduta ou reparar o dano causado por ela.

Disposição sugerida:
[Artigo __________] Proibições e medidas cautelares

O órgão de defesa da concorrência (ou tribunal ou corte apropriada) deve expedir determinações proibindo empresas de adotar práticas desleais ou anticompetitivas referidas nesta lei e, se necessário, requerer que estas empresas adotem medidas específicas para eliminar os efeitos prejudiciais destas práticas e garantir a não reincidência nas mesmas.

*Multas e penalidades*

O órgão de defesa da concorrência deve ter autoridade para impor multas para acordos de cartel, abuso grave ou repetido de posição dominante, acordos não-cartelizantes e concorrência desleal e para assegurar o cumprimento dos requisitos da notificação de fusões e das decisões do órgão de defesa da concorrência.

Para deter os acordos de cartel, as multas devem ser consideravelmente maiores do que os lucros extras que as empresas prevêem ganhar por meio do seu comportamento ilegal. Por exemplo, considere as empresas A e B que supõem que serão capazes de aumentar os seus lucros em $ 500.000,00 se acordarem em aumentar os preços. Se elas também acreditarem que há apenas 10% de probabilidade de serem punidas pela colusão, a multa prevista deve ser de aproximadamente $5 milhões para efetivamente dissuadi-las. Alguns países entendem que os efeitos preventivos das penalidades são reforçados consideravelmente se os atos anticompetitivos forem caracterizados como crime e se os indivíduos tanto quanto as empresas forem responsabilizados.

*Medidas preventivas*

O poder de obter medidas preventivas ou temporárias para fazer cessar uma prática particular é freqüentemente necessário para preservar o status quo durante a investigação. As medidas preventivas são particularmente úteis em casos de fusões, nas quais seria difícil desfazer a entidade resultante da fusão, e em casos envolvendo outros tipos de conduta nos quais as medidas proibitivas, mais do que as multas, são utilizadas para eliminar ou impedir as práticas anticompetitivas.

Disposições sugeridas:
[Artigo ________] Medidas preventivas

1. O presidente do órgão de defesa da concorrência pode requerer medida preventiva [a corte ou tribunal apropriados] para suspender as práticas comerciais sob investigação pelo órgão de defesa da concorrência ou a consumação de concentrações. Antes de conceder a medida, a [corte ou tribunal] deve estar convencida de que as medidas proposta são urgentes e necessárias para evitar um prejuízo sério, iminente e irreparável aos interesses econômicos da República da ______________, conforme expresso nesta lei. Quando a eficácia da medida não for prejudicada, a [corte ou tribunal] deve permitir que as empresas sujeitas à medida apresentem suas posições com relação a ela.
2. No prazo de três dias da expedição da medida pela [corte ou tribunal] conforme este artigo, o órgão de defesa da concorrência deve entregar uma cópia da medida às partes sujeitas a ela, junto com as razões da medida, com aviso do direito de apresentar recurso.
3. Todas as medidas expedidas nos termos deste artigo perderão seu efeito vinte e um dias depois de sua expedição, a menos que sejam renovadas por decisão expressa da [corte ou tribunal].
4. Todas as medidas expedidas nos termos deste artigo são passíveis de recurso à [corte ou tribunal pertinente], mas não perdem seus efeitos enquanto o recurso não for julgado.

*Guias de aplicação da lei e decisões antecipadas*

As partes sujeitas à lei devem ser auxiliadas no seu cumprimento e no planejamento de suas atividades. Grande parte dessa ajuda pode vir com a publicação de guias de aplicação esclarecendo como o órgão de defesa da concorrência interpretará e aplicará a lei. Além disso, respeitada a proteção da confidencialidade, o órgão de defesa da concorrência deve publicar todas as ordens proibitivas e decisões que imponham sanções, bem como as razões que as sustentam.

Há também a necessidade de um processo pelo qual as partes possam obter decisões antecipadas do órgão de defesa da concorrência em relação a futuras operações planejadas. Essa informação seria particularmente útil para isenções concedidas a acordos verticais cu horizontais.

Disposições sugeridas:
[Artigo _________] Decisões antecipadas

1. As partes podem pedir ao órgão de defesa da concorrência decisões antecipadas, tornando-as vinculantes, em relação à elegibilidade para isenções das proibições dos artigos ________ [relativos aos acordos restritivos e abuso de posição dominante]. Se se decidir conceder uma decisão antecipada, o órgão de defesa da concorrência pode incluir nela condições e obrigações especiais. A decisão antecipada, por seus d) o requerente tiver abusado da isenção a ele conferida.

3. O órgão de defesa da concorrência deve providenciar a publicação destas decisões antecipadas, omitindo todas as informações confidenciais. Ele pode providenciar publicações similares de todas as outras decisões tomadas sob esta lei omitindo também todas as informações confidenciais.

*Poderes de investigação*

Para assegurar uma capacidade de investigação adequada, o órgão de defesa da concorrência necessita de informações. O órgão deve ser capaz de requerer que as partes sob investigação e terceiros produzam documentos (em papel ou em outro formato), respostas escritas a questões, e testemunho oral. Além disso, o órgão de defesa da concorrência deve ter poderes de fazer buscas nas instalações das partes sob investigação e de retirar provas descobertas nas buscas.

Esses amplos poderes devem se sujeitar a salvaguardas procedimentais estritas. Na maioria dos países as buscas podem ser realizadas somente depois de uma autorização pela corte ou tribunal – e a agência de defesa da concorrência deve demonstrar a causa provável. O órgão de defesa da concorrência deve ser obrigado a permitir a qualquer parte que submeta uma prova, acesso razoável àquela prova, e deve ser obrigado a devolver a prova após a investigação e subseqüente processo. Esses poderes devem ser reforçados com multas severas por destruição proposital ou retenção das provas ou recusa persistente de fornecer as informações requeridas em tempo razoável.

*Proteção de informação confidencial e prevenção de conflitos de interesse*

Se o órgão de defesa da concorrência quiser gozar da confiança e cooperação dos setores comerciais, ele deve proteger a confidencialidade de toda a informação que não for pública que ele obtém ao longo da investigação ou processo. Igualmente, ele deve assegurar de que seus funcionários não sejam tentados a se beneficiar particularmente do conhecimento adquirido no cumprimento de suas obrigações.

Disposições sugeridas:
[Artigo __________] - Confidencialidade e regras de conflito de interesse

1. Os funcionários do órgão de defesa da concorrência, assim como os seus agentes e consultores, devem manter a confidencialidade de todas as informações empresariais , comerciais ou oficiais das quais eles tenham conhecimento no cumprimento de suas funções oficiais, exceto aquelas que já sejam públicas. A revelação de informações confidenciais pode ocorrer ao longo de um processo administrativo ou judicial nos termos da presente lei, ou de outra forma permitida pela [corte ou tribunal].
2. Todos os membros do órgão de defesa da concorrência devem informar o presidente de qualquer cargo ocupado ou atividade que tenham no

campo econômico, incluindo todos seus prepostos. O presidente do órgão de defesa da concorrência deve tomar todas as medidas necessárias para assegurar de que não haja conflito de interesse decorrente de referidas posições ou atividades, incluindo a renúncia a tais cargos ou cessação da atividade.

Para reforçar estas disposições, multas e possíveis demissões devem ser impostas se os funcionários públicos propositalmente revelarem dados confidenciais ou assumirem posições de conflito de interesse.

Impresso nas oficinas da
Gráfica Palas Athena